"आत्मिक चेतना से मुक्ति की ओर" की प्रशंसा में...

"इस पुस्तक में माइकल सिंगर आपको एक के बाद एक कदम करके, बुद्धि, योग और ज्ञान की प्रक्रिया के मार्ग से ले जाते हुए, अंत में उद्गम तक ले जाते हैं। इसके अतिरिक्त उन्होंने इस कार्य को बड़ी ही सादगी के साथ किया है। यदि आप इस पुस्तक को ध्यान से पढ़ेंगे तो आप पाएँगे कि इसमें अमरत्व की झलक है।"

— **दीपक चोपड़ा**, लेखक,
लाइफ आफ्टर डेथ : द बर्डन ऑफ़ प्रूफ़

"युगों की महान आध्यात्मिक शिक्षा को माइकल सिंगर ने सरल और सादगी भरे ढंग से प्रस्तुत किया है। वास्तव में पुस्तक का हर अध्याय मानव परिस्थितियों की सीमाओं पर शिक्षाप्रद चिंतन है, और यह बताता है कि किस प्रकार प्रत्येक गाँठ को कितने सुंदर ढंग से सुलझाया जा सकता है ताकि हमारी आत्माएँ स्वतंत्र हो सके। इस किताब की सटीकता और सादगी इसकी विशुद्ध प्रवीणता का परिचय देती है।"

— **जेम्स ओडि**, अध्यक्ष, इंस्टीट्यूट ऑफ़
नोएटिक साइन्सिज (आईओएनएस)

“वास्तव में यह पुस्तक प्रकृति के सबसे अच्छे उपचारों में से एक है। यह चेतना के चेतना से भरे अभ्यास के विषय में बताती है। सच तो यह है कि ऐसी बातें शायद ही मैंने कहीं पढ़ी हों... मैं जानता हूँ कि यह पुस्तक इस विषय में बताती है कि 'हम कौन हैं और हमें अपनी उभरती मानवता में किसका सामना करना है।”

— **ज्यां ह्यूस्टन**, दार्शनिक, मनोवैज्ञानिक और
अ मिस्टिक लाइफ़ तथा पैशन फ़ॉर द पॉसिबल
के लेखक

“मेरे विचारों को माइकल सिंगर ने एक नया आयाम दिया है। इस पुस्तक के माध्यम से मुझे मनोवैज्ञानिक व बौद्धिक तौर पर नए और रोचक तरीके से चुनौती की गई है। इसे कई बार पढ़ने और इस पर आत्मचिंतन करने की अवश्यकता होगी, किंतु यह किताब उन सभी लोगों को पढ़नी चाहिए जो स्वयं और सत्य दोनों को जानना चाहते हैं और लगातार इसके लिए प्रयासरत है।”

— **लुइस शिआवाकी**, मेरिल लिंच के वरिष्ठ
उपाध्यक्ष, बैरन द्वारा अमरीका के 15 सर्वश्रेष्ठ
निवेश सलाहकारों में दर्ज

“इस पुस्तक के द्वारा आप आध्यात्मिकता तक पहुँच पाएँ हैं। इसमें अपनी आत्मा को देखने के लिए आपको साफ़ दर्पण मिलेगा। यदि आप सिद्धांत और विधि से मुक्त व्यावहारिक आध्यात्मिकता की खोज में हैं तो इस पुस्तक को ज़रूर पढ़ें।”

— **रब्बी जल्मान शेक्टर शालोमी**, *ज्यूइश विद*
फीलिंग और फ्रॉम एज-इंग टू सेज-इंग के सह-लेखक

"psalm 42:8 कहती है कि जल, जल को बुलाता है। प्रत्येक व्यक्ति की आत्मा के भीतर अधिक से अधिक पाने की इच्छा है, और इस प्यास को केवल एक परमात्मा ही बुझा सकता है। इस पुस्तक के माध्यम से माइकल सिंगर वैसे आधुनिक व्यक्तियों की मदद करते दिखते हैं, जो अपनी आत्मा में हो रही हलचल को बेहतर ढंग से समझना चाहते हैं। मैं इस सफर में एक आत्मा से दूसरी आत्मा में झलकने की जबरदस्त सिफारिश करता हूँ।"

— **फ़ादर पॉल वीयरिच्स**, निदेशक, पैशनिस्ट मोनेस्टरी एंड स्पिरिच्युअल सेंटर ऑफ़ आवर लेडी ऑफ़ फ्लोरिडा

"यह पुस्तक आध्यात्मिक चेतना की राह पर जबरदस्त कदम है। इसे बेहद स्पष्ट तरीके से लिखा गया है। माइकल सिंगर ने आध्यात्मिक सफर पर चलने वालों को एक मजबूत स्तंभ दिया है।"

— **अब्दुल अज़ीज़ सईद**, प्रोफेसर ऑफ़ पीस स्टडीज़, चेयर ऑफ़ इस्लामिक पीस, अमेरिकन यूनिवर्सिटी

"इस पुस्तक के प्रकाशन ने संसार की अतृप्त आत्माओं को अनंत आनंद प्रदान किया है।"

— **माँ योग शक्ति सरस्वती**, योगशक्ति अंतर्राष्ट्रीय मिशन की संस्थापक, हिंदूइज्म टुडेज़ "वर्ष 2000 की हिंदू" पुरस्कार की विजेता

“पूर्व, पूर्व है और पश्चिम, पश्चिम। किंतु माइकल सिंगर ने इन दोनों महान परंपराओं के बीच इस जबरदस्त पुस्तक द्वारा पुल बनाकर यह बताया है कि रोजाना की परेशानियों के बीच हम अपनी आध्यात्मिक यात्रा के द्वारा किस प्रकार सफलता प्राप्त कर सकते हैं। फ्रायड के अनुसार प्रेम और कर्म से ही जीवन का निर्माण होता है। ग़ज़ब की वाकपटुता, विनोद और सटीक तर्कों के साथ, सिंगर की यह पुस्तक इन्हें निःस्वार्थ समर्पण के दो सिरे बताकर इस विचार को पूर्ण करती है।”

— **रे कर्जवाइल,** आविष्कारक, नैशनल मेडल ऑफ़ टेक्नोलॉजी के विजेता और *द एज ऑफ़ स्पिरिचुअल मशीन्स द सिम्युलैरिटी इज़ नियर* के लेखक

“यह पुस्तक एक मौलिक पुस्तक है, जो अपने आप में एक मिसाल भी है। विरोधाभास पैदा करने वाले गंभीर, लेकिन सरल ढंग से माइकल सिंगर पाठकों को ऐसी यात्रा पर ले जाते हैं, जिसका एक सिरा अहं से बंधी चेतना से शुरू होता है, और दूसरा सिरा हमें स्वयं पर केंद्रित छवि के पार भीतरी स्वतंत्रता व मुक्ति की अवस्था तक ले जाता है। माइकल सिंगर की यह पुस्तक उन सब लोगों के लिए एक बहुमूल्य उपहार है, जिनके प्रयास लगातार विफल हुए हैं - समृद्ध, सार्थक और रचनात्मक जीवन खोजने में।”

— **योगी अमृत देसाई**, आधुनिक योग के अंतर्राष्ट्रीय ख्याति प्राप्त प्रणेता

आत्मिक चेतना
से
मुक्ति की ओर

माइकल ए. सिंगर

अनुवाद : साक्षी पटेल

SANAGE
PUBLISHING HOUSE

Paperback: 978-811900748-6

Printed by:

Sanage Publishing House LLP
Mumbai, India

sanagepublishing@gmail.com

गुरुओं को समर्पित

माइकल ए. सिंगर; द अनएथर्ड सोल' (The Untethered Soul) और द सरेंडर एक्सपेरिमेंट' (The Surrender Experiment) के लेखक हैं। यह पुस्तकें न्यूयॉर्क टाइम्स बेस्टसेलर लिस्ट में नंबर–1 रही हैं। इनका प्रकाशन दुनिया भर की अनेक भाषाओं में हो चुका है।

1971 में जब वह अर्थशास्त्र में अपनी डॉक्टरेट की डिग्री पर काम कर रहे थे। इस दौरान उन्हें एक गहरी आंतरिक जागृति मिली, और वह योग तथा ध्यान पर ध्यान केंद्रित करने के लिए एकांत में चले गए।

आंतरिक शांति का अनुभव कराने के उद्देश्य से उन्होंने 1975 में उन्होंने टेम्पल ऑफ़ द यूनिवर्स की स्थापना की। अब यह एक लंबे समय से स्थापित योग और ध्यान का केंद्र है, जिसका किसी भी धर्म या विश्वास के लोग लाभ ले सकते हैं। अपने लगभग पाँच दशकों के सेवा काल में सिंगर ने आध्यात्मिक शिक्षण के साथ व्यवसाय, शिक्षा, स्वास्थ्य देखभाल और पर्यावरण संरक्षण के क्षेत्रों में प्रमुख योगदान दिया है।

विषय सूची

भाग 4. पार जाना

भाग 5. जीवन जीने का तरीका

आभार

जब लिंडा बीन मेरे द्वारा लिखित कुछ व्याख्यानों को लिपिबद्ध कर रही थीं तभी उन्होंने इस पुस्तक को लिखने का बीज कई वर्षों पहले ही मेरे भीतर डाल दिया था और इस बीच उन्होंने पुस्तक लिखने के लिए मुझे प्रेरित भी किया। उन्होंने बहुत धैर्यपूर्वक मेरी पुरानी अभिलेख सामग्री को पढ़ा और जब तक मैंने किताब लिखना शुरू नहीं कर दिया तब तक वह ऐसा करती रहीं। इस कार्य को करने के लिए मैं उनकी प्रशंसा करना चाहता हूँ, क्योंकि उन्होंने समर्पण और लगन के साथ इस कार्य को संपन्न किया।

इसके बाद जब मैंने पुस्तक लिखना शुरू कर दिया तो कैरन ऐंटनर ने पुस्तक की सामग्री को व्यवस्थित करने, विषय वस्तु से संबंधित सुझाव देने और इस पुस्तक की पांडुलिपि को ठीक से रखने में मुझे अपना पूरा सहयोग दिया। हमने इस पुस्तक को न जाने कितनी बार संशोधित किया ताकि जब पाठक इसे पढ़े तो उसके हृदय, मस्तिष्क और आत्मा इन तीनों को शांति मिल सके। उनकी लगन और परिश्रम के लिए मैं उनका हृदय से धन्यवाद करता हूँ। उनके जीवन के कई सपनों में से एक सपना, इस पुस्तक के प्रकाशन के साथ ही पूरा हो गया था।

प्रस्तावना

"महत्वपूर्ण यह है कि जिस प्रकार रात के बाद सुबह का होना तय है उसी प्रकार यदि कोई व्यक्ति अपने आपसे सच बोलता है तो वह दूसरे किसी व्यक्ति से झूठ नहीं बोल सकता।"

— विलियम शेक्सपियर

पोलोनियस ने अपने पुत्र लेआर्टिस को शेक्सपियर द्वारा रचित नाटक हैमलेट के अंक एक में कहे गए ये विश्वविख्यात शब्द कितने स्पष्ट हैं। ये शब्द बताते हैं कि अन्य लोगों से सच्चे संबंध बनाने से पहले हमें स्वयं से सच बोलना आना चाहिए। इसके अतिरिक्त यदि लेआर्टिस स्वयं से वफादार रहता तो उसे समझ में आ गया होता कि उसके पिता उससे क्या कहना चाहते थे। अंत में, हम किस "स्वयं" के प्रति वफादार होते हैं? क्या वह तब सबके सामने आता है, जब हमारी मनोदशा ठीक नहीं होती या फिर तब, जब हमें अपनी भूल का वास्तव में एहसास होता है? क्या यह हृदय के किसी अंधेरे कोने में से उस समय बोलता है, जब हम दुखी होते हैं या जीवन के क्षणिक उमंग भरे पलों में यह सामने आता है?

इन प्रश्नों के माध्यम से हमें यह ज्ञात होता है कि "आत्मा" की अवधारणा जितनी हम समझते हैं, उससे ज़्यादा भ्रम पैदा करने वाली है। यदि लेआर्टिस पारंपरिक मनोविज्ञान का रुख करता तो शायद इस विषय पर कुछ अधिक प्रकाश डाल पाता। मनोविज्ञान के जनक फायड (1927) ने मन को तीन भागों में बाँटा **इदम्, अहम्** और **पराहम्**। फ्रायड ने इदम् को हमारे आदिमानव स्वभाव के रूप में देखा, पराहम् समाज के माध्यम से हमारे भीतर स्थापित न्याय प्रणाली हैं तथा अहम् बाहरी जगत के समक्ष हमारा प्रतिनिधित्व करता है। यही दो प्रबल शक्तियों के बीच में संतुलन स्थापित करता

है, किंतु निश्चित तौर पर, इससे युवा लेआर्टिस को कोई भी सहायता नहीं मिली होगी, क्योंकि हमें यह नहीं पता की इन दोनों विरोधी शक्तियों में से हमें किसके प्रति वफादार रहना है?

चीज़ें उतनी भी आसान नहीं होती है, जितनी वह दिखाई देती हैं। यदि हम "आत्मा" शब्द के पार देखने का साहस दिखाएँ तो ऐसे प्रश्न अपने आप उठेंगे, जिन्हें ज़्यादातर लोग स्वयं से नहीं पूछना चाहेंगे। क्या मेरे अस्तित्व के अनेक पक्ष समान रूप से मेरी 'आत्मा' का हिस्सा है? क्या मैं एक ही हूँ? यदि हाँ तो कौन, कहाँ, कैसे और क्यों?

आने वाले अध्यायों में हम "आत्मा" की खोज के सफर पर निकलेंगे, किंतु हम इस काम को परंपरागत ढंग से नहीं करेंगे। वास्तव में हम न तो मनोविज्ञान के विशेषज्ञों और न की महान दार्शनिकों से सहायता लेंगे। हम पुरातन धार्मिक विचारों पर बहस या उनका चुनाव भी नहीं करेंगे और न ही लोगों द्वारा किए गए सांख्यिकी पर आधारित सर्वेक्षणों का सहारा लेंगे। इनके अतिरिक्त, हम उस एक स्रोत की ओर चलेंगे, जिसे इस विषय की असाधारण व प्रत्यक्ष समझ है। हम उस विशेषज्ञ के पास चलेंगे, जो इस महान अनुसंधान के अंतिम समाधान को पाने के लिए जीवन के हर दिन और दिन के हर पल में इस विषय से संबंधित आवश्यक सामग्री को लगातार इकट्ठा कर रहा है और वह विशेषज्ञ और कोई नहीं आप हैं! इससे पहले कि आप ज़्यादा उत्तेजित हो जाएँ या सोचने लगे कि आप इस कार्य को करने के लायक नहीं हैं, इस बात को जानना बेहद आवश्यक है कि हम इस विषय पर आपके विचार या मत को जानना नहीं चाहते और न ही हमारी इस बात में कोई रुचि है कि आपने कौन-सी किताबें पढ़ी हैं या कौन-से पाठ सीखे हैं या किस संगोष्ठी में भाग लिया है। हम तो आपके अंतर्ज्ञान से उत्पन्न अनुभवों में अपनी रुचि रखते हैं। जैसे आपको सहज रहना कैसा लगता है। वास्तव में हमें आपके ज्ञान की कोई आवश्यकता नहीं है। हमें तो केवल आपका प्रत्यक्ष अनुभव जानना है। सच तो यह है कि आप इस कार्य में कभी भी असफल नहीं हो सकते, क्योंकि हर पल और हर जगह, जहाँ आप हैं, वही आपकी "आत्मा" भी है। हमें केवल इसे सरल करना है, क्योंकि यह बात बहुत ज़्यादा जटिल हो सकती है।

"आत्मा" के विभिन्न कोणों को ही इस पुस्तक में दिखाया गया है। दरअसल, हमारा यह सफर भीतर जाने का सफर है, इसमें आपके जीवन का हर पहलू आपके सामने आता है। आपसे हम केवल इतना चाहते हैं कि आप ईमानदारी के साथ स्वयं को सहज भाव से देखें। वास्तव में यदि आप, "आत्मा" की जड़ ढूंढ़ रहे हैं तो हम आपको ही खोज रहे हैं।

दरअसल, जैसे-जैसे आप इन पृष्ठों को पढ़तें जाएँगे वैसे-वैसे आप गहराई से इन विषयों के बारे में जानते जाएँगे और इस बात का आपको स्वयं ही नहीं पता चलेगा। सच यह है कि आपको इस बात का पहले से पता है कि आपको किस प्रकार अपने आप को जानना है, केवल आपका ध्यान एकाग्र नहीं है, जिस वजह से आप भटक गए हैं। एक बार फिर से ध्यान केंद्रित करने पर आप यह जान जाएँगे कि आपके पास न केवल स्वयं को जानने की, बल्कि स्वयं को स्वतंत्र करने की भी ताकत है। अब यह आप पर निर्भर करता है कि आप ऐसा करना चाहते हैं या नहीं। किंतु इन अध्यायों के माध्यम से अपने सफर को पूरा करने के बाद, कोई दुविधा, किसी शक्ति का अभाव या दोषारोपण करने की प्रवृत्ति शेष नहीं रह जाएगी। अंत में आपको ज्ञात हो जाएगा कि आपको वास्तव में करना क्या है। यदि आप आत्म-बोध के इस सफर पर चलने का पक्का निर्णय लेते हैं तो आपके मन में अपने के लिए जबरदस्त आत्म-सम्मान पैदा हो जाएगा। ऐसा होने के बाद ही आपको इस सलाह का सही अर्थ समझ में आ पाएगा कि “महत्त्वपूर्ण यह है कि आप स्वयं से सच बोलें।”

भाग-1

चेतना की जागृति

Photo (previous page)
Dusty Spiral Galaxy NGC 4414
Image credit: The Hubble Heritage Team (AURA/STScI/NASA)

1

आपके मस्तिष्क की भीतरी आवाज़

"हाय, उसका नाम मुझे क्यों याद नहीं आ रहा। आखिर क्या नाम है उसका? हाँ, शायद याद आ रहा है। क्या है... सैली... सू? कल ही तो उसने मुझे बताया था। मुझे क्या हो गया है? यह सब मेरे लिए बेहद शर्मनाक है।"

इस बात की पूरी संभावना है कि आपने कभी इस बात पर ध्यान नहीं दिया होगा कि आपके मस्तिष्क में लगातार एक संवाद चलता रहता है, जो कभी रुकता नहीं। क्या आपने कभी भी इस बात पर विचार किया है कि यह आखिर क्यों चलता रहता है? उसे कैसे पता चलता है कि क्या और कब बोलना है? हमारा मस्तिष्क जो कुछ भी कहता है उसमें से कितना सच है? उसमें से कितना सचमुच महत्त्वपूर्ण होता है? और यदि इस समय आप यह आवाज़ सुन रहे हैं, "मुझे नहीं पता कि तुम क्या कह रहे हो। मेरे मस्तिष्क में तो कोई भी आवाज़ नहीं आ रही!" - हम यहाँ इसी आवाज़ के विषय में बात कर रहे हैं।

अगर आप समझदार हैं तो कुछ क्षण थोड़ा रुककर इस भीतरी आवाज़ को ज़रूर सुनेंगे और इसे समझने का पहले से ज़्यादा प्रयास करेंगे। आपके सामने सबसे बड़ी समस्या यह है कि आप निष्पक्ष नहीं रह पाते हैं। आपको अलग रहकर अपने मस्तिष्क को संवाद करते हुए देखना होगा। जब आप गाड़ी चलाते हैं, उस समय आपको इस तरह का संवाद सुनाई देता है –

> "क्या मुझे अपने मित्र को फ़ोन नहीं करना था? बेशक मुझे करना चाहिए था। हे भगवान, मुझे इस बात पर विश्वास नहीं हो रहा कि मैं यह कैसे करना भूल गया! ज़रूर उसे बहुत गुस्सा आएगा। वह मुझसे कभी बात नहीं करेगा। मुझे अभी रुककर उसे फ़ोन करना चाहिए। अरे, मैं अभी यहाँ गाड़ी नहीं रोकना चाहता..."

इस बात पर ध्यान दें कि यह आवाज़ दोनों ओर से बोलती है। जब तक यह आवाज़ बोलती रहती है, तब तक वह इस बात की कोई चिंता नहीं करती कि वह किसकी ओर से बोल रही है। जब आप थककर सोने की कोशिश में होते हैं, तो आपके मस्तिष्क की ही आवाज़ कहती है कि -

> "मैं क्या कर रहा हूँ? मैं अभी सो नहीं सकता। मैं अपने मित्र को फ़ोन करना फिर भूल गया। मुझे गाड़ी चलाते समय याद भी आया था, लेकिन मैंने फ़ोन नही किया यदि मैं अभी फ़ोन नहीं करूँगा... ओह, अब तो बहुत देर हो गई है अभी फ़ोन करना ठीक नहीं होगा। मुझे यह भी नहीं पता कि मैंने इस विषय में क्यों सोचा था। मुझे अब जल्द ही सो जाना चाहिए। ओहो, अभी में सो नहीं सकता, क्योंकि मुझे थकान महसूस नहीं हो रही, लेकिन कल बहुत काम है, और मुझे सुबह जल्दी उठना भी है इसलिए मुझे सो जाना चाहिए।"

अब यह साफ़ है कि आप सो नहीं सकते! आप हर समय इस आवाज़ को क्यों सुनते हैं, क्यों बर्दाश्त करते हैं? यदि यह आवाज़ कोई अच्छी बात भी कह रही है तो भी यह आपको हर काम के बीच में आ कर परेशान करती है।

अगर आप कुछ क्षण के लिए इस मस्तिष्क की आवाज़ पर ध्यान देंगे तो पाएँगे कि यह कभी भी शांत नहीं होती। इसे यूँ ही छोड़ दिया जाए तो यह बोलती ही रहेगी। जरा सोच कर देखिए की आपके आस-पास कोई व्यक्ति घूमते हुए लगातार बोल रहा हो तो आप उस व्यक्ति के विषय में क्या सोचेंगे? आपको लगेगा कि वह व्यक्ति बहुत अलग-सा व्यवहार कर रहा है। "यदि यही बोल रहा है और यही सुन रहा है तो इसे निश्चित तौर पर यह पता है कि वह कहने से पहले क्या बोलने वाला है। फिर इसका क्या लाभ?" यही बात आपके मस्तिष्क की आवाज़ के विषय में भी सच है। आखिर यह क्यों बोलती है? आप ही बात करते हैं और आप ही उसे सुन भी पाते हैं और जब वह आवाज़ अपने आप से तर्क करती है तो आखिर वह तर्क किससे करती है? इसमें कौन विजय प्राप्त करेगा ? यह सारी बाते बेहद उलझी हुई है। आगे देखिए -

"मुझे लगता है कि अब मुझे शादी कर लेनी चाहिए। नहीं! अभी नहीं! तुम अभी शादी के लिए तैयार नहीं हो। तुम पछताओगी। लेकिन मैं उससे प्रेम करती हूँ। अरे छोड़ो, तुमने यही बात टॉम के लिए भी कही थी। यदि तुम उससे शादी कर लेती तो क्या होता?"

अगर आप ध्यान से सुने तो यह सिर्फ़ अपने आराम करने के लिए एक जगह की खोज कर रही है। यह आवाज़ एक क्षण में पाला बदल लेती है शर्त बस इतनी है कि ऐसा करने से उसे कुछ सहायता मिल जाए। यदि उसे यह ज्ञात हो जाए कि वह सही नहीं है तो भी वह शांत नहीं होती। वह केवल अपना दृष्टिकोण बदलती है और फिर दोबारा बोलना शुरू कर देती है। यदि आप इस आवाज़ पर ध्यान दें, तो यह परिवर्तन आपको साफ़-साफ़ दिखाई देगा। जब आपको यह बात पहली बार ज्ञात होती है कि आपका मस्तिष्क लगातार बात करता है तो आपको बहुत आश्चर्य होता है। यह भी हो सकता है कि आप इसे चिल्लाकर शांत करने का प्रयास करें, लेकिन तभी आपको यह एहसास होगा कि उस आवाज़ पर चिल्लाने वाली भी वही आवाज़ है, जो कभी शांत नहीं होती -

"शांत हो जाओ! मैं सोना चाहता हूँ। तुम हर समय क्यों बोलते रहते हो?"

लेकिन सच्चाई यह है कि आप इसे इस प्रकार शांत नहीं कर सकते। इस लगातार चल रहे संवाद से मुक्ति पाने का सबसे अच्छा तरीका है, इसे तटस्थ भाव से देखना। आप इस आवाज़ को बातचीत करने वाली एक ऐसी प्रणाली के रूप में देखिए, जो ऐसा भाव पैदा करती है कि कोई आपके भीतर है, जो आपसे लगातार बात कर रहा है। इसके विषय में बिल्कुल विचार न करें, इसे केवल ध्यान से देखते रहें। वह आवाज़ कुछ भी आपसे कहे, वह सारी एक ही बातें है। इस बात से कोई फ़र्क नहीं पड़ता कि वह अच्छी बातें हैं या बुरी, सांसारिक है या आध्यात्मिक, क्योंकि वह आपके मस्तिष्क के भीतर उपजी केवल एक आवाज़ ही है। यदि इस आवाज़ को दूर करना चाहते हैं तो इसका का एकमात्र तरीका यही है कि आप उसकी कही बात में कोई तर्क न करें। इस बात को मत सोचिए कि उसकी एक बात आपके ताल्लुक रखती है और दूसरी नहीं। यदि आप इसे बोलता हुआ सुन रहे हैं तो वह निश्चित तौर पर आप नहीं हैं। आप वो हैं जो उस आवाज़ को लगातार सुन रहे हैं। आप वो हैं जो इस बात पर ध्यान दे रहा है कि वह आवाज़ आप से कुछ कह रही हैं।

क्या आप अपने मस्तिष्क को बात करते हुए सुन सकते हैं? आप इसे अभी इसी समय "हैलो" बोलने के लिए कहें और कई बार कहें। अब ज़ोर से अपने भीतर

बोलिए! क्या आप स्वयं को अपने भीतर "हैलो" बोलता हुआ सुन सकते हैं? निश्चित तौर पर आप ऐसा कर सकते हैं। यह एक ऐसी आवाज़ है जो लगातार कुछ बोल रही है और दूसरे आप हैं जो इस आवाज़ को सुन रहे हैं। सबसे बड़ी समस्या यह है कि इस आवाज़ को "हैलो" बोलते हुए आपको सुनना बेहद आसान है लेकिन यह देखना बहुत कठिन है कि वह आवाज़ जो आपके मस्तिष्क से आ रही है कुछ भी कहे, वह केवल एक आवाज़ है और आप उसे सिर्फ़ सुन रहे हैं। यह आवाज़ जो कुछ भी कह रही है, वह आपसे अधिक कुछ और बात हो ही नहीं सकती। मान लेते हैं कि आप तीन चीज़ों को देख रहे हैं - एक फूलदान, एक चित्र और एक किताब। इसके बाद आपसे पूछा जाए, "इन तीनों चीज़ों में से आप कौन हैं?" आप कहेंगे, "कोई भी नहीं! मैं तो उन चीज़ों को सिर्फ़ देख रहा हूँ जो तुम मेरे सामने रख रहे हो। इस बात से कोई फ़र्क़ नहीं पड़ता कि तुम मेरे सामने किस चीज़ को रखते हो, क्योंकि अंतिम रूप से वह चीज़ तो वही रहेगी जो मैंने उसे समझा है।" यह कर्ता द्वारा विभिन्न वस्तुओं को देखने की क्रिया मात्र है। यही बात भीतर की बातों को सुनने पर भी लागू होती है। इस बात से कोई फ़र्क़ नहीं पड़ता कि वह आवाज़ क्या बोल रही है, आपको तो उसके विषय में पता ही है। यदि आप यह सोचेंगे कि वह आवाज़ एक बात आपके पक्ष में बोलती है और दूसरी आपके विपक्ष में, तो आपकी निष्पक्षता कभी कायम नहीं रह सकती। निशि चत रूप से आप स्वयं को वह मानना चाहेंगे जो अच्छी बातें बोल रहा है लेकिन वह जो भी है बस एक आवाज़ ही तो है। इस बात की पूरी संभावना है कि हो सकता है वह आवाज़ आपको सुनने में अच्छी लगे लेकिन यह आपका वास्तविक रूप नहीं है, क्योंकि आप निष्पक्ष हो कर नहीं देख रहे।

यदि आपको अपना विकास सही दिशा में करना है तो यह जानना सबसे ज़रूरी है कि आप वह आवाज़ नहीं हैं। आप केवल उस आवाज़ को सुनने वाले हैं। यदि आपको यह समझ नहीं आ रहा है तो आप आगे उस आवाज़ को जानने की कोशिश में लग जाएँगे। वह आवाज़ जो इतनी सारी बातें बोल रही है उन बातों में से आप वास्तविक रुप से कौन हैं। लोग "स्वयं को जानने के प्रयास" में अनेकों परेशानियों का सामना करते हैं। वे सचमुच जानना चाहते हैं कि इनमें से कौन-सी आवाज़, व्यक्तित्व का कौन सा पहलू, उनका वास्तविक रूप है। इसका उत्तर बेहद आसान है - इनमें से कोई भी आपका वास्तविक रूप नही हैं।

यदि आप निष्पक्ष रूप से देखेंगे तो समझ जाएँगे कि यह आवाज़ जो कुछ भी बोलती है उनमें से अधिकांश बाते अर्थहीन, समय और ऊर्जा को ख़राब करने जैसी है। सत्य तो यह है कि जीवन का अधिकांश भाग, आपके मस्तिष्क की आवाज़ से बेखबर आपके नियंत्रण से परे की शक्तियों के अनुसार ही घटित होता है। यह ठीक वैसा है जैसे आप रात को बैठकर यह सोचे कि आप कल सुबह के

सूरज को निकलने देना चाहते हैं या नहीं। सच्चाई तो यह है कि सूर्य हमेशा उदित और अस्त होता रहेगा। इस संसार में ऐसी करोड़ों घटनाएँ रोज़ घटती रहती हैं। अब आपको सोचना है कि आपको क्या चाहिए, क्योंकि जीवन तो निरंतर अपनी गति से चलता ही रहता हैं।

सच्चाई तो यह है कि आपके विचारों का इस संसार पर आपकी अपेक्षा से बहुत कम असर पड़ता है। यदि आप निष्पक्ष रह कर अपने विचारों को देखते हैं तो आप पाएँगे कि इनमें से ज़्यादातर विचारों का कोई महत्त्व नहीं है। आपके अतिरिक्त, इन विचारों का किसी वस्तु या व्यक्ति पर कोई प्रभाव नहीं पड़ता। आपको केवल अपने अतीत, वर्तमान या भविष्य की घटनाओं के विषय में सोच कर केवल अच्छा या बुरा लगता है। यदि आप बैठकर इस बात पर विचार कर रहे हैं कि कल बारिश होगी या नहीं तो आप केवल अपना समय को खराब कर रहे हैं, क्योंकि आपके विचारों से बारिश का कोई संबंध नहीं है। एक दिन आपको ज़रूर समझ में आ जाएगा कि लगातार चल रहे इस भीतरी अशांति का कोई लाभ नहीं है और हर बात की चिंता करना या उसका समाधान खोजने का प्रयास रहना भी व्यर्थ है। अंतिम रूप से आप पाएँगे कि समस्याओं का वास्तविक कारण जीवन नहीं है बल्कि जीवन के विषय में मस्तिष्क द्वारा पैदा की जाने वाली बेचैनी ही इन समस्याओं का मूल कारण है।

इसके बाद अब हमारे सामने एक गंभीर प्रश्न उभर कर आता है कि यदि इस आवाज़ द्वारा कही जा रही इतनी सारी बातें अर्थहीन तो यह आवाज़ हमारे मस्तिस्क में उठती ही क्यों है? इस प्रश्न का उत्तर इस बात को समझने में निहित है कि यह आवाज़ आखिर क्या, कब और क्यों कहती है। उदाहरण के लिए, कुछ मामलों में इसके बोलने का कारण और चाय की केतली से सीटी की आवाज़ आने का कारण एक ही है। साफ़ है कि आपके भीतर ऊर्जा जमा हो रही है, जिसे बाहर निकालना ज़रूरत है। यदि आप ध्यान दें तो पाएँगे कि जब भी आपके भीतर घबराहट, डर या इच्छा-आधारित ऊर्जाएँ जमा होने लगती हैं तो यह आवाज़ ज़्यादा सक्रिय हो जाती है। इसे समझना उस समय और भी सरल हो जाता है जब आपको किसी पर गुस्सा आता है और आप उसे चले जाने के लिए कहना चाहते हैं। इस बात पर आप गौर करे कि उस व्यक्ति को देखने से भी पहले, यह आवाज़ न जाने कितनी बार उसे वहाँ से चले जाने के लिए कह चुकी होती है। जब भीतर ऊर्जा जमा होती है तो उस समय आप कुछ करना चाहते हैं और उस समय वह आवाज़ इसलिए बोलती है, क्योंकि आपको कहीं न कही भीतर से अच्छा महसूस नहीं होता जिस कारण बोलने के माध्यम से वह ऊर्जा बाहर निकल जाती है।

लेकिन इसके अतिरिक्त भी यह आवाज़ लगातार जब आप किसी विशेष बात को लेकर परेशान नहीं होते तब भी यह बोलती रहती है। सड़क पर चलते समय यह आवाज़ कुछ इस तरह की बातें कहती है-

> "यह कुत्ता देखो! लैब्राडोर नस्ल का है! उधर, उस गाड़ी में एक और कुत्ता है जो मेरे पहले वाले कुत्ते शैडो से मिलता-जुलता है। रुको, वह एक पुरानी ओल्ड्समोबाइल गाड़ी है जिसके ऊपर अलास्का की पट्टी लगी हुई है। यह गाड़ी अब यहाँ ज़्यादा दिखाई नहीं देती!"

यह आवाज़ केवल आपके आस-पास की दुनिया का हाल बयान रहती है जिसकी आपको कोई ज़रूरत नहीं है? बाहर जो कुछ हो रहा है वह तो आपको वैसे भी दिखता है। मस्तिष्क में उसी बात को दोहराकर यह आपकी क्या मदद कर रही है? आपको इस बात को ध्यान से समझना चाहिए। आप जो कुछ भी देख रहे हैं, उसका पूरा विवरण आपको एक ही नज़र में मिल जाता है। यदि आप किसी पेड़ को देखते हैं तो स्वतः ही आपकी नजर उसकी शाखाओं, पत्तों और कलियों को भी देख लेती हैं। तो फिर जो कुछ आपने देख लिया है उसे शब्दों में बयान करने की क्या आवश्कता है?

> "रुको! उस पेड़ को देखो। सफ़ेद फूलों के बीच में इसके हरे पत्ते कितने सुंदर लग रहे हैं। वाह! कितने सारे फूल लगे हैं जिसकी वजह से यह कितना भरा हुआ लग रहा है!"

यदि आप ध्यान दें तो इसका विवरण आपको आस-पास के संसार के प्रति अधिक जागरूक बनाता है। यह ठीक वैसा ही है जैसे गाड़ी में पीछे बैठने से आपको चीज़ों पर ज़्यादा नियंत्रण महसूस होता है। आपको ऐसा लगता है मानो उनके साथ आपका कोई न कोई संबंध ज़रूर है। एक पेड़ इस दुनिया का अकेला ऐसा पेड़ नहीं है, जिसके साथ आपका कोई संबंध नहीं है। इस पेड़ को आपने देखा है, इसे चिह्नित किया है और इसका आकलन किया है। इसके विषय में बोलकर संसार के प्रत्यक्ष अनुभव को आपने अपने विचारों का हिस्सा बना लिया है जिस कारण यह आपकी अन्य मान्यताओं और ऐतिहासिक अनुभवों से युक्त विचारों में सम्मिलित हो जाता है।

कुछ क्षण रुककर आप बाहरी दुनिया के अनुभव और मानसिक दुनिया के साथ अपनी बातचीत के अंतर पर ध्यान दीजिए। उस समय आप पूर्ण रूप से स्वतंत्र होते हैं, जब आप सोच रहे होते हैं और यही वह विचार होते हैं, जो मस्तिष्क में आपकी आवाज़ के रूप में व्यक्त होते हैं। आप भी अपने मस्तिष्क के कार्यक्षेत्र में बैठकर अपने

विचारों को पैदा करने और उन्हें बदलने के महारथी है। भीतरी दुनिया का वातावरण बिल्कुल अलग है जो आपके नियंत्रण में होता है लेकिन बाहरी दुनिया के अपने नियम है जिनके अनुसार वह चलती है। जब आपकी आवाज़ इस बाहरी दुनिया का विवरण आपको सुनाती है तो ये विचार, आपके अन्य सभी विचारों के साथ-साथ आपके भीतर आ जाते हैं और आपस में मिल जाते हैं। इसके बाद यही विचार आस-पास की दुनिया के अनुभव को प्रभावित करते हैं। इससे आपको कठोर व अपरिष्कृत वास्तविकता के बजाय आस-पास के संसार के निजी स्वरूप का अनुभव होता है। बाहरी अनुभव में हुआ यह मानसिक परिवर्तन आप तक आने वाले सच्चे अनुभवों को रोक देता है। उदाहरण के लिए, आप रोज असंख्य चीज़ों को देखतें हैं लेकिन उनमें से कुछ को ही शब्दों में व्यक्त कर पाते हैं। जिन चीज़ों के विषय में आप सोचते हैं, आपके लिए केवल उन्हीं चीज़ों का महत्त्व होता है। सूक्ष्म स्तर पर होने वाले परिवर्तन के माध्यम से आप सच्चाई के अनुभव को नियंत्रित कर पाते हैं ताकि यह सब आपके मस्तिष्क में ठीक से बैठ जाए। दरअसल, इस समय आपकी चेतना वास्तविकता के बजाय उसके मानसिक प्रतिरूप का अनुभव कर रही होती है।

आपको इस बात पर बहुत ध्यान देना होगा, क्योंकि आप ऐसा हर पल करते हैं। "आप सर्दी में बाहर निकलते हैं तो आपको बाहर निकलते ही ठंड महसूस होती है और भीतर की आवाज़ कहती है, बाहर बहुत ठंड है!" अब आप देखिए इससे आपको क्या कोई मदद मिली?, क्योंकि आपको यह बात पहले भी मालूम थी कि बाहर बहुत ठंड है। अब देखिए ठंड को अनुभव करने वाले आप हैं तो यह आवाज़ आपको क्यों कोई अनोखी या अलग बात बता रही है? आप दुनिया को अपने मस्तिष्क में दोबारा बनाते हैं, क्योंकि आप अपने मस्तिष्क को नियंत्रित कर सकते हैं, लेकिन बाहरी दुनिया पर आपका कोई नियंत्रण नहीं है इसीलिए इस विषय में आप मन में बात करते हैं यह सच्चाई है। यदि आपको बाहरी दुनिया अपने अनुकूल नहीं मिलता तो आप उसे भीतरी तौर पर अभिव्यक्त तो करते हैं ही साथ ही उसका आकलन भी करते है। इतना ही नहीं उसकी शिकायत भी आप भीतरी तौर पर करते हैं। इसके बाद आप यह निर्णय लेते हैं कि अंतिम रूप से इस विषय में आगे क्या करना है। इससे आप स्वयं को शक्तिशाली महसूस करते हैं। जब आपको ठंड लगती है तो आप तापमान का कुछ नहीं कर सकते लेकिन जब आपका मस्तिष्क यह बोलता है, "ठंड लग रही है!" तो आप कह सकते हैं, "बस, थोड़ी देर में, हम लोग घर पहुँचने ही वाले हैं।" इसके बाद तुरंत ही आपको बेहतर महसूस होता है। विचारो की दुनिया के द्वारा आप अपने अनुभव को नियंत्रित करने के लिए हमेशा कुछ न कुछ कर सकते हैं।

सच तो यह है कि आप बाहरी संसार को अपने भीतर दोबारा निर्मित करते हैं इसके बाद आप उसे अपने मस्तिष्क में जीते हैं। यदि आप ऐसा न करने का निर्णय लें तो क्या होगा? यदि आप कुछ न बोलने का निर्णय लेते हैं और मूक रहकर दुनिया को देखते हैं तो उस समय आप स्वयं को अधिक स्वतंत्र महसूस करेंगे। आगे क्या होगा आपको नहीं पता इसलिए आपका मस्तिष्क लगातार आपकी सहायता करने का अभ्यास करता है, क्योंकि आपको पता नहीं कि ऐसा करने के लिए यह आपके वर्तमान अनुभवों का कुछ इस तरह संसाधन करता है कि वह आपके अतीत की मान्यताओं और भविष्य के आभास के अनुरूप हो जाते हैं। इन सबसे नियंत्रण की झलक पैदा होती है। यदि आपका मस्तिष्क ऐसा नहीं करता तो आप असहज महसूस करते हैं। हम सभी लोगों में से ज़्यादातर लोगों के लिए सच्चाई ज़्यादा ही स्वाभाविक होती है, इसलिए हम अपने मस्तिष्क का प्रयोग कर उसके साथ फेरबदल कर देते हैं।

आपका मस्तिष्क हर समय लगातार बोलता रहता है, क्योंकि आपने ही इसे यह कार्य दिया है और आप इसका उपयोग एक सुरक्षा कवच या बचाव की तरह करते हैं, क्योंकि यह आपको अधिक सुरक्षित महसूस करवाता है। सही मायनों में यदि आप यही चाहते हैं तो आप अपने जीवन को जीने के बजाय उसे रोकने के लिए अपने मस्तिष्क को तैयार कर रहे हैं। यह दुनिया लगातार नए-नए रूपों में उजागर हो रही है जिसका हमारे या हमारे विचारों के साथ कोई संबंध नहीं है। यह आपके धरती पर आने से पहले भी थी और आपके जाने के बहुत बाद भी रहेगी। सच्चाई तो यह है कि आप दुनिया को संगठित रखने के नाम पर, केवल स्वयं को संगठित रखने की नाकाम कोशिश कर रहे हैं।

व्यक्तिगत सही विकास का अर्थ अपने उस अंश से आगे की ओर बढ़ना है जो ठीक नहीं है और आपसे सुरक्षा की मांग करता है। इसका सबसे सही तरीका यही है कि आप यह सोचे कि भीतर रहकर आप ही उस आवाज को सुन रहे हैं तभी यह करना संभव हो पाएगा। आपके भीतर का वह अंश जो यह जानता है कि आप हर समय स्वयं से ही बातें करते रहतें हो, हमेशा शांत और स्थिर रहता है। यह वही रास्ता है जो आपके अस्तित्व की गहराइयों तक आपको ले जाएगा। यदि आप उस आवाज़ को बोलते हुए देख रहे हैं, जो आपके भीतर हमेशा गुंजायमान रहती है तो आपको इस बात का एहसास होगा कि यह एक शानदार यात्रा है जिसकी दहलीज़ पर आप खड़े है। मानसिक आवाज़, जो चिंता बेचैनी और उन्माद का स्रोत है, सच्ची आध्यात्मिक चेतना का आरंभिक स्थल बन सकती है। यदि आपने इसका प्रयोग अच्छे से करना सीख लिया तो आप उत्पत्ति के महान रहस्य को कुछ हद तक जान जाएँगे लेकिन इससे पहले आपको अपने भीतर की आवाज सुनने वाले को पहचानना होगा।

2

आपका आंतरिक साथी

अपने विषय में सोचना बंद करने मात्र से ही आप शांति व संतुष्टि पाने का मार्ग खोज सकते हैं। आपका अंतरिक विकास इसी बात पर निर्भर करता है। जिस क्षण आपको यह समझ आ जाता है प्रत्येक समय बोलते रहने वाला “मैं” कभी शांत नहीं होता, तो उसी क्षण आपके विकास की यात्रा शुरू हो जाती है। उस “मैं” को हमेशा किसी न किसी के साथ कोई न कोई परेशानी होती ही है। अपनी पूरी ईमानदारी के साथी इस बात पर विचार कीजिए कि पिछली बार ऐसा कब हुआ था कि आप किसी भी बात से परेशान नहीं थे? अभी आप जिस परेशानी का सामना कर रहे हैं उससे पहले आपको कोई और समस्या थी। यदि आप समझदार हैं तो आप जान जाएंगे कि इस समस्या के बाद कोई दूसरी समस्या आपके सामने ज़रूर आ जायेगी।

सच्चाई तो यह है कि आप समस्याओं से पूरी तरह तब तक अपना पीछा नहीं छुड़ा सकते, जब तक आप अपने आंतरिक साथी यानी कि “मैं” से मुक्त नहीं हो जाते जिसे ये सभी परेशानियाँ होती हैं। जब भी आपके सामने कोई परेशानी आए तो यह मत पूछिए, “मैं इसका क्या करूँ?”, बल्कि यह पूछिए, “इससे मेरे भीतर किसको परेशानी हो रही है?” यदि आप यह पूछते हैं कि “अब मैं क्या करूँ?” तो इसका मतलब यह हुआ है कि आपने इस बात को मान लिया है कि बाहर सचमुच कोई परेशानी है जिसे समाप्त करने की आवश्यकता है। यदि आप अपनी परेशानियों में भी शांत और स्थिर बने रहना चाहते हैं तो आपको यह समझने की आवश्यकता है कि किसी विशेष परिस्थिति को आप क्यों परेशानी समझते हैं। अपने आप का बचाव करने की बजाय यदि आप ईर्ष्या महसूस कर रहे हैं तो केवल एक ही प्रश्न स्वयं से पूछें, “मेरे भीतर के किस अंश को ईर्ष्या हो रही है?” इस तरह आपको अपने भीतर झाँकने और यह देखने

का अवसर मिलेगा कि आपके भीतर एक ऐसा अंश मौजूद है जिसे ईर्ष्या से अशांति मिलती है।

अब आपके भीतर मौजुद उस अशांत अंश को जान लेने के बाद उससे आगे पूछे, "वह कौन है जो इसे देख रहा है? इस भीतरी अशांति पर कौन ध्यान दे रहा है?" केवल ऐसा पूछने मात्र से ही आपकी प्रत्येक समस्या का समाधान हो जाएगा। इस भीतरी अशांति को देख पाना ही इस बात का प्रमाण है कि आप स्वयं अशांत नहीं हैं। किसी भी प्रक्रिया को देखने के लिए कर्ता और कर्म का संबंध होना आवश्यक है। कर्त्ता "प्रत्यक्षदर्शी" कहलाता है, क्योंकि वह उसे होता हुआ देखता है। जिसे आप देखते हैं, वह कर्म है, जो इस मामले में 'अशांति' है। भीतरी परेशानियों के प्रति निष्पक्ष रूप से सजग रहना बेहतर है बजाय इसके कि आप बाहरी परिस्थिति में खो जाए। आध्यात्मिक व सांसारिक व्यक्ति में यही सबसे बड़ा और अनिवार्य अंतर है। सांसारिक होने का यह अर्थ बिल्कुल नहीं है कि आप धनवान हो या समाज में आपकी प्रतिष्ठा हो। इसका अर्थ है कि आप भीतरी समस्याओं का समाधान बाहरी जगत में खोजते हैं। आपको लगता है कि यदि आप बाहरी चीज़ों को बदल देंगे तो आप ठीक हो जाएँगे? नहीं ऐसा बिल्कुल नहीं है, क्योंकि अगली समस्या हमेशा आपके सामने खड़ी होती है। प्रत्यक्षदर्शी बनकर रहना और अपना नज़रिया बदलना ही इसका एकमात्र समाधान है।

यदि असली आंतरिक स्वतंत्रता प्राप्त करना है तो अपनी समस्याओं में उलझने की बजाय उन्हें निष्पक्ष तौर पर देखना शुरू करना होगा। जब तक आप किसी भी समस्या में उलझे रहेंगे, तब तक कोई समाधान नहीं निकल सकता। यह बात सब जानते हैं कि यदि आपको किसी परिस्थिति में उत्तेजना, भय या गुस्सा आता है तो आप उस परिस्थिति से छुटकारा नहीं पा सकते, क्योंकि अपनी इस प्रतिक्रिया का निदान पाना ही आपकी सबसे पहली समस्या बन जाएगा। सच्चाई तो यह है कि आप बाहरी समस्या से तब तक छुटकारा नहीं पा सकते जब तक आप यह स्वीकार न कर लें कि वह परिस्थिति आपको आंतरिक तौर पर परेशान कर रही है। ज़्यादातर समस्याएँ जैसी दिखती हैं वैसी होती नहीं हैं। स्थिति स्पष्ट होने पर आपको लगेगा कि असली समस्या तो आपके भीतर है जो किसी भी चीज़ से तुरंत परेशान हो जाता है। आपको चाहिए की आप अपने उस भीतरी अंश से पहले निपटें ताकि आप "बाहरी समाधान" से "भीतरी समाधान" की ओर परिवर्तन ला सके। आपको अपनी इस आदत तो छोड़ना होगा ताकि आप चीज़ों को दुबारा से व्यवस्थित करके अपनी समस्या का समाधान कर सकते हैं। आपकी सभी समस्याओं का एकमात्र समाधान यही है कि आप अपने भीतर सबसे पहले देखें और उस अंश से मुक्त हो जाएँ जिसे इतनी सारी परेशानियाँ होती हैं। एक बार आपने ऐसा कर लिया तो शेष बातों से छुटकारा पाने के लिए आपकी सोच बिल्कुल साफ़ हो जाएगी।

यह तरीका असंभव ज़रूर लगता है लेकिन वास्तव में ऐसा नहीं है। अपने उस अंश से, जो किसी भी बात को केवल एक समस्या की तरह देखता है, मुक्ति पाई जा सकती है, क्योंकि आपके इसी अंश के कारण आप अपनी ही भावुकता से दूर हो रहे हैं। क्या आप स्वयं को क्रोध या ईर्ष्या से ग्रस्त देख सकते हैं। केवल इसके प्रति जागरूक रहना काफ़ी है सच तो यह है कि आपको इस विषय में सोचने या विश्लेषण करने की भी कोई आवश्यकता नहीं है। आखिर वह कौन है जो इन सब को देखता है और भीतर हो रहे परिवर्तनों को कौन समझता है। जब आप अपने किसी मित्र से मिलने के बाद कहते हैं, "मैं जब भी टॉम से मिलता हूँ और हम बातें करते हैं तो इसके बाद मैं बहुत परेशान सा महसूस करता हूँ।" आपको यह कैसे पता चलता है कि आप परेशान हो जाते हैं? क्योंकि आप स्वयं उन परेशानियों का हिस्सा बन जाते हैं। इसके बाद आप सभी चीज़ों के ख्याली पुलाव बनाने लगते हैं, जैसे : वहाँ क्या हो रहा होगा, आगे क्या होगा इत्यादि। सच तो यह है की आप में व गुस्सा या ईर्ष्या इन सभी में अंतर है और इन सभी बातों को देखने वाले केवल आप ही हैं। जब आप जागरूक हो जाएँगे तब, आप इस निजी अशांति से छुटकारा पा सकेंगे। इस सारी प्रक्रिया का आरंभ द्रष्टा बनने से होता है। जागरूक रह कर ही आप एक निष्पक्ष दृष्टा बन सकते हैं। शुरुआत में यह मुश्किल लगेगा लेकिन एक बार यह तरीका आ जाए तो यह बेहद आसान लगने लगेगा। आपको यह स्पष्ट दिखाई देने लगेगा कि आप किसी भी मनुष्य के व्यक्तित्व को उसके सभी गुणों व अवगुणों के साथ देख रहे हैं। जैसे आपके भीतर कोई आपके साथ रहता है या आप यह भी कह सकते हैं कि कोई आपके "साथ हर वक्त कोई मौजूद है।"

यदि आप अपने इस आंतरिक साथी से मिलना चाहते हैं तो एकांत में कुछ देर अपने भीतर झांकने की कोशिश करे। यह आपका अधिकार क्षेत्र है किंतु इस भीतरी अधिकार क्षेत्र में आप शांति खोजने के बजाय, लगातार होते हुए शोर को ही सुनेंगे-

> "मैं ऐसा क्यों कर रहा हूँ? मेरे पास और भी कई महत्वपूर्ण काम हैं। ऐसा करना केवल समय को बर्बाद करना है। मेरे भीतर, मेरे अतिरिक्त और कोई नहीं है। यह सब क्या हो रहा है?"

आप बिल्कुल सही समझ रहे हैं, यही आपका "साथी" है। भले ही आपकी इच्छा भीतर से शांत रहने की हो किंतु आपका यह साथी शांत रहने में आपका सहयोग नहीं देता। ऐसा केवल उस समय नहीं होता जब आप शांत रहने का प्रयास करते हैं यह हर उस चीज़ के विषय में लगातार कुछ न कुछ बोलता रहता है जिसे आप देखते हैं। उदाहरण के तौर पर "मुझे यह पसंद है, यह नापसंद है, यह अच्छा है, यह बुरा है।" यह

आवाज़ कभी चुप नहीं होती। आपको ज़्यादातर इस आवाज़ का पता नहीं चल पाता, क्योंकि आप इससे कभी दूर नहीं होते। आप हमेशा इसके पास रहते हैं, इसलिए आप इससे सम्मोहित होकर इसकी बात सुने बिना नहीं रह पाते।

सच्चाई तो यह है कि आप अकेले ऐसे नहीं हैं। आपके भीतरी व्यक्तित्व के दो विशिष्ट पहलू हैं। एक आप हैं, जो चेतन है, प्रत्यक्षदर्शी है, अपनी ज़िद्दी इच्छाओं का केंद्र बिंदु है। दूसरा, वह है जिसे आप देखते हैं। समस्या यह है कि जिसे आप देखते हैं वह कभी भी चुप नहीं होता। अगर आप एक क्षण के लिए भी अपने उस लगातार बोलने वाले अंश से मुक्त हो जाए तो आप महसूस करेंगे की उससे मिलने वाली शांति आपके लिए अब तक की सर्वोच्च मुक्ति होगी।

जरा सोच कर देखिए, आपको हर जगह इसे अपने साथ न ले जाना पड़े। इस स्थिति से बाहर आना ही सच्चा आध्यात्मिक विकास है, किंतु उससे पहले आपको यह समझना होगा कि आप किसी मानसिक रोगी के साथ भीतर बंद कर दिए गए हैं। किसी भी परिस्थिति में, आपका साथी यकायक निर्णय ले सकता है कि, "मैं अब और यहाँ नहीं रहना चाहता। मैं यह काम नहीं करना चाहता। मैं इस व्यक्ति से बात नहीं करना चाहता।" आप देखेंगे की आप कुछ बेचैनी और असहज महसूस कर रहें है। आपका यह साथी आपको बिना कोई भी अवसर दिए, आपके किसी भी कार्य को बिगाड़ सकता है। यहाँ तक कि यह आपके विवाह के दिन को तथा विवाह की प्रथम रात्रि को भी ख़राब कर सकता है। आपका यह अंश सब ख़राब कर सकता है, और ज़्यादातर ऐसा देखा भी गया है।

जब आप कोई नई गाडी खरीदते हैं, जो बेहद सुंदर है, लेकिन जब भी आप उस गाड़ी को चलाते हैं, आपका आंतरिक साथी उसमें कोई न कोई कमी निकाल ही देता है। उस गाड़ी की हर आवाज़, हर कंपन पर इतना बोलता है कि आखिर में आपको वह गाड़ी पसंद आनी ही बंद हो जाती है। एक बार आपको यह समझ में आ गया कि यह आंतरिक आवाज़ आपके जीवन में क्या-क्या कर सकती है, तो इसके बाद आप आध्यात्मिक उत्थान के लिए आगे का सफर तय कर सकते हैं। आप उस समय सच्चे बदलाव के लिए तैयार होते हैं। जब आप उस आवाज़ को कहते हैं, "देखो इसे, यह आवाज़ मेरा पूरा जीवन बर्बाद कर रही है। मैं शांतिपूर्ण तरीके से सार्थक जीवन बिताना चाहता हूँ, किंतु मुझे ऐसा लगता है कि मैं किसी ज्वालामुखी पर बैठा हूँ जो किसी भी क्षण फट सकता है। यह आवाज़ कभी भी सनक में आकर, काम बंद कर सकती है और चल रहे क्रिया-कलापों के साथ इसका मतभेद हो सकता है। इसे किसी दिन कोई अच्छा लगता है और किसी दिन कोई। मेरा जीवन सिर्फ़ इसलिए अस्त-व्यस्त हो गया है कि यह आवाज़ हर बात को बढ़ा-चढ़ा कर मेरे सामने पेश करती है।" यदि आपको

यह बात समझ आ गई और आपने अपने इस अंतरिक साथी का साथ देना छोड़ दिया, तो फिर आप मुक्त होने के लिए एक कदम अपनी मंजिल की ओर आगे बढ़ेगे।

अगर आप जागरूकता के इस स्तर पर अभी तक नहीं पहुँचे हैं तो देखना शुरू कर दें। अपना एक पूरा दिन अपने आंतरिक साथी की प्रत्येक गतिविधि पर ध्यान देते हुए व्यतीत करें। जैसे ही सुबह होती है आप अपना काम शुरू कर दें और देखें क्या आप यह जान पाते हैं कि यह हर स्थिति में आपसे क्या कह रही है। जब भी आप किसी भी व्यक्ति से मिलें या फ़ोन की घंटी बजे तो आप ध्यान देने का प्रयास करें। इस आवाज को सुनने का सबसे अच्छा समय है नहाते समय। आपको केवल इतना करना है कि आप उस आवाज को ध्यान से सुने की वह आपसे क्या कह रही है तभी आप समझ पाएँगे की यह आपको आराम से नहाने भी नहीं देती। आप नहाने इसलिए जाते हैं ताकि अपने तन की सफ़ाई कर सकें, न कि कभी न शांत होने वाली इस आवाज़ को लगातार सुनते रहें। क्या आप अपने इस अनुभव को सजग रहकर देख सकते हैं। इस सारी प्रक्रिया को देखकर आप आश्चर्यचकित रह जाएँगे। यह आवाज़ कभी शांत नहीं बैठती बल्कि एक से दूसरे विषय पर निरंतर बोलती रहती है। यह आवाज़ इतनी उन्मत्त लगती है कि आपको इस बात पर विश्वास ही नहीं होगा कि यह हमेशा से ऐसा ही करती आई है लेकिन यह सत्य है।

यदि आपको इस आवाज़ से मुक्ति चाहिए तो आपको इसे ध्यान से देखना होगा। आप जिस संकट में फँसे हैं, उस से मुक्ति पाने के लिए उसे जानना ज़रूरी है। इसके अतिरिक्त आपको कुछ नहीं करना। आपको यह समझना होगा कि यदि आपको भीतरी शांति चाहिए तो इस अंतरिक साथी के चक्कर से स्वयं को निकालना पड़ेगा।

आप इसे मूर्त रूप दे ताकि आप अपने आंतरिक साथी को अच्छे से जान पाए। यह विश्वास पैदा करें कि आपके इस साथी का, आपके मन का अपना एक अलग शरीर है। इस कार्य को करने का सबसे अच्छा तरीका यह है कि आप भीतर बोल रहे व्यक्तित्व के बारे में यह कल्पना करें कि कोई व्यक्ति बाहर है जो आपसे लगातार बात कर रहा है। अब स्वयं को यह विश्वास दिलाएँ कि वह आवाज़ जो कुछ भीतर कहती, वह सब कुछ कोई बाहरी व्यक्ति आपसे कह रहा है और अब उस बाहरी व्यक्ति के साथ एक दिन व्यतीत करें।

आप टीवी पर अपना मनपसंद कार्यक्रम देखने बैठे हैं। समस्या यह है कि वह आंतरिक व्यक्ति भी आपके साथ बैठा है। अब आपको लगातार चलने वाली वही एक तरफा आवाज़ सुनाई देगी जो पहले भीतर चलती थी। अंतर केवल इतना है कि अब वह आपके पास बैठा अपने आप से ही बात कर रहा है -

> “तुमने नीचे की लाइट बंद की थी? अच्छा होगा, तुम नीचे जाकर एक बार देख कर आओ। अभी नहीं, बाद में देखूँगा। अभी मैं यह कार्यक्रम देख रहा हूँ थोड़ी देर में जाऊँगा। नहीं, तुम्हें अभी जाना चाहिए। इसी वजह से तो बिजली का बिल इतनाज़्यादा आता है!”

आप बिल्कुल शांत बैठे यह सब देख रहे हैं। फिर कुछ ही देर बाद, सोफे पर बैठा आपका आंतरिक साथी एक और विवाद में फस जाता है -

> “मुझे भूख लगी है। अब मुझे कुछ खाना- खाना है! मेरी पिज़्ज़ा खाने की इच्छा हो रही है। नहीं, इस समय पिज़्ज़ा नहीं मिल सकता, क्योंकि उसे लेने के लिए दूर जाना होगा लेकिन मुझे भूख लग रही है कब तक मुझे खाना मिलेगा?”

आपको यह जान कर बहुत विस्मय होगा, लेकिन ऐसी विवादपूर्ण बातचीत की छींटें लगातार आप पर गिरती रहती है। इससे जब आपके साथी को शांति नहीं मिलती तो यह व्यक्ति टीवी देखते हुए स्क्रीन पर आने वाले प्रत्येक दृश्य पर बोलता रहता है। कुछ ही देर बाद, कार्यक्रम में किसी भूरे बाल वाले को देखकर, आपका यह साथी आपके भूतपूर्व जीवनसाथी और उससे हुए दुखद तलाक के विषय में बोलने लग जाता है। उसके बाद चारों और शोर शुरू हो जाता है मानो वह भूतपूर्व जीवनसाथी आपके साथ कमरे में ही मौजूद हो! फिर अचानक जैसे यह शुरू हुआ था, उसी तरह बंद भी हो जाता है और आप स्वयं को सोफे के एक कोने पर बैठा हुआ पाते हैं, क्योंकि आप इस अशांत व्यक्ति से, दूर होना चाहते हैं।

क्या आपके भीतर ऐसा प्रयोग करने का साहस है? आप उस व्यक्ति को बोलने से मत रोकिए। आपको केवल उस आवाज़ को बाहरी रूप देकर यह जानने का प्रयास करना है कि आपके साथ भीतर कौन रहता है। आपको उसे शरीर देना है ताकि वह अन्य लोगों की भांति बाहरी दुनिया में आ सके। जो आवाज़ आपके भीतर लगातार चलती रहती है उसे बाहरी व्यक्ति बनाकर बोलने दे और उसके अच्छे दोस्त बन जाए। सच्चाई तो यह है कि आपका ऐसा कोई भी दोस्त नहीं हैं जिसके साथ आप अपना पूरा समय व्यतीत करते हैं और जिनकी कही हर बात पर ध्यान देते हैं?

उस समय आपको कैसा लगेगा जब कोई बाहरी व्यक्ति उसी प्रकार बात करने लगे जिस प्रकार वह भीतरी आवाज़ बात करती है? और आप उसके विषय में क्या सोचेंगे? यकीनन आप उसे जल्द ही आपके पास से चले जाने के लिए कह देंगे लेकिन जब आपका यह भीतरी साथी लगातार बोलता रहता है तो आप इसे जाने के लिए नहीं कहते। भले ही वह आपको कितना भी परेशान करे लेकिन आप उसकी सभी बातें

सुनते रहते हैं। भले ही वह बातें अच्छी हो या बुरी। ऐसी कोई बात नहीं होती, जिसे वह बोले और आप न सुने। यह आवाज़ आपको किसी भी काम के बीच में से बाहर अपने साथ खींच लाती है। वह कितना भी मज़ेदार क्यों न हो और फिर आप अपने काम को छोड़कर इसकी बात सुनने के लिए विवश हो जातें हैं। मान लीजिए, आप का किसी के साथ गहरा संबंध हैं और आप उससे विवाह करने वाले है और यह आवाज़ आपसे बोलती है -

> "जिससे मेरी शादी होने वाली है क्या वह मेरे लिए उपयुक्त साथी है? मुझे बहुत घबराहट हो रही है। अब क्या करना चाहिए मुझे?"

यदि कोई बाहरी व्यक्ति ऐसी बात कहे तो आप उसकी उपेक्षा कर देंगे, किंतु इस आवाज़ को उत्तर देना आप अपनी जिम्मेदारी समझते हैं। आपको अपने चिंतित मन को समझाना होगा कि शादी के लिए यह साथी उपयुक्त है, वरना यह आवाज आपको विवाह स्थल तक नहीं जाने देगी। अपने भीतर की इस आवाज़ के लिए आपके मन में सम्मान है! आपको पता है कि यदि आप इस आवाज़ की बात नहीं सुनेंगे तो यह आपको हमेशा परेशान करती रहेगी -

> "मैंने तुमसे कहा था कि शादी मत करना। मैंने भी तो कहा था कि मेराइरादा कोई पक्का नहीं है!"

इसका निष्कर्ष स्पष्ट है : अगर वह आवाज़ मूर्त रूप में आपके भीतर से बाहर आ जाए और आप जहाँ भी जाएँ वह आपके साथ ही जाए तो आपके लिए एक दिन भी जीवित रहना कठिन हो जाएगा। यदि कोई आपसे पूछे कि आपका यह नया मित्र कैसा है तो आप कहेंगे, "यह बहुत परेशान व्यक्ति है। शब्दकोश में न्युरोसिस शब्द खोज लो, तो आपको उसकी तसवीर साफ़ हो जाएगी।"

इस प्रकार की स्थिति में, यदि आपने एक दिन अपने मित्र के साथ व्यतीत किया तो इस बात की कितनी संभावना है कि आप किसी भी सलाह के लिए अपने उस मित्र के पास जाएँगे? यह जानने के बाद कि यह व्यक्ति हर क्षण अपना विचार बदलता रहता है। हर विषय पर इसके साथ मतभेद होता है और इतना ही नहीं यह भावुक होकर अपनी अनावश्यक प्रतिक्रिया देता है, क्या आप ऐसे व्यक्ति से किसी भी विषय पर या वित्तीय मामले में सलाह लेंगे? यह बात आश्चर्य में डालने वाली है की आप जीवन-भर हर क्षण इस व्यक्ति की बात सुनते रहने के लिए बाध्य होते हैं। आपका अंतस एक बार फिर अधिकारपूर्वक अपना स्थान लेने के बाद, यह अब भी वही "व्यक्ति" है जो आपको बताता है कि आपको अपने जीवन के अलग-अलग पहलओं के विषय में

क्या करना है। आपने कभी भी इसके विषय में जानने का प्रयास किया है? कितनी बार इस आवाज़ ने आपसे विपरीत बात कही है?

> “अब वह तुम्हारी चिंता नहीं करती, इसीलिए वजह से उसने तुम्हें फ़ोन नहीं किया। मुझे पूरा विश्वास है कि वह आज रात ही तुमसे अपना रिश्ता खत्म कर लेंगी यह मुझे स्पष्ट रूप से दिखाई दे रहा है। यदि वह तुम्हें फ़ोन करे तो तुम्हें उससे बात नहीं करनी चाहिए।”

जैसे ही आधे घंटे के बाद फ़ोन की घंटी बजती है आपके भीतर से आवाज़ आती है की ज़रूर आपको प्रेमिका का फ़ोन ही होगा। आज आपकी सगाई की पहली वर्षगाँठ है और वह खाना बनाकर आपको आश्चर्चकित करना चाहती थी इसलिए उसे फ़ोन करने में देर हो गई होगी। यह बात सचमुच आश्चर्य में डालने वाली थी, क्योंकि आपको अपनी सगाई की वर्षगाँठ ही याद नहीं है। उसने बताया कि वह रास्ते में ही है और आपको लेने आ रही है। अब आपकी खुशी का कोई ठिकाना नहीं रहा और अब आपके भीतर की आवाज कह रही है कि आपकी प्रेमिका कितनी अच्छी है जो आपको लेने भी आ रही है। क्या आप कुछ भूल रहे हैं? क्या आप उस गलत सलाह को भूल नहीं गए जो अभी कुछ देर पहले इसी भीतरी आवाज़ ने आपको देकर बेहद परेशानी में डाल दिया था?

अगर आपने किसी सलाहकार से ऐसी सलाह ली होती तो क्या होता और उसने आपको यह गलत सलाह दी होती तो इसके बाद क्या होता? सही मायनों में उसने पूरी परिस्थिति को गलत तरह से समझा होता। अगर आपने उस सलाहकार की बात मान ली होती तो आप इतनी ग़लत सलाह आपको देने के बाद आप फ़ोन नहीं उठाते। ऐसा करने पर क्या आप उसे नौकरी से निकाल देते? उस सलाहकार की किसी भी अन्य सलाह पर आप कैसे विश्वास कर सकते हैं? अब क्या आप अपने उस भीतरी साथी को नौकरी से निकाल देंगे?, क्योंकि ऐसी परिस्थिति में उसकी दी हुई सलाह और उसका विश्लेषण दोनों ही पूर्ण रूप से गलत साबित हुए थे। फिर भी आप उसके द्वारा दी हुई सलाह के कारण हुई परेशानी के लिए उसे दोषी नहीं मानते बल्कि, अगली बार जब वह पुनः सलाह देता है तो आप फिर से उसे ध्यान से सुनते हैं। क्या ऐसा करना सही है? जो वर्तमान में चल रहा है या जो भविष्य में घटित होने वाला है, उसके विषय में ना जाने कितनी बार इस भीतरी आवाज़ की बात गलत साबित हुई है? इस बात का ध्यान रखना चाहिए कि आप अपनी परेशानी के लिए किसके पास सलाह लेने जा रहे हैं। जब आप स्व-निरीक्षण और जागरूकता जैसी प्रणालियों का पूरी ईमानदारी से पालन करते हैं, तो उस समय आपको लगता है कि आप किसी परेशानी में पड़ गए हैं।

आपकी केवल एक ही समस्या सारे जीवन रही जो अब आपके सामने है। आपकी अन्य सभी समस्याओं की मूल जड़ यही है। अब प्रश्न यह उठता यह है कि इस कभी ना शांत रहने वाली इस आवाज़ से किस प्रकार छुटकारा पाया जाए? सबसे पहले आपको यह समझना है कि इससे तब तक छूटकारा नहीं मिल सकता जब तक आप सचमुच इससे अपना पीछा छुड़ाना नहीं चाहते। अपने मस्तिष्क की प्रणालियों का सही आधार ढूंढने के लिए आपको अपने इस भीतरी साथी का जब तक निरीक्षण करना है तब तक यह आपको पूरी तरह समझ ना आ जाए कि आप किस प्रकार के संकट में हैं। एक बार आपने इस मानसिक नाटक से मुक्त होने का निर्णय लिया तो आप शिक्षाप्रद बातों व पद्धतियों के लिए पूरी तरह से तैयार हो सकते हैं। इसके बाद ही आप इनका ठीक प्रकार से उपयोग करना सीख पाएँगे।

सच्चाई तो यह है कि आप पहले ऐसे व्यक्ति नहीं हैं जो इस समस्या से जूझ रहे हैं। आपसे पहले भी ऐसे लोग हुए हैं जो इस प्रकार की परिस्थिति का सामान कर चुके है। उनमें से कई ऐसे लोगों हुए है जिन्होंने मार्गदर्शन लिया और जो इस ज्ञान के क्षेत्र में निपूर्ण हैं। उन्हें ज्ञान की बातें तथा योग जैसी पद्धतियाँ सिखाई गईं जिनसे इस प्रक्रिया में सहायता मिलती है। योग आपके शरीर को स्वस्थ करने का माध्यम नहीं है, भले ही इससे यह लाभ भी मिलता है। योग ही एक मात्र वह ज्ञान है जो आपको इस समस्या से बाहर निकाल सकता है और आपको ऐसी स्थिति से मुक्ति दिला सकता है। जब यह मुक्ति आपके जीवन का उद्देश्य बन जाती है तो इसके बाद अन्य आध्यात्मिक पद्धतियाँ भी आपकी सहायता में लग जाती हैं। यह सभी पद्धतियाँ आपको अपने समय का सही उपयोग करना समझाती हैं ताकि आप स्वयं से मुक्त हो सकें। अंततः आपको यह समझ में आ जाएगा कि आपको केवल अपने मन को स्वयं से दूर करना है और ऐसा करने के लिए आपको सबसे पहले अपने जीवन को सही दिशा में ले जाना होगा और अपने अशांत और चंचल मस्तिष्क को रुकावट बनने से रोकना होगा। सच्चाई तो यह है कि आपकी इच्छाशक्ति उस भीतरी आवाज़ को सुनने की आपकी आदत से कही ज़्यादा प्रबल है। यह शक्ति इतनी प्रबल है कि आप जो चाहे वह कर सकते हैं।

इस समस्या से स्वतंत्रता पाने के लिए सबसे पहले आपको इसे समझना होगा। इसके बाद ही इसके निवारण का कार्य संपन्न हो सकता है। मुक्ति पाने के लिए प्रतिबद्धता इसका दूसरा चरण है जिस पर आपको काम करना है। इस पर आपको पूरी लगन के साथ काम करना चाहिए, क्योंकि इसी पर आपका जीवन निर्भर करता है। आपका जीवन आपका अपना नहीं है, क्योंकि यह भीतरी साथी आपके मन के आधीन रहता है। इसलिए ऐसे कौन है अपने आधीन करना होगा ताकि यह आपके दिए हुए निर्देशों का पालन कर सकें, क्योंकि यह जीवन आपका है और इसे सही मार्ग पर ले जाना भी आपका कार्य है। यह तभी संभव है जब आप इसका नियंत्रण अपने हाथों में पुनः प्राप्त कर लें।

3

आप कौन हैं?

आंतरिक स्वच्छंदता के लिए योग परंपरा के महान गुरु महर्षि रमण (1879-1950) कहते थे कि - लगातार व्यक्ति को स्वयं से यह प्रश्न पूछते रहना चाहिए कि आखिर, "मैं कौन हूँ?" उन्होंने बताया कि यह प्रश्न किसी भी पुस्तक को पढ़ने, मंत्र सीखने या किसी भी पवित्र स्थान पर जाने से ज़्यादा महत्त्वपूर्ण है। आपको स्वयं से केवल इतना पूछना है कि, "मैं कौन हूँ? जब समय मैं देखता हूँ तो उस समय कौन देखता है? जिस समय मैं सुनता हूँ तो उस समय कौन सुनता है? और इस बात को कौन जानता है कि मैं जागरूक हूँ या नहीं? आखिरकार मैं कौन हूँ?"

चलिए अब, हम खेल ही खेल में इस प्रश्न उत्तर ढूंढते हैं। मान लेते हैं कि आप और मैं बात कर रहे हैं। पाश्चात्य परंपरा के अनुसार जब कोई आपसे यह प्रश्न पूछता है, "सुनिए, आप कौन है?" तो इतना गंभीर प्रश्न पूछने के लिए आप उसे डांटते नहीं हैं। आप उसे सबसे पहले अपना नाम बताते हैं, उदाहरण के तौर पर, सैली स्मिथ आपका नाम है, लेकिन मैं आपके इस उत्तर को चुनौती देने वाला हूँ और एक कागज के टुकड़े पर आपका नाम से-ली-रि-म-थ लिखकर आपको दिखाने वाला हूँ। क्या आप ये हैं, अक्षरों का समूह मात्र? जिस क्षण आप देखते हैं तो क्या उस क्षण यह अक्षरों का समूह ही देखता है? सच्चाई तो यह है ऐसा बिल्कुल नहीं है, इसलिए बेशक आप आगे कहेंगे -

> "ठीक है। आप बिल्कुल सही हैं। मैं गलत हूँ। मैं सैली स्मिथ नहीं हूँ। यह केवल एक नाम है, जिससे लोग मुझे जानते हैं। यह एक लेबल है। मैं फ्रैंक स्मिथ की पत्नी हूँ।"

आज के समय में यह कहना भी एकदम सही नहीं होगा, क्योंकि आप फ्रैंक स्मिथ की पत्नी कैसे हो सकती हैं? क्या आपके कहने का अर्थ यह है कि आपका फ्रैंक से मिलने से पहले कोई अस्तित्त्व नहीं था और उनकी मृत्यु या आपके पुनर्विवाह के बाद आपका कोई अस्तित्व नहीं रह जाएगा? यह भी सिर्फ़ एक लेबल मात्र है की आप फ्रैंक स्मिथ की पत्नी हैं। अब एक बार फिर आप परिस्थिति या घटना के परिणाम का हिस्सा बन गई है। अब आपके सामने दोबारा यह प्रश्न खड़ा है कि आप कौन हैं? एक बार फिर आप इस प्रश्न का उत्तर देती हैं -

> "आप सही कह रहे हैं, लेकिन अब आप मेरी बात ध्यान से सुनो। मेरा नाम सैली स्मिथ है और मैं 1965 में न्यूयॉर्क में पैदा हुई थी। पाँच वर्ष की उम्र तक मैं अपने पिता हैरी और माता मैरी जोन्स के साथ क्वीन्स में रही। इसके बाद हम लोग न्यू जर्सी में रहने लगे और मैं नेवार्क ऐलीमेंट्री स्कूल में पढ़ने लगी। मुझे स्कूल में हमेशा 'ए' ग्रेड ही मिलता था और पाँचवीं कक्षा में मैंने विज़ार्ड ऑफ़ ओज नामक नाटक में डॉरोथी की भूमिका अदा की थी। मुझे नौवी कक्षा में जॉ नाम के लड़के से प्रेम हो गया था। इसके बाद मैंने रजर्स कॉलेज से आगे पढ़ाई की जहाँ मेरी मुलाकात फेंक स्मिथ से हुई जिनसे मैंने शादी कर ली। यही लड़की मैं हूँ।"

जरा एक मिनट रुकिए, कहानी बहुत अच्छी है, किंतु मैंने आपसे यह नहीं पूछा कि पैदा होने की बाद आज तक आपके साथ क्या-क्या हुआ। मैंने केवल इतना पूछा कि, "आप कौन हैं?" लेकिन आपने अपने जीवन के सभी अनुभव बता दिए, किंतु यह अनुभव किसे हुए हैं अभी तक मेरे इस प्रश्न का उत्तर नहीं दिया? यदि आप किसी अन्य कॉलेज में पढ़ने गई होती तो क्या आप फिर भी अपने अस्तित्त्व के प्रति जागरूक रहते हुए इसी रूप में नहीं होतीं?

सच तो यह है की आपने कभी अपने आप से इतना गंभीर प्रश्न पूछा ही नहीं। मैं कौन हूँ? यही प्रश्न महर्षि रमण भी पूछते थे। किंतु इस बार आप बड़ी ही सतर्कता के साथ सोचकर बोलती हैं -

> "ठीक कहा आपने, मैं मात्र एक शरीर हूँ जिसने केवल यहाँ जगह ले रखी है। मेरा कद पाँच फीट छह इंच और वज़न 135 पाउंड है, और मेरा यहाँ अस्तित्व है।"

पाँचवीं कक्षा में डोरोथी का किरदार निभाते समय आपका कद पाँच फीट छह इंच नहीं, बल्कि चार फीट छह इंच का था। उस समय आप दोनों में से आप कौन थी? आप पाँच फीट छह इंच वाली इंसान है या, चार फीट छह इंच वाली? जब आप डोरोथी बनी थीं तो क्या उस समय आपका अपना कोई अस्तित्व नहीं था? आपने कहा कि आप वहाँ थीं। क्या ऐसा नहीं है कि पाँचवीं कक्षा में डोरोथी का रोल करते समय आपको डोरोथी होने का अनुभव हो रहा था और अब आप यहाँ हैं जो मेरे द्वारा पूछे गए प्रश्न का उत्तर देने का प्रयास कर रही है? आप दोनों एक नहीं है क्या?

पुनः इस इस प्रश्न पर लौटने से पहले हमें थोड़ी प्रतीक्षा करनी चाहिए ताकि कुछ अन्य खोजी प्रश्न पूछ सके। जब आप दस साल के थे तो क्या आप शीशे में दस साल के शरीर को नहीं देखते थे? क्या अब वयस्क होने के बाद आप उसी शरीर को नहीं देखते जिस शरीर को पहले देखते थे? अब आप जिस शरीर को देखते हैं वह बदल चुका है; किंतु आप जो यह सब देख रहे हैं, आपका क्या हुआ? क्या जीव में निरंतरता नहीं है? क्या यह वही जीव नहीं है जो इतने वर्षों से स्वयं को शीशे में देख रहा है? आपको इसके विषय में सतर्कता के साथ सोचने की आवश्यकता है। अभी एक और प्रश्न शेष है जिस क्षण आप रात को सोते हैं उस क्षण आप सपने देखते हैं? ये सपने कौन देखता है? सपने देखने का अर्थ क्या है? आपका उत्तर होता हैं, "यह एक चलचित्र है जो मेरे मस्तिष्क में निरंतर चलता रहता है जिसे मैं इसे देखता हूँ।"

इस चलचित्र को कौन देखता है? "मैं देखता हूँ।" वही आप, जो शीशे में स्वयं को देखते हैं? जो इन शब्दों को पढ़ रहा है और जो शीशे में देखता है और जो सपने देखता है, क्या वह सब एक ही जीव हैं? जब आप सुबह सोकर उठते हैं तो उस समय आपको पता होता है कि आप सपना देख रहे थे। जीव की चेतन जागरूकता में निरंतरता होती है। बेहद सरल प्रश्नों के माध्यम से महर्षि रमण अपने प्रश्न पूछते थे जब आप इस चराचर ब्रह्मांड में कुछ देखते हैं तो कौन देखता है? और जब आप सुनते हैं तो कौन सुनता है? वह कौन है जो सपने देखता है? अपने प्रतिबिंब को शीशे में कौन देखता है? आखिरकार वह कौन है जिसे ये सभी अनुभव होते हैं? यदि आप अपनी पूरी ईमानदारी से उत्तर देंतें है तो आप केवल इतना कहेंगे, "यह मैं ही हूँ। क्या यह मैं हूँ जिसे ये सभी अनुभव होते हैं?" अंत में यही वो सबसे सही उत्तर है जो आप दे सकते हैं।

इस बात को समझना बेहद सरल है कि आप वो वस्तुएँ नहीं है, जिन्हें आप अपनी आंखों से देखते हैं। यह काम करने वाले और किसी भी काम का विषय है। आप काम को करने वाले हैं जो किसी भी काम को देखते हैं। इसलिए हमें संसार की प्रत्येक वस्तु को देखने की और यह कहने की कोई आवश्यकता नहीं है कि आप

कोई वस्तु नहीं हैं। हम सरलता से इस बात को सामान्य ढंग से इस तरह भी कह सकते हैं कि यदि आप वह हैं, जो किसी वस्तु को देख रहा है तो, वह वस्तु आप नहीं हैं। इसलिए, तुरंत आप यह जान गए हैं कि आप क्या नहीं है आप बाहरी संसार नहीं हैं। आप वो हैं जो भीतर रहता है और बाहरी संसार को देखता है।

यह बेहद सरल था। अब हमने बाहर की असंख्य चीज़ों भीतर से अलग कर दिया। लेकिन अभी भी हमारा प्रश्न शेष है, आप कौन हैं? और अगर आप अन्य चीज़ों के साथ बाहर नहीं हैं तो फिर आप कहाँ हैं? आपको सिर्फ़ ध्यान देना है और यह समझना है कि बाहरी सभी चीज़ आंखों से ओझल भी हो जाएँ तो भी आप यहीं रहेंगे और अपनी भावनाओं का अनुभव करते रहेंगे। सोचकर देखिए कि आपको कितना डर लगेगा। आपको गुस्सा भी आ सकता है, किंतु इन सभी भावनाओं को महसूस कौन करेगा? आप का पुनः उत्तर वही होता हैं "मैं!" और आपका यह उत्तर सही भी है।

सच्चाई तो यह है की बाहरी संसार और भीतरी भावनाओं को अनुभव करने वाला "मैं" एक ही है। इसको और ज़्यादा स्पष्ट रूप से समझने के लिए मान लीजिए कि आप किसी कुत्ते को बाहर खेलते हुए देख रहे हैं। अचानक आपको अपने पीछे से साँप के फुफकारने की आवाज़ सुनाई देती है! तो क्या उस समय भी आप उस बाहर खेल रहे कुत्ते को उतने ही ध्यान से देखते रहेंगे? नहीं। आपको बहुत डर लगने लगेगा। भले ही वह कुत्ता अब भी आपके सामने खेल रहा है लेकिन आपका पूरा ध्यान अपने उस डर पर केंद्रित हो जाएगा। आपका ध्यान बहुत जल्द ही आपकी भावनाओं में खो जाता है, लेकिन वह डर किसे महसूस हो रहा है क्या आप जानते हैं? क्या यह वही आप नहीं हैं जो कुछ क्षण पहले कुत्ते को देख रहे थे? और जब आपको प्रेम का एहसास होता है तो वह प्रेम कौन महसूस कर रहा होता है? क्या आप इतना प्रेम महसूस नहीं कर सकते कि आपके लिए आँखों को खुला रख पाना मुश्किल हो जाए? आप मोहक अथवा भयावह भीतरी एहसास में इतना ज़्यादा खो सकते हैं कि आपके लिए बाहरी वस्तुओं पर ध्यान केंद्रित कर पाना कठिन हो जाता है।

इन सभी बातों का निष्कर्ष यह है कि हमारा ध्यान अपनी ओर खींचने के लिए बाहरी और भीतरी चीज़ों में हमेशा संघर्ष चलता रहता है। आपको बाहर तथा भीतर दोनों ओर के अनुभव होते हैं, लेकिन प्रश्न अभी भी जस का तस बना हुआ है - आप कौन है?

अभी इस प्रश्न को समझने के लिए कुछ अन्य प्रश्नों को समझना होगा एक और प्रश्न का उत्तर दीजिए क्या कभी कोई भी ऐसा अवसर नहीं आता जब आपको कोई भी भावुक एहसास नहीं हो रहा हो बल्कि इसके विपरित, आपको भीतर बहुत शांति महसूस हो रही हो? सच तो यह है की आप उस समय भी आप वहीं उपस्थित होते हैं

और उस शांति के प्रति सजग होते हैं। इन बातों को समझने में थोड़ा समय ज़रूर लग सकता है किंतु जल्द ही आपको यह समझ में आनी शुरू हो जाएगी कि बाहरी जगत एवं भीतर की भावनाओं का प्रवाह लगातार आता-जाता रहता है। बस आप, चेतन रूप से सजग रहकर इन सभी भावों को महसूस करते हैं, इन्हें अपने सामने से जाता हुआ देखते हैं।

किंतु आप कहाँ हैं? हो सकता है आपको विचारों में खोजा जा सकता है। महान विचारक रेने डेकार्ट ने एक बार कहा था, "मैं सोचता हूँ इसलिए मेरा अस्तित्त्व है।" लेकिन क्या सचमुच ऐसा ही होता है? शब्दकोश में "सोचना" क्रिया की परिभाषा बहुत अच्छे से दी गई है "विचारों का गठन करना, उपाय खोजने और निर्णय लेने के लिए मस्तिष्क का प्रयोग करना" (माइक्रोसॉफ्ट एन्कार्टा 2007)।

किंतु हमारे सामने प्रश्न यह उठता है कि आखिर वह कौन है, जो मस्तिष्क का प्रयोग करके विचारों को एक सूत्र में पिरोता है और फिर उपाय व निर्णय के लिए उन विचारों का उपयोग अपने अनुसार करता है? जिस समय हमारे मस्तिष्क में यह विचार नहीं होते, उस समय भी क्या विचारों को अनुभव करने वाला हमारे भीतर ही मौजूद होता है? सौभाग्य से, आपको इसके विषय में सोचने की कोई आवश्यकता नहीं है। विचारों की सहायता के बिना भी आप अपने अस्तित्त्व की उपस्तिथि, अपने होने के भाव के प्रति पूरी तरह जागरूक हैं। चलिए इसे एक उदाहरण से समझते हैं, जब आप बहुत गहरे ध्यान में उतर जाते हैं तो आपको विचार आने बंद हो जाते हैं और आपको इस बात का पता भी होता है कि विचार आने बंद हो गए हैं। आप इस बात को नहीं "सोचते" बल्कि आप अपने विचारहीन होने के प्रति पूरी तरह सजग होते हैं और ध्यान से बाहर आने पर आप कहते हैं, "वाह, मैं गहरे ध्यान में चला गया था और पहली बार मुझे इस बात का अनुभव हुआ कि मुझे ध्यान में कोई भी विचार नहीं आया। मैं पूर्ण शांति, सामंजस्य और निश्चलता की अवस्था में था।" विचारों के बंद हो जाने के बाद आप शांति का अनुभव करते, इससे यह स्पष्ट है कि आपका अस्तित्त्व सोचने की क्रिया पर बिल्कुल भी निर्भर नहीं करता।

विचार आने खत्म हो सकते हैं, लेकिन वह बहुत अशांति भी फैला सकते हैं। बहुत से मौके ऐसे भी होते हैं जिन पर आपको अन्य मां को की अपेक्षा ज़्यादा विचारों का सामना करना पड़ता है। कई मौके ऐसे भी आते होंगे जब आप किसी को यह भी कह देते होंगे, "मेरा दिमाग बहुत खराब हो रहा है। जब से उसने मुझे ऐसी बातें कही हैं, मैं रातों को सो नहीं पा रहा हूँ। मेरा दिमाग़ शांत नहीं हो रहा।" आखिर यह किसका दिमाग है? जो इन विचारों पर ध्यान दे रहा है? क्या वह आप हैं? क्या आप अपने ही विचारों को अपने ही भीतर नहीं सुनते रहते? क्या आपको उनकी उपस्तिथि का

एहसास नहीं होता? वास्तव में, क्या आप उनसे छुटकारा नहीं पा सकते? यदि आपकी कोई ऐसा विचार आता है जो आपको पसंद नहीं है तो क्या आप उसे अपने से दूर नहीं कर सकते? विचारों की वजह से ही लोगों का हर क्षण स्वयं से ही संघर्ष चलता रहता है। आखिर कौन इन विचारों के प्रति कौन सजग है और कौन है जो इनसे संघर्ष करता है? एक बार फिर अपने विचारों के साथ आपका कर्ता और कर्म वाला संबंध है। आप काम को करने वाले कर्त्ता हैं और आपके विचार कर्म हैं जिनके प्रति आप जागरूक रहते हैं। सच तो यह है की आप स्वयं विचार नहीं हैं। आप सिर्फ़ अपने विचारों के प्रति जागरूक हैं। लेकिन आखिर में आप कहते हैं -

> "मैं बाहरी संसार की कोई वस्तु नहीं हूँ और न ही मैं कोई भावना हूँ। ये बाहरी व भीतरी वस्तुएँ या भावनाएँ बस आती-जाती रहती है और मैं सिर्फ़ इनका अनुभव करता हूँ। ये शांत या अशांत, सुखद या दुखद हो सकती हैं किंतु विचार बिलकुल अलग चीज़ हैं, जिन्हें में अनुभव करता हूँ। लेकिन मैं कौन हूँ?"

यह प्रश्न बेहद जटिल बन गया है। "मैं कौन हूँ? और ये शारीरिक, भावनात्मक और मानसिक अनुभव किसे होते हैं?" अब आप इस प्रश्न पर थोड़ा गहराई से विचार करते हैं। ऐसा करने के लिए पुराने अनुभवों को भूलकर यह देखना होता है कि अब कौन शेष रह गया है। आप यह देखना शुरू करेंगे कि वह अनुभव किसे हो रहा है। अंत में आप अपने भीतर ऐसी जगह पहुँच जाएँगे जहाँ आपको एहसास होगा कि आप, यानि जिन्हें अनुभव हो रहा है, के भीतर एक विशेष गुण है। यह गुण है जागरूकता, चेतना, अस्तित्त्व का अंतप्रेरक का भाव। आपको इस बात का पता है कि आप का अस्तित्व हैं। आपको इस बात को सोचने की अवश्यकता नहीं है, क्योंकि आपको यह पता है। यदि आप चाहें तो इस विषय में सोच सकते हैं, लेकिन आपको पता होगा कि आप इस विषय में सोच रहे हैं। विचार कर रहे हैं या नहीं, फिर भी आपका अस्तित्त्व रहेगा।

चलिए एक प्रयोग करते हैं, जिसके अनुभव से आपको और स्पष्ट हो जाएगा की चेतना क्या है। ध्यान दें कि कमरे के भीतर या खिड़की से बाहर एक नज़र में आप अपने सामने प्रत्येक वस्तु का समस्त विवरण प्राप्त कर लेते हैं। आपकी दृष्टि के दायरे में जितनी भी चीज़ आती है वह चाहे निकट कि हो या दूर कि आप उन सबका विवरण बड़ी सहजता से कर लेते हैं। भले ही आप अपने सिर या आँखों को हिलाए नहीं फिर भी आप उन सभी चीज़ों का बारीक अध्ययन कर लेते हैं, जिन पर आपकी दृष्टि यकायक पड़ती है। रंग, प्रकाश, लकड़ी के फर्नीचर के रेशे, इमारत का शिल्प और पेड़ों के पत्तों व उसकी छाल की विविधता को देखिए। इनके विषय में बिना कुछ सोचे

ही आप इन सब चीज़ों पर ध्यान दे पाते हैं। इसके लिए आपको किसी विचार की कोई आवश्यकता नहीं होती। बस आप स्वतः ही देख लेते हैं। अब आप अपने विचारों के माध्यम से इन सभी चीज़ों की बारीकियों को अलग-अलग करके, वर्गीकृत करने और उनके विषय में बताने की कोशिश कीजिए। जितना समय आपकी चेतना को इन सब चीज़ों की तसवीर खींचने में लगा होगा, उसकी तुलना में भीतरी आवाज़ द्वारा इनका विवरण बताने में आपको कितना समय लगता है? विचारों का गठन किए बिना जब आप देखते हैं तो आपकी चेतना सहज रूप से इन सबके प्रति सजग रहती है और देखी गई प्रत्येक वस्तु को पूरी तरह समझ कर ग्रहण कर लेती है।

चेतना ही वह सर्वोच्च शब्द है जिसे आप बोल सकते हैं। चेतना से अधिक गहरा कुछ नहीं है। चेतना ही विशुद्ध जागरूकता है। लेकिन जागरूकता क्या होती है? चलिए एक और प्रयोग करते हैं। मान लेते हैं आप किसी कमरे में बैठे हैं और लोगों के एक समूह और एक पियानो को देख रहे हैं। अब आपको यह सोचना है की आपकी उस दुनिया में पियानो मौजूद नहीं है। क्या आपको ऐसा करने में बहुत मुश्किल होगी? आप कहेंगे, "नहीं, मुझे ऐसा करने में कोई परेशानी नहीं होगी, क्योंकि मैं पियानो के प्रति आसक्त नहीं हूँ।" ठीक है, तो फिर आप सोचिए कि लोगों का वह समूह जो उस कमरे में बैठा है वह वहाँ उपस्थित नहीं है। क्या अब ठीक है ? क्या आप ऐसा कर सकने में सक्षम हैं? आप का उत्तर होता है - "हाँ मैं ऐसा करने में सक्षम हूँ, क्योंकि मुझे अकेला रहना ही पसंद है।" अब आपको सोचना है कि आपकी जागरूकता वहाँ उपस्थित नहीं है। इसको वहाँ से बिल्कुल हटा दीजिए। अब बताइए आपको कैसा महसूस हो रहा है?

यदि ऐसा हो कि आपकी जागरूकता ही कहीं खो जाए? यह बेहद सरल है फिर आप ही नहीं होंगे और फिर "मैं" का कोई भाव नहीं रह जाएगा और न ही यह कहने वाला कोई होगा, "मैं यहाँ मौजूद था, लेकिन अब नहीं हूँ।" अस्तित्त्व के प्रति जागरूकता समाप्त हो जाएगी। इसके बाद अस्तित्त्व या चेतना की कोई जागरूकता नहीं रह जायेगी। क्या वस्तुएँ होती हैं? यह बात किसे पता है? यदि किसी को इन वस्तुओं के विषय में पता ही नहीं है तो उनके होने या न होने का कोई अर्थ भी नहीं होगा।इसके बाद इस बात से भी कोई इससे कोई फ़र्क़ नहीं पड़ता कि आपके सामने कितनी वस्तुएँ हैं; यदि आप अपनी चेतना को हटा देंगे तो कुछ भी शेष नहीं रह जाएगा। यदि आप जागरूक हैं तो आपके सामने कुछ न हो तो आपको यह पता होगा कि वहाँ कुछ नहीं है। यह बात जटिल नहीं बल्कि बहुत सरल होने के साथ - साथ ज्ञानप्रद भी है।

अब यदि मैं आपसे पूछूं, "आप कौन है?" तो आप उत्तर देंगे,

"मैं वो हूँ जो भीतर से बाहर की ओर देखने के साथ - साथ अपने सामने होने वाली सभी घटनाओं, विचारों तथा भावों के प्रति पूर्ण रूप से जागरूक हूँ।"

सच तो यह है कि यदि आप अपने भीतर तक चले जाएँ तो यह वहीं जगह होगी जहाँ आप वास्तव में रहते हैं, क्योंकि आप चेतना के केंद्र में रहते हैं। एक सच्चा आध्यात्मिक जीव वही है जो बिना किसी प्रयास एवं उद्देश्य के चेतना के केंद में रहता है। जिसे आप सरलता से बाहर देखते हैं और जो आपको बिना किसी परिश्रम के स्वतः दिखाई देता है वह सब आप देख लेते हैं। ठीक इसी प्रकार आप भीतर बैठकर अपने बाहरी स्वरूप के अतिरिक्त अपने विचारों और भावों को भी बेहद सरलता के साथ देख सकेंगे। ये सभी वस्तुएँ आपके सामने हैं। विचार आपके सबसे ज़्यादा नजदीक है, भाव विचारों से थोड़े दूर हैं और आपका स्वरूप इन दोनों से बहुत दूर है। आप इन सबके पीछे हैं। जब आप अपने भीतर गहराई में चले जाते हैं तो आपको एहसास होता है कि आप दरअसल, हमेशा से वहीं रहते आए हैं। जीवन की प्रत्येक अवस्था में आपने अलग-अलग विचारों, भावों और वस्तुओ को अपने सामने से गुज़रते देखा है, परंतु आपने हमेशा इन सभी चीज़ों को चेतनापूर्ण ढंग से ग्रहण किया है।

सच तो यह है कि अब आप जहाँ हैं वह चेतना का केंद्र कहलाता है, क्योंकि आप अब हर चीज़ के पीछे हैं और उसे केवल देख रहे हैं। यहीं आपका वास्तविक निवास स्थल है। भले ही आप प्रत्येक वस्तु को हटा दें फिर भी आप का अस्तित्व रहेंगे और आपको इस बात का ज्ञान रहेगा कि कुछ भी शाश्वत नहीं होता लेकिन यदि चेतना के केंद्र को हटा दिया जाए तो कुछ भी नहीं बचेगा।। यही वह केंद्र है जिसे आत्मा का केंद्र बिंदु कहते हैं। इसी केंद्रबिन्दु से आपको पता लगता है कि आपकी इंद्रियों के माध्यम से विचार, भाव और सारा जगत आपके भीतर प्रवेश करता है। अब आप अपनी जागरूकता के प्रति पूर्ण रूप से सजग हैं। यही बौद्ध आत्मन, हिंदू आत्मा और यहूदी ईसाई रूह का केंद्र है। एक बार आप इस केंद्र में स्वयं को स्थापित कर ले तो फिर इस महान रहस्य का आरंभ हो जाता है।

4

सुस्पष्ट आत्मा

सुस्पष्ट स्वप्न एक प्रकार का वह सपना होता है जिसमे आप जानते हैं कि आप सपना देख रहे हैं। यदि सपने में आप उड़ रहे होते हैं तो आपको यह ज्ञात होता है कि आप उड़ रहे हैं। आपको महसूस होता है कि आप सपना देख रहे हैं और आप कहते हैं - "देखो। मैं सपना देख रहा हूँ कि मैं उड़ रहा हूँ। मैं उड़कर वहाँ जा रहा हूँ।" सच्चाई तो यह है कि आप बहुत ज़्यादा सजग होते हैं इस बात को लेकर कि आप सपने में उड़ रहे हैं। यह सपना सामान्य सपनों से अलग होता है जिनमें आप पूरी तरह खो जाते हो। इस बात के प्रति जागरूक होने और न होने के बीच का अंतर को ही सजगता कहते हैं। और एक सजग व्यक्ति कभी भी अपने आस-पास की घटनाओं में पूरी तरह खो नहीं जाता। आप आंतरिक रूप से इस बात को बहुत अच्छे से जानते हैं कि इन सभी घटनाओं और उनसे संबंधित विचारों व भावों को अनुभव करने वाले आप ही हैं।

और जब आप ऐसी स्थिति में होते हैं और इस समय आपको कोई विचार आता है तो उसमें खोते नहीं है बल्कि इस बात के प्रति सतर्क रहते हैं कि उस विचार को सोचने वाले आप हैं, आप ही सुबोध हैं जो उस विचार के प्रति सजग है।

अब कुछ बेहद रोचक प्रश्न हमारे सामने आते हैं। यदि वह जीव आप हैं जो आंतरिक रूप से रह कर यह सब अनुभव कर रहे हैं तो फिर इस दृष्टिकोण के इतने भिन्न स्तर क्यों हैं? सच्चाई तो यह है कि जब आप आत्मा के सजगता वाले केंद्र में स्थित हैं तो आप ही सुस्पष्ट हैं। जब आप पूरी तरह इस केंद्र में स्थित नहीं हो पाते तो घटनाओं के सजग अनुभवकर्त्ता के रूप में आप कहाँ रहते हैं?

आरंभ में ध्यान केंद्रित करने की क्षमता हमारे पास नहीं होती, क्योंकि वह चेतना के स्वभाव का ही एक भाग है। चेतना का सार सजगता है और इसी सजगता में यह क्षमता होती है कि वह किसी वस्तु के प्रति ज़्यादा और किसी के प्रति कम सजग होती है। दूसरे शब्दों में कहा जाए तो इस सजगता में कुछ ख़ास वस्तुओं पर ध्यान केंद्रित करने की क्षमता होती है। यदि टीचर कहता है, "मेरी बात पर ध्यान दो।" इसका क्या मतलब है? इसका मतलब है कि अपनी सजगता को एक स्थान पर केंद्रित करो। अब यहाँ एक और प्रश्न उठता है सजग रहना आपको टीचर समझते हैं कि आपको ऐसा करना स्वतः आता है। यह सब आपको किसने सिखाया? आपने अपने हाई स्कूल की किस कक्षा में सीखा कि किसी वस्तु पर ध्यान केंद्रित करने के लिए अपनी सजगता को उस स्थान पर कैसे ले जाया जाता है? सच तो यह है कि ऐसा करना आपको किसी ने नहीं सिखाया। यह ऐसी प्रक्रिया है जो स्वतः हो जाती है। यह केवल आपके अंतर्बोध से उत्पन्न होती है। आप आरंभ से यह जानते थे कि इसे किस प्रकार किया जाता है। हम यह जानते हैं कि सजगता होती है। हम इसके विषय में सामान्य तौर बात नहीं करते। शायद सजगता के स्वभाव पर चर्चा किए बिना ही आपने स्कूल और कॉलेज की पढ़ाई पूरी कर ली। सौभाग्य से, योग जैसी पद्धतियों में चेतना के स्वभाव पर बहुत गहराई से अध्ययन किया गया है। सच तो यह है कि ध्यान और योग की प्राचीन शिक्षा पद्धति सजगता के विषय में ही सिखाती है।

यदि सजगता के विषय में आप जानन चाहते हैं तो इसका सबसे अच्छा रास्ता अपने प्रत्यक्ष अनुभव से सीखना है। उदाहरण के लिए, आप अच्छी तरह जानते हैं कि आपकी सजगता वस्तुओं के विशाल क्षेत्र के विषय में सचेत हो सकती है, या फिर वह किसी एक वस्तु पर इतनी ज़्यादा केंद्रित हो सकती है कि उसे अन्य किसी वस्तु के विषय में कोई जानकारी ही न हो।

ऐसा उस समय होता है, जब आप विचारों में पूरी तरह डूब जाते हैं। इस एक उदाहरण से समझते हैं कई बार ऐसा होता है की आप बड़ी ही तनलीनता के साथ पढ़ रहे होते हैं और फिर अचानक आप का ध्यान पढ़ने में बिल्कुल नहीं लगता और ऐसा कई बार होता है। अचानक ही आप किसी और विषय पर सोचने लगते हैं। बाहरी वस्तुएँ या मानसिक विचार किसी भी समय आपका ध्यान खींच सकते हैं। परंतु सजगता स्थिर रहती है, चाहे वह बाहरी वस्तु पर केंद्रित हो या आपके विचारों पर वह कही भी नहीं जाती।

सबसे प्रमुख बात यह है कि सजगता में यह ताकत होती है कि वह किसी भी चीज़ पर केंद्रित हो सकती है फिर चाहे वह चीज़ बाहरी हो या आंतरिक। इस कर्त्ता यानी सजगता में ऐसी ताकत होती है कि वह कुछ चुनी हुई वस्तुओं पर केंद्रित हो

सकती है। यदि आप थोड़ा ध्यान देंगे तो आप स्पष्ट रूप से जान पाएँगे कि वस्तुएँ तीनों स्तरों पर आपके सामने से गुज़रती रहती हैं मानसिक, भावनात्मक और शारीरिक।

सच तो यह है की जब आपका ध्यान एक जगह केंद्रित नहीं होता तो आपकी चेतना निश्चित रूप से इन वस्तुओं में एक या अधिक की ओर आकृष्ट हो जाती है और अपना ध्यान केंद्रित कर लेती है। यदि आपकी सजगत किसी वस्तु पर ज़्यादा केंद्रित हो जाए तो वह उस वस्तु में डूब सकती है। ऐसी स्थिति में उसे इस बात का ज्ञान नहीं होता कि वह किसी वस्तु के प्रति सजग है। वह सिर्फ़ उस वस्तु के प्रति अपना ध्यान केंद्रित करके उसके लिए सजग बनकर रह जाती है। आपने ज़रूर ध्यान दिया होगा कि जब आप टीवी देखने में बहुत ज़्यादा डूब जाते हैं तो आपको इस बात का ध्यान ही नहीं रहता कि आप कहाँ बैठे हैं या कमरे में क्या चल रहा है?

यहाँ टीवी का उदहारण सजगता वाली बात को अच्छी तरह से जानने के लिए दिया गया है। अब आप समझ सकते हैं कि किस प्रकार हमारी सजगता का केंद्र आत्मा की सजगता से हटकर उन वस्तुओं में डूब जाता है जिन पर हम अपना ध्यान केंद्रित करते हैं। अंतर सिर्फ़ इतना है कि अपने कमरे में बैठकर टीवी में डूब जाने के अतिरिक्त आप अपनी सजगता के केंद्र में स्थित होकर अपने मस्तिष्क, भावों और बाहरी चीज़ों में खो गए हैं। जब आप आंतरिक इंद्रियों पर ध्यान केंद्रित करते हैं तो वह आपको अपने भीतर खींच लेती है। उसके बाद आपकी भावनात्मक और मानसिक प्रतिक्रियाएँ आपको और भीतर की ओर ले जाती हैं। यह वही स्थान है जहाँ पहुँचने के बाद, आप इस केंद्रित आत्मा में स्थित नहीं होते और आप उस बाहरी दृश्य में खो जाते हैं, जो आप उस समय देख रहे होते हैं।

आइए, आपके भीतर चल रहे इन दृश्यों को देखते हैं। आपके विचारों की एक बुनियादी बनावट होती है जो हर समय आपके आस-पास घूमती रहती है। यह बनावट ज़्यादातर एक जैसी होती है। आपको अपने सामान्य विचारों की इस बनावट के साथ उसी तरह सहज व सामान्य महसूस होता है जैसा आप अपने घर में महसूस करते है। आपके साथ आपके कुछ सामान्य भाव भी हैं जैसे थोड़ा डर, थोड़ा प्रेम और थोड़ी असुरक्षा।

यह बात आप बहुत अच्छे से जानते हैं कि यदि कोई ख़ास बात होती है तो इनमें से एक या ज़्यादा भाव भड़क उठते हैं और आपकी सजगता पर हावी हो जाते हैं। फिर बाद में, वे भाव दोबारा अपनी सामान्य अवस्था में आ जाते हैं। आपको इस बात का भली-भांति ज्ञान है कि आप अपने भीतर ऐसा कुछ नहीं होने देना चाहते, जिससे ये अशांति पैदा हो। सच तो यह है कि आप अपने भावों, विचारों और संवेदनाओ को

नियंत्रित करने में में इतने व्यस्त रहते हैं कि आपको यह एहसास ही नहीं रहता कि आप वहाँ उपस्थित हैं। ज़्यादातर लोगों की सामान्य अवस्था यही है।

जब आप ऐसी अवस्था में होते हैं तो आप विचारों, भावों और इंद्रियों में बहुत गहराई तक खो जाते हैं और कर्ता को ही भूल बैठते हैं। इस समय आप अपनी चेतना के केंद्र में बैठे हुए अपना मनपसंद टीवी कार्यक्रम देख रहे हैं। किंतु आपके आस-पास इतनी सारी रोचक वस्तुएँ है जो आपका ध्यान अपनी ओर आकृष्ट कर रही हैं जिस वजह से कि आप स्वयं को रोक नहीं पाते। यह वस्तुएँ तीन स्तरों पर आपका ध्यान अपनी ओर आकृष्ट करके आपको अपने अधीन कर लेती हैं, क्योंकि यह हर समय आपके आस-पास रहती है। आपकी सभी इंद्रियाँ दृष्टि, श्रवण, स्वाद, गंध और स्पर्श और आपके भाव तथा विचार आपको भीतर खींच लेते हैं, लेकिन आप सचमुच भीतर से शांत रहकर बाहर से इन वस्तुओं को देख रहे होते हैं। जिस प्रकार सूर्य अपनी जगह से कभी हटता नहीं और सभी वस्तुओं पर समान रूप से प्रकाश डालता है, ठीक उसी तरह सजगता भी अपना केंद्र कभी नहीं छोड़ती। अगर आप एक बार फिर केंद्रित होना चाहते हैं तो केवल आंतरिक तौर पर बार-बार "हेलो" कहिए इसके बाद आप सोचिए कि आप इस विचार के प्रति सजग हैं। इस विचार प्रति सजग होने के विषय में मत सोचिए, वह एक अलग विचार है। आराम कीजिए, शांत रहे और केवल इस बात के प्रति सजग रहे कि आप अपने मस्तिष्क में "हैलो" की प्रतिध्वनि सुन सकते हैं, क्योंकि वही आपकी सजगता का केंद्रबिंदु है।

चलिए अब एक और उदाहरण से इस सजगता के विषय में जाने और एक विस्तृत आयाम की ओर बढ़े। अब एक फ़िल्म के उद्धरण द्वारा सजगता का अध्ययन करते हैं। जब आप कोई फ़िल्म देखने जाते हैं तो आप अपने आप को उसमें डूब जाने देते हैं, क्योंकि ऐसा करना फ़िल्म देखने के अनुभव का एक हिस्सा है। फ़िल्म देखते समय आप केवल दो इंद्रियों का प्रयोग करते हैं पहली देखना और दूसरी सुनना। इन दोनों इंद्रियों में तालमेल होना बहुत ज़रूरी है। यदि ऐसा न हो तो आप फ़िल्म के साथ स्वयं को पूरी तरह नहीं जोड़ नहीं पाएँगे।

मान लीजिए, आप जेम्स बॉन्ड की कोई फ़िल्म देख रहे हैं जिसमें फ़िल्म में आ रही आवाज़ उसके दृश्यों से मेल नहीं खा रही। ऐसे में, फ़िल्म में डूबने की बजाय आपको इस बात का एहसास लगातार बना रहेगा कि आप थियेटर में बैठे फ़िल्म देख रहे हैं और इसमें कोई कमी है, क्योंकि आम तौर पर आवाज़ और फ़िल्म के दृश्य आपस में मेल खाते हैं, इसलिए आप फ़िल्म में बिना किसी परेशानी के स्वतः डूब जाते हैं और भूल जाते हैं कि आप किसी थियेटर में बैठे फ़िल्म का आनंद ले रहे हैं। इस समय आप अपने निजी विचारों और भावों को भी भूल जाते हैं और आपकी सजगता

फ़िल्म के साथ जुड़ जाती है। वास्तव में, किसी ठंडे, अंधेरे थियेटर में अजनबियों के साथ बैठने का अनुभव और फ़िल्म में इतना डूब जाने का अनुभव कि अपने आस-पास के वातावरण का भी बोध न रहे, इन दोनों के बीच के अंतर पर ध्यान देना एक अलग ही एहसास है। सच तो यह है कि किसी मजेदार फ़िल्म का लुफ्त उठाते समय आप अपनी चेतना से दो घंटे दूर रहते हैं। यह तो सिर्फ़ दो इंद्रियों की बात है। इसलिए फ़िल्म में ध्यान लगाने के लिए आवाज़ और दृश्य दोनो में तालमेल होना बेहद आवश्यक है।

आपके फ़िल्म देखने के अनुभव के दौरान यदि स्वाद और गंध भी जुड़ आएँ तो क्या होगा? केवल कल्पना कीजिए कि आप एक फ़िल्म देख रहे हैं जिसमें कोई व्यक्ति कुछ खा रहा है और आपको वही स्वाद आने लगे जो उसे आ रहा है तथा वही गंध आए जो उसे आ रही है। आप निश्चित ही उसमें उलझ जाएँगे, क्योंकि इंद्रियों का साथ अब दो से चार हो गया है और इस तरह आपका ध्यान खींचने वाली वस्तुएँ भी ज़्यादा हो गई हैं। श्रवण, दृश्य, स्वाद, गंध और अभी हमने एक और जो सबसे महत्तवपूर्ण चीज़ है, जिसकी बात तो हमने अभी की ही नहीं। यदि आपको इन सभी के साथ स्वार्थ का अनुभव भी मिले यानी जिस थियेटर में आप फ़िल्म देखने गए हैं वहाँ स्पर्श का अनुभव भी आपको प्राप्त हो तो क्या होगा? जब सभी पाँचों इंद्रियाँ एक साथ कार्य करेंगी तो आप अपने आप को रोक नहीं पाएँगे और उस अनुभव में पूरी तरह खो जाएँगे। ऐसा संभव हो ज़रूरी नहीं है। अब एक स्तर और आगे बढ़ते हैं मान लीजिए आप किसी थियेटर में बैठे हैं और वशीभूत कर लेने वाले इंद्रिय अनुभव के बावजूद आपको फ़िल्म में कोई रस नहीं आ रहा, फ़िल्म आपका ध्यान नहीं खींच पा रही और आपके विचार भटकने लगते हैं। आप सोचते हैं कि फ़िल्म समाप्त होने के बाद आप घर पहुँचकर क्या करेंगे या अतीत में हुई किसी घटना के विषय में सोचने लगते हैं और कुछ समय बाद, आप विचारों में इतने डूब जाते हैं कि आपको यह ध्यान ही नहीं रहता कि आप किसी थियेटर मे बैठ कर फ़िल्म देख रहे हैं। बावजूद इसके कि पाँचों इंद्रियों द्वारा फ़िल्म क्या कहना चाहती है यह आपको समझ आ रहा है इतना सब होने के बाद भी आपका ध्यान फ़िल्मों में नहीं होता। ऐसा तभी हो सकता है जब आपके विचार फ़िल्म पर आश्रित न हो ये विचार सजगता को केंद्रित करने के लिए वैकल्पिक जगह देते हैं।

इसके बाद कल्पना कीजिए, आप जिस फ़िल्म को देख रहे हैं वह फ़िल्म इस तरह बने कि वह आपकी पाँचों इंद्रियों के अतिरिक्त आपके विचारों और भावों के साथ पर्दे पर चले रहे दृश्यों का तालमेल बना ले। इस तरह के अनुभव में, सुनने, देखने, स्वाद लेने के अलावा आप अचानक पात्र के भावों को भी महसूस करने लगते हैं और उसके विचारों को सोचने लगे तो। पात्र कहता है, "मुझे बहुत घबराहट हो रही है। क्या

मैं उसे शादी के लिए पूछूं?" और सहसा वह असुरक्षा का भाव आपके भीतर उमड़ने लगता है। अब हमारे पास उस अनुभव के सारे आयाम मौजूद है पांचों इंद्रियों, विचार तथा भाव सोचिए आप ऐसी किसी फ़िल्म को देखने गए और उसमें तल्लीन हो गए। सावधान रहिए, क्योंकि, ऐसा करने से आपका अंत हो जाएगा, जैसा कि आपको पता ही है। आपकी सजगता में ऐसी कोई चीज़ नहीं होगी, जिसका आपके अनुभव के साथ तालमेल न हो जहाँ भी आपकी सजगता कम होगी वहीं वह उस फ़िल्म का एक हिस्सा बन जाएगा। एक बार उस फ़िल्म ने आपके विचारों पर नियंत्रण कर लिया तो सब खत्म हो जाएगा, क्योंकि आप की सजगता ही समाप्त हो जाएगी। इसके बाद ऐसा बोलने के लिए आपकी कोई "सजगता" नहीं रह जायेगी, जो यह कह सके कि मुझे यह फ़िल्म अच्छी नहीं लगी इसलिए मैं यहाँ से जाना चाहता हूँ, क्योंकि यह एक स्वतंत्र विचार है, लेकिन आपके विचारों पर फ़िल्म पूरी हावी हो चुकी है और आप पूरी तरह फ़िल्म में डूब चुके हैं। ऐसी स्थिति से अब आप बाहर कैसे निकलेंगे सोचिए?

यह पूरा परिदृश्य बेहद डरावना लगता है और वही आपके जीवन की सबसे बड़ी समस्या है, क्योंकि आप जितनी भी वस्तुओं से अवगत है उन सबका आपस में तालमेल है, आप उसमें उलझ जाते हैं और फिर आप उन वस्तुओं से अलगाव के प्रति सजग नहीं रहते। फिर चाहे आपके विचार हो या भाव, फ़िल्म के दृश्यों और आवाज़ों के अनुसार ही चलते हैं। यह सब ऐसे ही चलता रहता है और आपकी चेतना इसमें कहीं खो जाती है। जब तक आप चेतना में पूरी तरह केंद्रित नहीं हो सकेंगे, तब तक आपको इस बात का जरा भी एहसास नहीं होगा कि यह सब आप ही देख और अनुभव कर रहे हैं। किसी भी चीज़ में डूब जाने का अर्थ यही होता है।

यह वही आत्मा है जो सजगता के खो जाने के कारण वहाँ रुक गई है जहाँ मनुष्य के विचार, भाव, दृश्य, श्रवण, स्वाद, गंध व स्पर्श सभी इंद्रियों का समन्वय होता है। ये सभी संदेश एक ही बिंदु पर लौट आते हैं। इसके बाद चेतना, जिसमें किसी भी चीज़ के प्रति जागरूक होने का सामर्थ्य होता है, उस एक बिंदु पर बहुत ज़्यादा ध्यान केंद्रित करने की भूल कर बैठती है। जब चेतना उसमें लीन हो जाती है तो उसे अपने होने का ज्ञान ही नहीं रहता। फिर वह स्वयं को उनके रूप में देखती है जिनका वह अनुभव करती है यानी आप स्वयं को वह मानने लगते हैं और आपको यह लगने लगता है कि आप अपने अनुभवों का निचोड़ हैं।

जब आप कोई अच्छी फ़िल्म देखने थियेटर में जाते हैं तो आप ऐसा ही सोचते हैं। फ़िल्म में आप सबसे पहले यह निर्णय लेते हैं कि आपको कौन-सा पात्र पसंद है या आप कौन-सा पात्र बनना चाहते हैं। चलिए मान लीजिए आप कहते हैं, "मैं जेम्स बॉन्ड बनना चाहता हूँ।" ठीक है, किंतु बटन दबाने के बाद आप कुछ नहीं कर सकते

इसलिए बेहतर होता कि बटन के साथ टाइमर होता! आप जिस रूप में स्वयं को जानते हैं, अब आप वो नहीं हैं, क्योंकि अब आपके सभी विचार जेम्स बॉन्ड के विचार बन गए हैं, और आपकी मौजूदा स्थिति अब समाप्त हो गई है। आपकी याद रखान है की आपकी अवधारणा अपने विषय में विचारों का संचयन है। इसी प्रकार आपके भाव और फ़िल्म को देखने का दृष्टिकोण दोनो ही अब जेम्स बॉन्ड के भाव बन गए है। आपके अस्तित्व में अब केवल सजगता ही बचती है जो इन वस्तुओं के प्रति जागरूक बनी हुई है। यह वही सजकता का केंद्रबिंदु है जो आपके पुराने विचारों, भावों तथा इंद्रिय सहयोग के प्रति सजग बना हुआ था। अब अचानक कोई फ़िल्म को बंद कर देता है। ऐसी स्थिति में, बॉन्ड के विचार और भाव के स्थान पर तुरंत आपके अपने पहले वाले विचार और भाव अपने स्थान पर आ जाते हैं। अब आप फिर सोचने लगते हैं कि आपकी और बॉन्ड की आयु चालीस साल है और तभी सभी विचार और भाव दोनों एक दूसरे से मिलने लगते हैं। दृश्य, गंध और स्पर्श हर चीज़ पहले जैसी लगने लगती है लेकिन इससे इस तथ्य में कोई बदलाव नहीं आता कि इन सब बातों का अनुभव सजगता को होता है, क्योंकि यह सभी चीज़ सजगता की वस्तुएँ हैं और आप स्वयं भी और कोई नही सजगता हैं।

दो व्यक्तियों में यानी एक सजगता केंद्रित व्यक्ति तथा एक कम सजग व्यक्ति में अंतर केवल सजगता के केंद्र का है। उनकी सजगता में अंतर नहीं होता, क्योंकि सबकी सजगता एक जैसी होती है सूर्य की किरणों की भांति। सजगता न शुद्ध और अशुद्ध होती है और न ही उसका खुद की कोई विशेषता होती है। इसका अस्तित्व होता है, और इसे अपने होने का ज्ञान भी है। दोनो बातों में अंतर केवल इतना सा है की यदि आपकी सजगता भीतर केंद्रित नहीं है तो यह अवश्य बाहरी वस्तुओं पर केंद्रित होगी। यदि आप आत्म - केंद्रित हैं तो आपकी सजगता भी हमेशा सजग रहेगी। वह भीतरी या बाहरी वस्तुओं पर निर्भर नहीं रहेगी।

अगर आप इन दोनों के बीच के अंतर को सही मायनों में जनाना, समझना चाहते हैं तो आपको इसकी शुरुआत इस बात को समझने के साथ करनी होगी कि सजगता किसी भी चीज़ या वस्तु पर केंद्रित हो सकती है। ऐसी स्थिति में, यदि चेतना स्वयं पर केंद्रित हो जाए तो क्या होगा? जब ऐसा होता है तो अपने विचारों से अवगत होने के बजाय आप उन विचारों के प्रति सजग हो जाते हैं। आपने सजगता के प्रकाश को वापस उसी पर केंद्रित कर दिया। है। आप हर क्षण कुछ न कुछ सोचते रहते हैं, किंतु इस बार आप सजगता के स्रोत के विषय में ही सोच रहे हैं। यही सच्चा केंद्रित ध्यान है। सच्चा ध्यान साधारण ध्यान करने से अलग होता है। गहन ध्यान के लिए आपके पास न सिर्फ़ अपनी सजगता को किसी एक वस्तु पर केंद्रित करने की क्षमता होनी

चाहिए, बल्कि अपनी सजगता को ही वह वस्तु बना लेने की क्षमता होनी चाहिए। उच्चतम अवस्था में, सजगता का ध्यान आत्मा पर स्वतः केंद्रित हो जाता है।

जिस क्षण आप आत्मा के स्वभाव के विषय में विचार-विमर्श कर रहे होते हैं, उस क्षण आप ध्यान की अवस्था में पहुँच जाते हैं। इसीलिए कहा जाता है ध्यान की अवस्था उच्चतम अवस्था है। यह अस्तित्व के मूल से हो कर आपकी वापसी है। यदि एक बार आप सजगता के लिए सजग हो जाते हैं तो आप एक अलग तरह की अवस्था में पहुँच जाते हैं। अब आप उस बात के लिए सजग हैं कि आप कौन हैं, क्योंकि अब आप एक सजक आत्मा बन गए हैं। यह आप है। आप यहाँ हमेशा से थे। यह ठीक वैसा है जैसे आप किसी सोफ़े पर बैठकर टीवी देखने में इतने डूब गए कि आपको यही तक ध्यान नहीं रहा कि आप कहाँ बैठे हैं या आपके आस जेड पास क्या हो रहा है। किसी ने आपको गहरी नींद से जगा दिया और फिर आप अचानक होश में आ गए कि आप सोफे पर बैठकर टीवी देख रहे हैं। कुछ भी नहीं बदला सिवाय इसके कि अब आपने टीवी से अपना ध्यान हटा लिया है जिस वजह से आप जाग गए है। यही आध्यात्मिकता है और आत्मा का स्वरूप भी। यही सजग व्यक्ति आप हैं।

इसके बाद जब आप सजग होकर वापस आते हैं, तो आपको अपने चारों ओर के वातावरण से कोई भी बातों से आपको कोई भी परेशानी नहीं होती और आप समझ जाते हैं कि यह तो सिर्फ़ एक दृश्य मात्र है जिसे आप देख रहे हैं। यह परिवर्तित ज़रूर होता है किंतु कोई समस्या पैदा नहीं करता। आप जितनी सजगता के साथ इस जगत को इसके वास्तविक रूप में रहने देंगे, उतना ही यह भी आपको आपके वास्तविक रूप यानी सजगता, आत्मन और आत्मा आदि रूपों में रहने में सहायता करेगा।

अब आप समझ जाते हैं कि आप वह नहीं हैं जो आप स्वयं को समझते हैं। सच तो यह है की आप मनुष्य भी नहीं हैं। आप केवल एक मनुष्य को देख रहे हैं जब आप इस सच्चाई को समझ लेंगे तो इसके बाद आपको अपनी चेतना के केंद्र के भीतर गहन अनुभव होना शुरू हो जाएगा। यही वह अनुभव होंगे जो आत्मा के सच्चे स्वरूप के अनुभव कहलाते हैं। इसके बाद ही आप समझ पाएँगे की आपकी सजगता बहुत छोटी है, क्योंकि आपने व्यापक और असीमित सजगता की ओर कभी ध्यान ही नहीं दिया था। जब आपका ध्यान केवल टीवी पर होता है उस समय आपके संसार और चारों तरफ के वातावरण से आपका कोई वास्ता नहीं होता। यदि आप टीवी पर से अपना ध्यान हटा ले तो आप पाएँगे कि आप टीवी के साथ-साथ पूरे कमरे को देख सकते हैं। इसी प्रकार आप मनुष्य के विचारों, भावों और इंद्रियों पर ध्यान देने के अलावा आप बहुत कुछ देख सकते हैं। आप सीमित से असीमित की ओर जा सकते हैं। यही सारी बातें हमें बुद्ध, ईसा मसीह और पुराने धर्मों के सभी संत और महात्माओ ने बताई है।

इनमें से एक महान ऋषि रमण पूछा करते थे, "मैं कौन हूँ?" अब हम भली प्रकार देख सकते हैं कि यह बहुत गहरा प्रश्न है। इस प्रश्न को स्वयं से लगातार पूछते रहिए। लगातार पूछने पर आपको ज्ञात होगा कि आप स्वयं ही इसके उत्तर हैं। इसका बौद्धिक उत्तर नहीं है, क्योंकि आप स्वयं ही इसके उत्तर हैं। आप स्वयं उत्तर बन जाइए फिर देखिए सब कुछ बदल जाएगा।

भाग-2

ऊर्जा का अनुभव होना

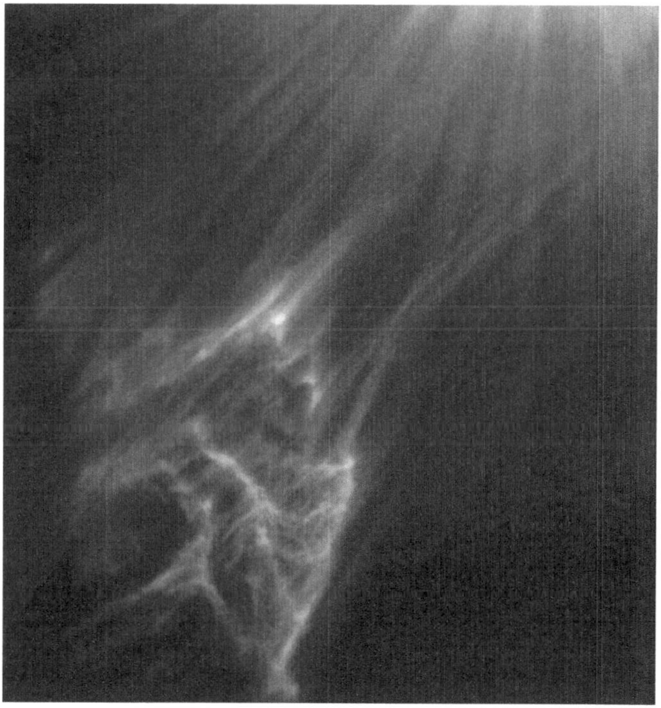

Photo (previous page)
Reflection Nebula in the Pleiades IC 349
Image credit: NASA and The Hubble Heritage Team (STScI/AURA)

5

अनंत ऊर्जा

जीवन का सबसे बड़ा रहस्य चेतना और भीतरी ऊर्जा है। किंतु पाश्चात्य जगत इस भीतरी ऊर्जा पर बहुत कम ध्यान देता है जो की ठीक नहीं है। यह बड़ी ही अजीब बात है की हम बाहरी ऊर्जा और उनके स्रोतों का अध्ययन करते रहते हैं, किंतु भीतरी ऊर्जा को अनदेखा कर देते हैं। हम सब लोग विचार करते, महसूस करते और कार्य करते हुए अपना जीवन व्यतीत कर रहे हैं, किंतु यह जानने का बिल्कुल प्रयास नहीं करते कि वह क्या चीज़ है, जिसकी मदद से हम ये सब कुछ कर पाते हैं। वास्तव में आपके शरीर की प्रत्येक गतिविधि, प्रत्येक भाव और आपके मस्तिष्क में आने वाले हर विचार से यह ऊर्जा नष्ट होती है। जिस तरह बाहरी संसार में होने वाले प्रत्येक कार्य के लिए ऊर्जा की ज़रूरत होती है, उसी तरह भीतर होने वाली प्रत्येक गतिविधि के लिए भी हमें उतनी ही ऊर्जा की आवश्यकता होती है।

चलिए इस एक उदाहरण से समझते हैं, यदि आप किसी विचार पर ध्यान देते हैं और इसी बीच में कोई अन्य विचार आ जाए तो इस नए विचार से लड़ने के लिए आपको एक विरोधी बल लगाना पड़ता है। इसके लिए काफी ऊर्जा खर्च होती है और जिस वजह से आप थका जाते हैं। इसी तरह, यदि कोई विचार है जिसे आप अपने मस्तिष्क में रखना चाहते हैं, किंतु वह कही गुम हो जाता है, तो आपको उसे मस्तिष्क में वापस ढूंढ कर लाने के लिए ध्यान लगाना पड़ता है। आप उस विचार को रोके रखने के लिए अधिक ऊर्जा लगाते हैं। आप अपनी भावनाओं को नियंत्रित करने के लिए भी ऊर्जा का प्रयोग करते हैं। यदि आपके मन में कोई भाव है जो आपको पसंद नहीं है और वह आपके काम में बाधा डाल रहा है तो आप उसे दूर कर देते हैं। आप ऐसा बहुत सरलता के साथ कर लेते हैं ताकि वह अवांछित भाव फिर से आपको परेशान न

करे। अब आप समझ सकते हैं की ऐसे प्रत्येक कार्य को करने में कितनी ऊर्जा खराब होती है।

विचारों को बनाना, उन पर नियंत्रण करना, किसी चीज़ को याद करना, भावों को निर्मित करना और नियंत्रित करना, प्रबल भीतरी इच्छाओं को अनुशासित करने के लिए बहुत-सी ऊर्जा की आवश्यकता होती है। यह सारी ऊर्जा कहाँ से मिलती है? ऐसा क्यों होता है कि कभी तो यह ऊर्जा हमें मिल जाती है और कभी हम बिलकुल थका हुआ महसूस करते हैं? क्या आपने कभी ध्यान दिया है कि जब आप मानसिक और भावनात्मक रूप से थके होते हैं तो खाना खाने से भी कोई खास सहायता नहीं मिलती? इसके विपरीत, अगर आप ऐसे समय को ध्यान करें जब आपके ऊपर प्रेम या उत्तेजना हावी थी अथवा आप किसी चीज़ से प्रेरित थे, तो आप ऊर्जा से इतना भरा हुआ महसूस करते थे कि आपको खाना खाने की भी ज़रूरत महसूस नहीं होती थी। जिस ऊर्जा की बात हम कर रहे हैं यह हमें भोजन से नहीं मिलती। ऊर्जा के अन्य स्रोत हमारे भीतर होते हैं जहाँ से इसे प्राप्त किया जा सकता है। यह ऊर्जा बाहरी ऊर्जा के स्रोत से भिन्न होती हैं।

इस ऊर्जा के स्रोत को यदि आप जानना चाहते हैं तो इसे एक सरल से उदाहरण से जाना जा सकता है। मान लीजिए आपकी उम्र बीस साल या उसके आस-पास है और आपकी प्रेमिका या प्रेमी आपको छोड़ देते हैं। इससे आप बेहद दुखी और निराश हो जाते हैं इस कारण आप घर पर अकेले रहना पसंद करते हो। चूंकि आपके अंदर सफाई करने की शक्ति नहीं है, इसलिए आपका घर अस्त-व्यस्त रहता है। आप बिस्तर से उठ नहीं पाते और सारा दिन सोते रहते हैं। पास पड़े पिज़्ज़ा के डिब्बे को देखकर लगता है कि आप खाना तो खा रहे हैं किंतु इससे आपको कोई लाभ नहीं हुआ। आपके भीतर कोई ऊर्जा नहीं बची। आपके मित्र आपको बाहर चलने के लिए बुलाते हैं, लेकिन आप मना कर देते हैं, क्योंकि आपको बहुत थकान महसूस हो रही होती है जिस कारण आप अपना कोई काम नहीं कर पा रहे।

ज़्यादातर लोग ने अपने जीवन में ऐसी स्थिति का कभी न कभी सामना किया होता हैं। आपको लगता है कि आपके पास कोई रास्ता शेष नहीं है और अब आपका जीवन ऐसे ही कटेगा। फिर अचानक फ़ोन की घंटी बजती है। यह आपकी पुरानी प्रेमिका का फ़ोन है। जी हाँ, वही जिसने आपको तीन महीने पहले छोड़ दिया था। वह फ़ोन पर रोने लगती है और कहती है, "हे भगवान! तुमने मुझे पहचान लिया? मुझे उम्मीद है कि तुम अब भी मुझसे बात करोगे। मुझे बहुत बुरा लग रहा है। तुमको छोड़कर। मैंने अपनी ज़िंदगी की सबसे बड़ी गलती की थी। अब मुझे पता चल गया है कि तुम मेरे लिए क्या हो, मैं तुम्हारे बिना नहीं रह सकती। मुझे अपने जीवन में एक ही बार सच्चा प्यार मिला

है, जब हम दोनों साथ थे। क्या तुम मुझे माफ़ कर सकते हो? क्या तुम मुझसे प्यार करते हो? क्या मैं तुमसे मिलने आ सकती हूँ?"

आपकी प्रेमिका का फ़ोन आने के बाद आपको कैसा महसूस हो रहा है? अब, आपको अपने बिस्तर छोड़कर, घर साफ़ करने और नहा-धोकर तैयार होने में कितना समय लगेगा है? फ़ोन आने के बाद यह सभी काम तुरंत हो जाएँगे। यह अजीब बात है लेकिन फ़ोन रखते ही आप ऊर्जा से भर उठते हैं। यह सब कैसे होता है? आप निराशा से भरे हुए थे। महीनों से आपके भीतर कोई ऊर्जा नहीं थी। फिर, कुछ पलों के अंदर ही न जाने कहाँ से आपके भीतर इतनी सारी ऊर्जा आ जाती है कि आपको अपने साथ बहाकर ले जाती है।

आप अपने भीतर हुए ऊर्जा के स्तर में इस बदलाव को बिल्कुल भी अनदेखा नहीं कर सकते। इतनी ऊर्जा आपके भीतर कहाँ से आई? आपके खाने या सोने की आदतों में कोई भी परिवर्तन नहीं हुआ। इसके बावजूद जब आपकी प्रेमिका आपसे मिलने आती है तो आप पूरी रात उसके साथ बातें करते हुए बिता देते हैं और फिर अगले दिन सूर्योदय देखने चले जाते हैं। आपको किसी प्रकार की कोई थकावट महसूस नहीं होती। आप दोनों फिर से साथ हैं और हाथ पकड़े हुए कहीं चले जा रहे हैं। इस खुशी को आप रोक नहीं पा रहे और ना ही रोकना चाहते हैं। लोग आपको देखकर कहते हैं आप प्रकाश की तरह अपनी रोशनी चारों और बिखेर रहे हैं। यह सारी ऊर्जा आपको कहाँ से मिलती है?

यदि आप ध्यान दे तो आप अच्छे से समझ जाएँगे कि आपके भीतर कहीं ज़बरदस्त ऊर्जा उपस्थित है जो खाने या सोने से नहीं प्राप्त की जा सकती। यह ऊर्जा हमेशा आपके लिए उपलब्ध रहती है। किसी भी क्षण आप इसका उपयोग कर सकते हैं। यह आपके भीतर ही होती है। जब आप इस ऊर्जा से भरे होते हैं तो आपको लगता है कि आप पूरे संसार से लड़ सकते हैं। जब यह तेज़ी से प्रवाहित होती है तो आप इसे सचमुच अपने भीतर एक लहर की तरह महसूस कर सकते हैं। आपके भीतर से यह तेज़ी से ऊपर की ओर उठती है और आप पहले की तरह स्वस्थ व ऊर्जावान हो जाते हैं।

आप जानते हैं कि आप क्यों इस ऊर्जा को हर समय महसूस नहीं कर पाते, क्योंकि आप स्वयं ही इसे रोकते हैं। निराश हो कर, अपने विचारों को संकुचित करके, और स्वयं को अपने भीतर ही समेट कर आप इस ऊर्जा के मार्ग को अवरुद्ध करते हैं। और जब आप ऐसा करते हैं तो आप उस असीमित ऊर्जा के मार्ग में बाधा डालते हैं और उसको ऊर्जा से अलग हो जाते हैं। जब आप मन या मस्तिष्क दोनों को संकुचित कर लेते हैं तो आपके भीतर गहन अंधेरा छा जाता है जिस कारण वहाँ कोई रोशनी

नहीं पहुँचती न ही कोई ऊर्जा वहा होती है यकीन मानिए वह ऊर्जा उस समय भी आपके भीतर होती है किंतु आपके कारण ही वह आप तक नहीं पहुँच पाती।

"बाधा डालने" का यही अर्थ है। इसीलिए जब आप निराश होते हैं तो आपको ऊर्जा महसूस नहीं होती। भीतर कुछ केंद्र होते हैं, जो इस ऊर्जा के बहने के लिए रास्ता बनाते हैं। जब आप उन्हें बंद कर लेते हैं तो ऊर्जा नहीं मिल पाती और उन्हें खोल देने पर यह ऊर्जा फिर से प्रवाहित होने लगती है। हालाँकि आपके भीतर ऊर्जा के कई केंद्र होते हैं, एक जिसके खुलने और बंद होने का आपको स्वतः ही पता चल जाता है, वह है आपका हृदय। मान लीजिए, आप किसी से प्रेम करते हैं और उस व्यक्ति की उपस्थिति में आप खुद को स्वच्छंद महसूस करते हैं, क्योंकि आपको उसके ऊपर पूरा भरोसा है, आपके भीतर की दीवारें स्वतः ढह जाती हैं जिसके कारण आप ऊर्जा का तेज प्रवाह महसूस कर पाते हैं। यदि वह व्यक्ति कुछ ऐसा कर देता है जो आपको पसंद नहीं है तो अगली बार उससे मिलने पर आपको उतना अच्छा नहीं लगता। आपको पहले जैसा प्रेम महसूस नहीं होता, बल्कि आप अपने हृदय में दूरी को महसूस करते हैं। ऐसा इसलिए होता है, क्योंकि आपने सामने वाले के प्रति अपने हृदय को बंद कर लिया। हृदय ऊर्जा का प्रमुख केंद्र है और यह खुल या बंद हो सकता है। योगियों, संत, महात्माओं के द्वारा इन ऊर्जा केंद्रों को 'चक्र' कहा जाताहैं। जब आप अपने हृदय केंद्र को बंद कर लेते हैं तो उस समय ऊर्जा भीतर प्रवेश नहीं कर पाती। ऊर्जा के अंदर न जा पाने से वहाँ अंधेरा हो जाता है। आपका केंद्र कितना बंद है, इसके ऊपर यह निर्भर करता है कि आप या तो बहुत ज़्यादा बेचैनी महसूस कर रहे हैं या फिर बहुत अधिक आलस्य महसूस करते हैं। इन दो स्तिथियों के बीच ज़्यादातर लोग रहते हैं।

ऐसी स्थिति में यदि आपको यह ज्ञात हो जाता है कि आपकी प्रेमिका ने कुछ भी गलत नहीं किया तो वह संतोषजनक ढंग से आपसे माफ़ी माँग लेता है और आपका हृदय केंद्र एक बार फिर अपना दरवाजा खोल देता है। इसके तुरंत बाद आप ऊर्जा से भर जाते हैं और प्रेम का संचार एक बार फिर आपके भीतर प्रवाहित होने लगता है।

आपने अपने जीवन मे इन चीज़ों का कितनी बार अनुभव किया है? सच्चाई तो यह है कि आपके भीतर ऊर्जा का भंडार है जो लगातार बहता रहता है, किंतु आप इसे अपने हृदय के केंद्र को खुले रहने पर ही महसूस कर पाते हैं और जब आपका केंद्र बंद हो जाता है तो आप इसे महसूस नहीं कर पाते। यह प्रवाह कहीं और से नहीं आपकी आत्मा की गहराई से प्रवाहित होता है। इसके कई नाम से है। प्राचीन चीनी औषध विज्ञान में इसे 'बी' कहते हैं। योग में इसी का नाम 'शक्ति' है। पाश्चात्य जगत में इसे 'आत्मा' माना जाता है। आप इसका नाम कुछ भी रख सकते हैं। सभी महान आध्यात्मिक परंपराएँ आपकी आध्यात्मिक ऊर्जा का जिक्र करती हैं। इसके सिर्फ़ नाम

अलग-अलग होते हैं। जब आपके हृदय में प्रेम उमड़ता है तो आप इसी आध्यात्मिक ऊर्जा को महसूस करते हैं। यही अनुभव आपको उस समय होता है जब आप किसी बात से प्रभावित होकर उत्साहित होते हैं। इसके बाद यह ऊर्जा आपके भीतर बहना शुरू हो जाती है।

इस भीतरी ऊर्जा के विषय में पता होना चाहिए, क्योंकि यह आपकी अपनी ऊर्जा है। यह ऊर्जा असीमित है। आप किसी भी समय इसका आस्वान कर सकते हैं। आपकी आयु से इसका कोई संबंध नहीं है। आप किसी अस्सी साल के व्यक्ति में भी यह ऊर्जा ठीक वैसी ही देख सकते हैं, जैसा किसी बच्चे में उत्साह देखा जाता है। इस तरह के लोग सप्ताह के सातों दिन बहुत लंबे समय तक काम कर सकते हैं। यह और कुछ नहीं सिर्फ़ ऊर्जा का जादू है। ऊर्जा कभी बूढ़ी नहीं होती न उसे भोजन की आवश्यकता है। इसे सिर्फ़ खुलापन और ग्रहणशीलता चाहिए। यह ऊर्जा सभी के पास होती है। सूर्य कभी भी अलग-अलग लोगों को अलग-अलग तरह से प्रकाश नहीं देता। उदाहरण के लिए आप अच्छे व्यक्ति हैं तो सूर्य आपको रोशनी देगा और यदि आप बुरे व्यक्ति है तो यह आपको रोशनी नहीं देगा। लेकिन ऐसा नहीं है सभी को समान रूप से रोशनी देता है। भीतरी ऊर्जा के साथ भी यही बात है। अंतर सिर्फ़ इतना है कि आंतरिक ऊर्जा के मामले में आपके पास स्वयं को कुंद करके इस ऊर्जा के प्रवाह को रोक देने की क्षमता है। जब आप अपना केंद्र बंद कर लेते हैं तो ऊर्जा का प्रवाह भी बंद हो जाता है। जब आपका केंद्र खुल जाता है तो यह ऊर्जा खुलकर आपके भीतर से प्रवाहित होने लगता है। सच्चा आध्यात्मिक ज्ञान इसी भीतरी ऊर्जा को समझने और इसे पूर्ण रूप से ग्रहण करने के विषय में है।

आपको केवल एक बात का ध्यान रखना है कि आपके खुलने से ऊर्जा प्रवाहित होती है और बंद होने से इसका प्रवाह अवरुद्ध होता है। अब आपको यह निर्णय करना है कि आपको यह ऊर्जा चाहिए या नहीं। इतना ही नहीं आपको यह भी निर्णय करना है कि यह जान आपको कितनी मात्रा में चाहिए? आप कितना प्रेम अनुभव करना चाहते हैं? अपने किए कार्यों के प्रति आप कितने उत्साहित होना चाहते हैं? यदि पूर्ण जीवन जीने का अर्थ सदैव इस ऊर्जा, प्रेम और उत्साह का अनुभव करना है तो स्वयं को कभी भीतरी तौर पर कुंद नहीं करे।

भीतरी तौर पर खुलने का सबसे सरल तरीका है। कभी बंद न होने से आप सदा खुले रहेंगे। सच कहूँ तो यह सचमुच बहुत सरल है। आपको सिर्फ़ यह निश्चय करना है कि आप खुले रहना चाहते हैं या आपको लगता है कि बंद रहना बेहतर है। आप स्वयं को सिखा सकते हैं कि बंद होने के ढंग को भूला कैसे जाए, क्योंकि बंद रहना एक आदत है और अन्य किसी भी आदत की तरह इसे भी आप छोड़ सकते हैं। उदाहरण

के लिए, हो सकता है कि आपको लोगों से डर लगता हो और आप उनसे पहली बार मिलते ही स्वयं को भीतरी तौर पर बंद कर लेते हो। यह भी हो सकता है कि किसी को अपनी ओर आता देख आपको सचमुच बेचैनी होती हो जिस कारण आप को भीतरी तौर पर बंद होने का एहसास होता हो। आप इससे विपरीत करने के लिए स्वयं को प्रशिक्षित कर बंद होना चाहते हैं या खुलना चाहते हैं। अंतिम रूप से इसका नियंत्रण आपके हाथों मे है।

सबसे बड़ी समस्या हमारे सामने यह है कि हम इस नियंत्रण का उपयोग नहीं करते। सामान्य परिस्थितियों में हमारे खुलेपन की अवस्था हमारे मानसिक कारणों पर निर्भर करती है। सच तो यह है की हम अपने अतीत के अनुभवों के आधार पर बंद होते या खुलते हैं। अतीत की छाया हमारे भीतर उपस्थित रहती है और इनके ऊपर विभिन्न घटनाओं का प्रभाव पड़ता है। यदि वह छाया नकारात्मक होती है तो हम बंद हो जाते हैं और सकारात्मक होती है तो हम खुल जाते हैं। मान लेते हैं कि आपको एक अलग तरह को गंध आती है, जिससे आपको वह समय याद आ जाता है जब आप युवा थे और कोई भोजन पका रहा था। इस गंध को सूंघने पर आपको आपकी प्रतिक्रिया आपके अतीत के अनुभव पर निर्भर करेगी। अब प्रश्न उठता है कि क्या आपको उस समय परिवार के साथ भोजन करने में मज़ा आया था? क्या भोजन अच्छा था? यदि हाँ, तो वह गंध आपको तुरंत भाव-विभोर कर देगी और आप भीतरी तौर पर आप खुल जाएँगे। यदि आपको उस दिन ज़्यादा मज़ा नहीं आया या खाना आपकी पसंद का नहीं बना था तो आप बेचैन होकर भीतर से स्वयं को बंद कर लेंगे। यह बहुत ही संवेदनशील प्रक्रिया है। कोई गंध, गाड़ी का रंग अथवा किसी के जूते देखने भर से ही आप भीतर से खुल या बंद हो सकते हैं। हम सब अपने अतीत की यादों के आधार पर इस तरह कार्य करते हैं कि सभी प्रकार की चीज़ें हमें खोल या बंद कर सकती हैं। अगर आप इन सभी बातों पर ध्यान देंगें तो आप जान जाएँगे की ऐसा हमारे साथ प्रतिदिन नियमित रूप से होता ही रहता है।

सबसे महत्त्वपूर्ण बात यह है कि आपको अपनी सबसे ज़रूरी चीज़ को केवल संयोग के भरोसे नहीं छोड़ना चाहिए। यदि आपको सच में यह ऊर्जा पसंद है तो आपको भीतर से कभी इसे बंद नहीं करना चाहिए। आप जितना अधिक खुला रहना सीखेंगे उतनी ही अधिक ऊर्जा आपके भीतर प्रवाहित होती रहेगी। आप खुला रहना सीख सकते हैं। जब कभी आप बंद होने लगें तो स्वयं से पूछिए कि क्या आप सचमुच इस ऊर्जा के प्रवाह को रोक देना चाहते हैं, क्योंकि यदि आप चाहें तो आप खुला रहना सीख सकते हैं, क्योंकि आप कुछ भी कर सकते हैं। आपको केवल इस असीमित ऊर्जा को ग्रहण करने की अपनी क्षमता को खोजते रहने के लिए प्रतिबद्ध रहना होगा। आपको बंद होने का निर्णय लेना होगा। शुरू में यह आपको थोड़ा अजीब लग सकता

है, क्योंकि बंद हो जाना आपको बहुत अच्छे से आता है, क्योंकि वह आपकी सुरक्षा प्रणाली का स्वभाव बन चुका है। परंतु सच यह है कि हृदय को भीतर से बंद कर लेना आपको किसी भी चीज़ से सुरक्षा नहीं दे सकता; बल्कि यह आपको अपनी भीतरी ऊर्जा के उस असीमित स्रोत से काट देता हैं। अंतिम रूप से यह केवल आपको भीतरी तौर पर कुंद कर बंद कर देती है।

यदि आप अपने जीवन में उत्साह, खुशियाँ और प्रेम महसूस कर सकते हैं तो आपको अपने जीवन से और किसी चीज़ की ज़रूरत नहीं होगी, क्योंकि यह तीन चीज़ें ही सबसे महत्त्वपूर्ण है। अगर आप हमेशा उत्साहित महसूस करते हैं, अगर आपको वर्तमान में हो रहे अनुभव के विषय में अच्छा लगता है तो फिर इस बात से कोई फ़र्क़ नहीं पड़ता कि अनुभव किस चीज़ को कहते हैं। वह कुछ भी हो, जब आप उसे अपने अंदर महसूस करते हैं तो आपको अच्छा महसूस होने लगता है। इस तरह आप किसी भी स्थिति में खुले रहना अपने आप सीख जाते हैं। यदि ऐसा हो जाता है तो आपको मुफ्त में वह चीज़ मिल जाती है जिसके लिए हर दूसरा व्यक्ति संघर्ष कर रहा है, प्रेम, उत्साह, उत्तेजना और ऊर्जा आप यह जान जाते हैं कि खुला रहने के लिए अपनी इच्छा को निर्धारित करने से आप वास्तव में सीमा में बंध जाते हैं। यदि स्वयं को खुला रखने के लिए आपने इस संसार में बदलाव की सूची बना ली, तो आपने अपनी आज़ादी को उन परिस्थितियों में बाँध दिया जो कुछ क्षण के लिए आपको खुला रख सकती हैं। अच्छा यही होगा की आप हर स्थिति में स्वयं को स्वतंत्र रखें और उस स्वतंत्रता को महसूस करें है।

अब यह आपके ऊपर निर्भर करता है कि आप स्वतंत रहना कैसे सीखते हैं। वास्तव में इसकी तरकीब यही है कि स्वयं को बंद होने से रोके। यदि आप बंद नहीं होते तो आप स्वतंत्र रहना स्वतः सीख जाएँगे। अपने जीवन में किसी भी बात को इतना महत्त्वपूर्ण मत होने दीजिए कि आप उसके पीछे अपने हृदय को बंद कर लें। अगर आपका हृदय बंद होने लगे तो कहिए, “नहीं, मैं कभी भी बंद नहीं होने वाला! क्योंकि मैं शांत हो रहा हूँ। मैं इस बात को होने दूँगा और इसके साथ ही रहूँगा।” और ऐसी स्थिति का आदर कीजिए और इससे छुटकारा पाने का तरीका खोज निकालिए। जैसे भी हो, आपको स्थिति से निपटना होगा। अपनी बेहतरीन कोशिश कीजिए लेकिन इससे निपटिए इसे उत्साह और जोश से देखिए कुछ भी हो, उसे मजाक समझ कर आगे निकल जाए। और कुछ समय बाद आप देखेंगे कि आप सब कुछ भूल गए है। कोई कुछ भी करे, परिस्थिति कैसी भी हो, लेकिन आपको बंद होने की कभी इच्छा नहीं होगी। आप पूरे मन और जोश के साथ जीवन को अपने गले लगा पाऐंगे। ऐसी अवस्था को प्राप्त करने के बाद आपका ऊर्जा स्तर भी ऊँचा हो जाएगा। ऐसा कोई समय नहीं होगा जब आप ऊर्जा से भरे ना हो। आप हर समय शांत और स्वतंत्र रहेंगे, तो आपके

भीतर एक उच्चस्तरीय ऊर्जा का प्रवाह होता रहेगा। आपने स्वतंत्र रहने की अपनी क्षमता को स्वयं सीमा में बांध कर रखा हुआ है।

यदि आप अपने जीवन में सचमुच स्वतंत्र रहना चाहते हैं तो आपको जब भी प्रेम व उत्साह मिले तो उस पर ध्यान दीजिए। इसके बाद अपने आप से पूछिए कि यह आपको हमेशा क्यों नहीं मिल सकता। यह आपसे दूर क्यों हो जाता है? इसका उत्तर साफ़ है यह आपसे तभी दूर होता है जब आप स्वयं भीतरी तौर पर बंद रहने की इच्छा रखते हैं। बंद रहकर आप स्वयं को बंद और प्रेम से दूर रहने का विकल्प चुनते हैं। सच्चाई तो यह है कि आप प्रेम को हर समय अपने से दूर रखते हैं। आपको प्रेम तभी तक महसूस होता है जब तक आपको कोई अप्रिय बात न कह दे और फिर उसके बाद आप स्वयं को प्रेम से दूर कर देते हैं। वैसे तो आप अपने कार्य के प्रति उत्साहित रहते हैं, किंतु जैसे ही कोई ज़रा-सी आलोचना कर दे तो आप तुरंत ही उस काम को ही करना छोड़ देते हैं। यह सब आपकी अपनी इच्छा है। आपको कोई बात अप्रिय लगती है तो, इस कारण या तो आप बंद हो जाए अथवा मुक्त रहते हुए प्रेम व जोश को महसूस करते रहें। जब तक अपनी पसंद और नापसंद को निर्धारित करते रहेंगे, तब तक खुलना और बंद होना जारी रहेगा। सच तो यह है की आप अपनी सीमाएँ निर्धारित कर रहे हैं। आप अपने दिमाग़ को 'ट्रिगर' दे रहे हैं जो आपको बंद करते या खोलते हैं। आपको इन्हें छोड़ना होगा। अपने जीवन का आनंद लीजिए और दूसरों से अलग होने की हिम्मत रखिए।

जब आप स्वतंत्र और खुला हुआ महसूस करेंगे, आपके भीतर ऊर्जा का प्रवाह अपने चरम पर होगा। एक समय ऐसा भी आता है जब यह ऊर्जा इतनी अधिक हो जाती है शरीर से बाहर बहने लगती है। यह आपको बहती हुई लहरों जैसी लगती है। आप इसे सचमुच अपने हाथों, हृदय और अन्य ऊर्जा केंद्रों से बाहर प्रवाहित होता हुआ महसूस कर सकते हैं। इसके बाद ऊर्जा के ये सभी केंद्र खुल जाते हैं और ढेर-सी ऊर्जा आपके बाहर प्रवाहित होने लगती है। यह ऊर्जा आपके साथ दूसरों को भी प्रभावित करती है। लोग आपकी इस ऊर्जा को ग्रहण कर सकते हैं और आप ऊर्जा के इस प्रवाह से दूसरे लोगों को भी पोषित करते हैं, जिससे आप दूसरों के लिए रोशनी का स्रोत बन जाते हैं और आपका यह ऊर्जा प्रवाह हमेशा खुला रहता है।

आपको केवल खुली रहना है और स्वयं को बंद नहीं होने देना। इंतजार करिए और देखिए कि आपके साथ क्या होता है। आप इस ऊर्जा के प्रवाह से अपने शारीरिक स्वास्थ्य को भी प्रभावित कर सकते हैं। जब आपको किसी बीमारी के अपने पास आने का आभास हो तो शांत हो जाइए। जब आप शांत होते हैं तो ऊर्जा का संचार बढ़ जाता हैं और यह ऊर्जा ही बीमारी को ठीक कर सकती है। यह ऊर्जा उपचार कर

सकती है, इसीलिए प्रेम द्वारा उपचार किया जा सकता है। जैसे-जैसे आप इस भीतरी ऊर्जा को ढूँढ़ते हैं, आपके सामने परत दर परत नए रहस्य खुलते जाते हैं।

यदि इस जीवन में कोई चीज़ महत्त्वपूर्ण है तो वह है आपकी भीतरी ऊर्जा। यदि आपको ज़्यादातर थकान या निराशा महसूस होती है तो आपके लिए जीवन कभी रोचक नहीं हो सकता लेकिन यदि आप हर रोज़ उत्साह और ऊर्जा से भरे रहते हैं तो प्रत्येक दिन यहाँ तक कि दिन का प्रति घंटा या यूँ कहें प्रत्येक मिनट आपके लिए एक रोचक अनुभव बन जाएगा। आपका ज़रूरत है इन चीज़ों के साथ कार्य करना सीखने की। ध्यान, सजगता और कुछ कोशिश के साथ आप अपने केंद्रों को खुला रखना सीख सकते हैं। केवल शांत और स्वतंत्र हो जाने से ऐसा किया जाना संभव है। केंद्र को बंद करने के किसी कारण पर ध्यान मत दीजिए उसे साफ़ तौर पर मना कर दीजिए तो आप जो करना चाहते हैं वो संभव हो जाएगा। इस संसार में ऐसी कोई भी चीज़ नहीं है जिसके लिए अपना हृदय कुंद करके बंद किया जा सके। यदि आप सच में अपने जीवन से प्रेम करते तो हृदय बंद रखने का आपके पास कोई भी कारण नहीं है।

6

आध्यात्मिक हृदय का रहस्य

ऐसे बहुत कम लोग हुए है जो हृदय को ठीक तरह से समझ पाए हैं। सच तो यह है कि आपका हृदय प्रकृति की सबसे अच्छी रचनाओं में से एक है। यह बहुत गज़ब है। हृदय में पियानो के तारों और बाँसुरियों ध्वनि से भी अधिक कंपन और सामंजस्य पैदा करने की क्षमता है जो अद्भुत है। भले ही आपके कान किसी वाद्य यंत्र की ध्वनि को सुनते हैं, किंतु उसकी तरंगे तो केवल आपका हृदय ही महसूस करता है। यदि आपको लगता है कि आप उस वाद्य यंत्र को महसूस कर सकते हैं तो ऐसा सिर्फ़ इसलिए है, क्योंकि उसकी तरंगों ने आपके हृदय की गहराइयों को छुआ है। आपका हृदय बहुत ही सूक्ष्म ऊर्जा से बना होता है जिस कारण ऐसे बहुत कम लोग हैं जो इसे समझ पाए हैं।

ज़्यादातर लोगों में हृदय अपना काम स्वयं करता है भले ही इसका व्यवहार हमारे जीवन को नियंत्रित करता है, लेकिन इसे ठीक से समझा नहीं गया है। उदाहरण के लिए जब भी हमारा हृदय खुलता है तो हमें किसी से प्रेम हो जाता है और जब यह बंद होता है तो प्रेम भी रुक जाता है। यदि हृदय को चोट पहुँचती है तो हमें तुरंत गुस्सा आ जाता है और यदि हम इसे पूरी तरह महसूस करना बंद कर देते हैं तो हम भीतर से खाली हो जाते हैं। ये सब अलग-अलग बातें इसलिए होती हैं, क्योंकि हमारे हृदय की स्थिति में बदलाव होता रहता है। हृदय में ऊर्जा की स्थिति तथा ऐसे अन्य बदलावों से हमारा जीवन चलता है। आप इन बदलावों से इतना जुड़ा हुआ महसूस करते हैं कि हृदय की किसी भी स्थिति को हम "मैं" या "मेरा" जैसे शब्दों से दर्शाते हैं। किंतु

सच्चाई तो यह है कि आप केवल अपने हृदय को अनुभव करते हैं। आप स्वयं हृदय नहीं होते।

सच कहूँ तो, हृदय को समझना इतना मुश्किल भी नहीं होता। यह एक ऊर्जा केंद्र है, एक चक्र है। यह हमारे सबसे सुंदर और शक्तिशाली ऊर्जा के केंद्रों में से एक है जो हमारे प्रत्येक दिन को प्रभावित करते हैं। जैसा कि हम देख चुके हैं, ऊर्जा केंद्र हमारे भीतर एक ऐसा क्षेत्र है जिसके माध्यम से ऊर्जा केंद्रित, वितरित और प्रवाहित होती है। इस ऊर्जा को शक्ति, आत्मा, ची आदि नामों से भी जाना जाता है और यह आपके जीवन में एक महत्त्वपूर्ण भूमिका निभाती है। ऐसा कोई भी समय नहीं होता जब आप अपने हृदय की पूजा नहीं महसूस करें। इस बात पर ध्यान दीजिए की, हृदय में प्रेम होने से कैसा लगता है। जरा सोच कर देखे कि, हृदय से प्रेरणा और उत्साह प्रस्फुटित होता हुआ कैसा लगता है। सोचिए, हृदय में ऊर्जा का आवेग उठता हुआ कैसा लगता है, जिससे आप आत्मविश्वासी और ऊर्जा से भरा हुआ महसूस करते हैं। आप ध्यान देंगे तो यह समझ पाएँगे की हृदय ऊर्जा का केंद्रबिंदु होता है।

जब आपका हृदय बंद या खुलता है तो उस समय आप इस के प्रवाह को नियंत्रित करते हैं। इसका सीधा सा अर्थ है कि हृदय एक दीवार का काम करता है जो ऊर्जा के प्रवाह को जब चाहे शुरू या बंद कर सकता है। यदि आप हृदय पर ध्यान दें तो आप अच्छी तरह समझ पाएँगे कि हृदय के खुलने और उसके बंद होने पर कैसे लगता है। सच्चाई तो यह है कि आपके हृदय की स्थिति रोज बदलती रहती है। किसी व्यक्ति के होने से आपको प्रेम का बहुत अच्छा एहसास हो सकता है। शर्त केवल इतनी है कि वह व्यक्ति कोई अप्रिय बात न कह दे, क्योंकि ऐसा करने के बाद आपका हृदय उस व्यक्ति के प्रति बंद हो जाता है और फिर आपको उसके लिए प्रेम का एहसास नहीं होता। यह अनुभव हम सबने किया है, किंतु आखिर में ऐसा क्यों होता है? हम चाहे या ना चाहे चूंकि हम सबको अपने हृदय का अनुभव करना पड़ता है, इसलिए हमें यह भी जानना आवश्यक है कि वहाँ क्या-क्या होता है।

इस बात पर चर्चा हम एक आधारभूत प्रश्न के साथ शुरू करते हैं। आखिर हृदय केंद्र की बनावट में ऐसा क्या है जिसके कारण वह कभी-कभी बंद हो जाता है? आप यह पाएँगे कि हृदय इसलिए बंद हो जाता है, क्योंकि आपके अतीत के कुछ संचित और अपूर्ण ऊर्जा पैटर्न इसे अवरुद्ध कर देते हैं। इसे समझने के लिए आपको रोज के अनुभवों पर ध्यान देना होगा। इस संसार में जैसे-जैसे घटनाएँ घटती हैं, आपकी इंद्रियों उन्हें वैसे-वैसे ग्रहण करती हैं और आपकी आंतरिक अवस्था पर उनका प्रभाव पड़ता रहता है। इन रोजाना की घटनाओं को अनुभव करने से थोड़ा डर, थोड़ी बेचैनी या थोड़ा प्रेम पैदा हो सकता है। भीतर के ये अनुभव इस बात पर निर्भर करते हैं कि आप

बाहरी संसार की घटनाओं को किस तरह आत्मसात करते हैं। जब आप इंद्रियों द्वारा घटनाओं को अपने भीतर आने देते हैं तो वास्तव में ऊर्जा आपके भीतर प्रवेश करती है। कोई भी रूप आपके मस्तिष्क या हृदय में अपने आप नहीं आ जाता वह बाहर ही रहता है। लेकिन आपकी इंद्रियाँ उस रूप को ऊर्जा का पैटर्न बनाकर आपके भीतर यही हृदय तक भेजती हैं, जिन्हें आपका मस्तिष्क और हृदय इसके बाद ग्रहण व अनुभव करता है। विज्ञान हमें यह संवेदी प्रक्रिया समझा सकता है। आपकी आँखें असल में कोई खिड़की नहीं हैं, जिनके द्वारा आप बाहरी संसार को देखते हैं। यह असल में कैमरे का काम करती हैं, जो संसार की फोटो खींचकर उन छवियों को आपके भीतर संप्रेषित करती हैं, ठीक ऐसे ही आपकी सभी इंद्रियों के विषय में यह बात लागू होती है। वे सब संसार की घटनाओं का आभास लेती हैं, उसे सूचना में बदलती हैं, विद्युतीय तंत्र आवेग के माध्यम से इस डेटा को आगे भेज देती हैं और अंत में यह छवियाँ आपके मस्तिष्क तक पहुँच जाती हैं। आपकी इंद्रियाँ वास्तव में इलेक्ट्रॉनिक संवेदी उपकरण हैं। परंतु आपके मन तक पहुँचने वाले ऊर्जा पैटर्न यदि आपको परेशान करते हैं तो आप उनका विरोध कर के उन्हें अपने भीतर जाने से रोक देते और जब आप ऐसा करते हैं तो यह ऊर्जा पैटर्न आपके भीतर ही रुक जाते हैं।

जब ऊर्जाएँ भीतर रुक जाती हैं तो कैसा लगता है, इस बात को समझना बेहद ज़रूरी है इससे पहले यह जानना ज़रूरी हैं कि यदि भीतर कुछ संचित न हो तो कैसा लगेगा? क्या होगा यदि सब कुछ आपके भीतर प्रवेश करता और फिर बाहर निकल जाता? चलिए इसे एक उदाहरण से समझते हैं मान लीजिए, आप गाड़ी से किसी रास्ते से जाते हुए हज़ारों पेड़ देखते हैं उनको देखने के बाद आप पर उनका कोई प्रभाव नहीं पड़ता। ये केवल नज़र आते ही तुरंत पीछे छूट जाते हैं। गाड़ी चलाते समय आप पेड़, घर, गाड़ियाँ देखते हैं, लेकिन फिर भी किसी चीज़ का आपके ऊपर स्थायी प्रभाव नहीं पड़ता। उस समय आप केवल उन चीज़ों को देख भर पाते हैं। भले ही ये सब आपकी इंद्रियों के रास्ते आपके भीतर प्रवेश करते हैं, किंतु क्षण भर में इनका प्रभाव खत्म हो जाता है। जब उनसे आपका कोई निजी संबंध नहीं है तो इनके प्रभाव को भी बहुत सहजता से आत्मसात कर लिया जाता है।

अनुभव की यह प्रणाली इसी प्रकार कार्य करती है। इस प्रणाली का काम चीज़ों को भीतर भेजना, उन्हें अनुभव करवाना और बाहर जाने देना है ताकि आप आने वाले क्षण को पूरी तरह जी सके। जब तक यह प्रणाली कार्य कर रही है, तब तक आप भी ठीक हैं और प्रणाली भी ठीक है। आपको एक के बाद एक अनुभव होते रहते हैं। गाड़ी चलाना, पेड़ों को देखना और दूसरी गाड़ियों को आते-जाते पास से गुजरते हुए देखना भी अनुभव है। यह सभी अनुभव किसी अच्छी फ़िल्म की भांति आपको मिलने वाले उपहार की भांति होते हैं। यह आपके भीतर प्रवेश करने के बाद आपको जागृत और

उत्तेजित करते हैं। सही मायनों में, आपके ऊपर इनका बहुत गहरा प्रभाव पड़ता है। हर पल आपको नए अनुभव होते हैं और आप लगातार सीखते व आगे बढ़ते जाते हैं। जिस कारण आपका मस्तिष्क और हृदय दोनों का विस्तार होता है तथा यह आपको बहुत गहराई तक छूते हैं। अगर अनुभव ही श्रेष्ठ शिक्षक है तो जीवन के अनुभवों से ज़्यादा कुछ भी नहीं है।

जीवन को जीने का अर्थ है कि आप वर्तमान क्षण, इसके बाद अगले क्षण और उसके बात उससे अगले क्षण को अनुभव कर रहे हैं। इस बीच आपको अनेकों प्रकार के अनुभव होते हैं। यदि ठीक से काम करे तो, यह बहुत ही शानदार व्यवस्था है। यदि आप इस अवस्था में रह सकते हैं तो आप पूरी तरह जागरूक हो जाएँगे, क्योंकि जागरूक व्यक्ति ही "वर्तमान" में इसी तरह अपना जीवन जीते हैं। वे स्वयं वर्तमान में रहते हैं और उनके जीवन की संपूर्णता भी उनके भीतर से गुज़रती है। मान लीजिए, आप अपने जीवन के प्रत्येक क्षण के अनुभव के दौरान इसी तरह जागरूकता के साथ रहें और वह अनुभव आपको गहराई तक छू ले तो ऐसे में आपका प्रत्येक क्षण उत्साहपूर्ण और जीवन से भरा हुआ लगेगा, क्योंकि आप पूरी तरह खुले हुए होंगे और जीवन का प्रवाह आपके भीतर से होकर गुजरेगा।

किंतु सभी लोगों के साथ ऐसी स्थिति नहीं होती। इसके अतिरिक्त, कुछ इस प्रकार होता है कि आप गाड़ी चला रहे हैं और गाड़ी चलाते चलाते रास्ते में आपको पेड़ दिखाई देते हैं और पीछे छूटते जाते हैं, किंतु आप इससे परेशान नहीं होते। फिर कुछ ऐसा आता है, जो आपके बाहर नहीं जा पाता। यह एक हल्के नीले रंग की फ़ोर्ड मस्टांग गाड़ी है, जो बिलकुल आपकी प्रेमिका की गाड़ी की तरह है। जब वह गाड़ी आपके सामने से गुज़री तो आपने आगे की सीट पर दो लोगों को एक-दूसरे से लिपटते हुए देखा। कम-से-कम लग तो ऐसा ही रहा था कि वे लिपट रहे थे और वह गाड़ी भी आपकी प्रेमिका की गाड़ी तरह ही लग रही थी। भले ही वह गाड़ी भी अन्य गाड़ियों की तरह ही थी। नहीं ऐसा नहीं है वह गाड़ी आपके लिए अन्य गाड़ियों जैसी बिल्कुल नहीं थी।

चलिए अब इस पूरी घटना पर ध्यान देते हैं कि आखिर क्या हुआ था। आपके आँख के कैमरे के लिए उस गाड़ी और अन्य गाड़ियों में कोई अंतर नहीं था। रोशनी उन चीज़ों से टकराकर, आपके आँख के पर्दे (रेटिना) को पार करके, आपके मस्तिष्क के अन्दर छवि का निर्माण करती है। इस प्रकार भले ही शारीरिक स्तर पर कुछ अलग नहीं हुआ किंतु मानसिक स्तर पर वह छवि आपके बाहर नहीं जा पाई। ठीक इसके अगले क्षण आप पेड़ों को नहीं देखते और ना ही आप बाकी गाड़ियों को देखते हैं। आपका मस्तिष्क और हृदय उसी एक गाड़ी पर अटक जाता है जबकि वह गाड़ी अब जा चुकी

है। लेकिन वह गाड़ी जाते-जाते आपके लिए समस्या पैदा कर गई, क्योंकि अब एक रुकावट उत्पन्न हो गई है एक घटना आपके भीतर ही रह गई है। बाद के सभी अनुभव आपके बाहर जाने की कोशिश कर रहे हैं किंतु भीतर कुछ ऐसा घटित हो गया है, जिसने अतीत के इस अनुभव को पूरा नहीं होने दिया है।

आपके उन अनुभवों का क्या होता है जो बाहर नहीं निकल पाता? गाड़ी चलाते समय यदि अन्य बातों की तरह आपकी प्रेमिका की गाड़ी की छवि आपकी स्मृति में से नहीं हट पाती तो फिर उसका क्या होता है? आखिर वह कौन सा समय होता है जब, आपको उस पर से ध्यान हटा लेना चाहिए ताकि आप अन्य चीज़ों पर ध्यान दे सकें, जैसे कि आने वाली लाल बत्ती। आप एक बात समझ नहीं रहे हैं कि उस एक चीज़ के कारण, जो आपके बाहर नहीं हो सकी, आपके जीवन का सारा का सारा अनुभव बदलने वाली है। आपका ध्यान पुनः पाने के लिए जीवन को अब इस एक रुकी हुई घटना से लड़ना होगा और वह छवि आपके भीतर चुपचाप नहीं बैठ गई। आप पाएँगे कि आप लगातार उसके विषय में सोचते जा रहे हैं। यह सब इसलिए होता है ताकि वह संसाधित होकर आपके मस्तिष्क से बाहर निकल जाए। आपको पेड़ों को संसाधित नहीं करना पड़ा लेकिन इसे करना पड़ेगा। चूंकि आपने विरोध किया इसलिए यह भीतर रुक गई और अब समस्या बन गई है। आप विचारों को इस तरह उभरते हुए देखते हैं: "शायद गाड़ी में वह नहीं थी। वह बिलकुल नहीं थी। वह हो भी कैसे सकता है?" और एक के बाद एक विचार आपके भीतर उठते रहते हैं, जिससे आप परेशान हो जाते हैं। यह सारी भीतरी अशांति उस रुकी हुई ऊर्जा को संसाधित करके उसे बाहर निकालने के लिए आपके द्वारा किया जा रहा प्रयास मात्र है।

ऐसे ऊर्जा पैटर्न, जो एक लंबे समय तक आपके मस्तिष्क से बाहर नहीं निकल पाते, वह आपके मस्तिष्क के अग्र भाग में स्थित हो जाते हैं ताकि अवसर मिलते ही उन्हें बाहर निकाला जा सके। ये ऊर्जा पैटर्न, जिनमें संबंधित घटनाओं के बहुत-से विवरण होते हैं, वास्तविक हैं। ये यूँ ही कहीं गायब नहीं हो जाते। जब आप घटनाओं को गुज़रने नहीं दे पाते तो ये भीतर ही अटक जाती हैं। ये पैटर्न आपके भीतर बहुत लंबे समय तक रहते हैं, जिस कारण यह समस्या का रूप ले लेते हैं।

किसी भी ऊर्जा को बहुत समय तक एक स्थान पर बने रखना सरल नहीं होता। जब आपको इन घटनाओं को अपनी चेतना के पार जाने से रोकने के लिए संघर्ष करना पड़ता है, तो ऊर्जा मस्तिष्क के ज़रिए स्वयं को व्यक्त करके निकलने की कोशिश करती है। इसीलिए मस्तिष्क बहुत अधिक सक्रिय हो जाता है। जब अन्य विचारों और मान्यताओं के साथ विरोध के कारण यह ऊर्जा मस्तिष्क के रास्ते बाहर नहीं निकल पाती, तो यह हृदय के रास्ते निकलने की कोशिश करती है। इस कारण भावनात्मक

क्रियाशीलता होने लगती है। जब आप उस अभिव्यक्ति को भी रोकने की कोशिश करते हैं तो वह ऊर्जा एक जगह एकत्रित हो जाती है और हृदय की गहराई में अपनी जड़े जमा लेती है। योग परंपरा में इसी अपूर्ण ऊर्जा पैटर्न को संस्कार कहा जाता है। यह एक संस्कृत शब्द है जिसका अर्थ है "छवि" और योग की शिक्षा में इसे जीवन को प्रभावित करने वाली सबसे ज़रूरी चीज़ माना गया है। संस्कार एक प्रकार का अवरोध है, अतीत की एक छवि है। यह ऊर्जा का ऐसा अधूरा पैटर्न है जो आपके जीवन को नियंत्रित व संचालित करता है।

इन रुके हुए ऊर्जा पैटनों को समझने से पहले चलिए इनके पीछे की भौतिकी को समझ लेते हैं। ऊर्जा तरंग की भांति आपके भीतर आने वाली ऊर्जा भी लगातार चलते रहनी चाहिए। लेकिन इसका यह अर्थ नहीं है कि यह आपके भीतर कभी रूक नहीं सकती। एक तरीका है, जिससे यह ऊर्जा चलते हुए भी एक स्थान पर रुकी रह सकती है और वह तरीका है वृत्त बनकर घूमते रहना। इस पैटर्न को हम परमाणु और ग्रहों की कक्षाओं के रूप में देखते हैं। प्रत्येक चीज़ ऊर्जा है और ऊर्जा को यदि नियंत्रित न किया जाए तो वह बाहर की ओर फैलने लगती है। रचना के रूप में व्यक्त होने के लिए ऊर्जा गोल-गोल घूमकर एक स्थिर इकाई बनाती है। इसीलिए परमाणु के रूप में प्रकट होने वाली ऊर्जा इस समूचे भौतिक ब्रह्मांड की मूल निर्माण इकाई कहलाती है। ऊर्जा अपने चारों ओर गोल घूमती है और जैसा कि हमें यह ज्ञात हो चुका की हैं, अणुओं में इतनी अधिक ऊर्जा होती है कि यदि इस ऊर्जा को मुक्त कर दिया जाए तो यह पूरे विश व में विस्फोट करने की क्षमता रखती है लेकिन यदि इसके विपरीत करने का प्रयास न किया जाए, तो यह ऊर्जा अपनी संतुलित अवस्था में होने के कारण उपयोगी ही बनी रहेगी।

संस्कार के विषय में भी चक्रशील ऊर्जा की यही प्रक्रिया होती है। संस्कार सापेक्ष संतुलन में स्थित अतीत की संचित ऊर्जा पैटर्न का चक्र है। इन पैटनों को अनुभव करने के विरोध के कारण यह ऊर्जा वृताकार घूमने लगती है और तब इसके लिए कोई अन्य जगह शेष नहीं रह जाती। आप इसे कहीं और जाने नहीं देते। अधिकतर लोग अपने मुद्दों को इसी तरह संसाधित करते हैं। घूमती हुई इसी ऊर्जा का पैकेट आपके ऊर्जावान हृदय केंद्र में एकत्रित हो जाता है। आपके जीवन में जितने भी संस्कार होते हैं वह यहीं एकत्रित होते हैं।

अब हम उसी उदाहरण को पुनः देखेंगे जिसको देखने से यह बात हमे पूरी तरह से समझ आ जायेगी, जिसमें वह हलके नीले रंग की मस्टांग गाड़ी आपकी प्रेमिका की गाड़ी जैसी लग रही थी। एक बार यह विचलित ऊर्जा पैटर्न आपके हृदय में एकत्रित हो जाएँ तो यह मूल रूप से निष्क्रिय हो जाते हैं। आपको ऐसा लगता है कि आपने स्थिति

को निपटा दिया और अब आपके पास उस अनुभव से जुड़ा कोई मामला नहीं बचा है। अब आप अपनी प्रेमिका से इस बात का ज़िक्र भी नहीं करते ताकि आपकी प्रेमिका को ऐसा न लगे कि आपको उससे ईर्ष्या हो रही है। आपको पता नहीं कि आपको क्या करना है इसलिए आपने उस ऊर्जा का विरोध किया और यह आपके हृदय में एकत्रित हो गई जहाँ यह शांत रहेगी और आपको किसी समस्या का सामना नहीं करना पड़ेगा। भले ही आपको लगता है कि सब समाप्त हो गया और अब सब ठीक हो गया किन्तु सच्चाई तो यह है कि कुछ भी ठीक नहीं हुआ है।

आपने अपने हृदय में उस संस्कार को संचित कर लिया है और अब वह वहीं रहेगा। प्रत्येक ऐसी घटना, जो आपके बाहर नहीं जाती, वह आपके जन्म से लेकर इस वर्तमान क्षण तक आपके भीतर मौजूद रहती है। यही छवियाँ और संस्कार आपके आध्यात्मिक हृदय के दिवारो पर पर्त की तरह जम जाती हैं। यह पर्त ही है जो समय के साथ धीरे-धीरे कड़ी हो जाती है और ऊर्जा के प्रवाह को रोक देती है।

अब जब हमको यह समझ में आ गया है कि हृदय में रुकावट कहाँ से आती हैं तो हमने अपने इस मूल प्रश्न का उत्तर जान लिया कि हृदय कैसे अवरुद्ध होता है। आप निश्चित तौर पर छवियों के उस बिंदु तक उठने की संभावना को देख सकते हैं, जहाँ पर बहुत कम ऊर्जा निकल सकती है। यदि यह अधिक मात्रा में एकत्रित हो जाए तो आप खुद को डिप्रेशन की अवस्था में पहुँचा हुआ पाएँगे। इस अवस्था में चारों और अंधेरा ही अंधेरा लगता है, क्योंकि आपके मस्तिष्क या हृदय में बहुत कम ऊर्जा अंदर आ पाती है। आखिर में, सब कुछ नकारात्मक महसूस होता है, क्योंकि चेतना तक पहुँचने से पहले इंद्रियों के संसार को इस डिप्रेशन की ऊर्जा से होकर भीतर जाना पड़ता है।

यदि आपको ऐसा लगता है की आपको डिप्रेशन नहीं होता फिर भी समय के साथ आपका हृदय अवरुद्ध हो सकता है, भले ही हर समय ऐसा नहीं होता। जीवन के अनुभवों पर निर्भर होने के कारण, यह बहुत जल्दी खुलता और बंद होता रहता है।

अब आगे हम अपने अगले प्रश्न की ओर बढ़ते हैं। हृदय की इस अवस्था में इतनी जल्दी क्यों परिवर्तन आता है? यदि आप थोड़ा ध्यान देंगे तो आपको पता चल जाएगा की यह उन्हीं पुरानी संचित छवियों से संबंधित है जिनके कारण आपके हृदय में अवरोध उत्पन्न हुआ था।

इन संचित ऊर्जा के पैटर्न बिलकुल वास्तविक होते हैं। संस्कार किसी ऐसी घटना के विवरण से संचालित होता है जो हमसे बाहर नहीं जा सकती। अपनी प्रेमिका को गाड़ी में किसी और के साथ लिपटते देख यदि आपको ईर्ष्या हुई तो इस घटना से जुड़ा बहुत विस्तृत डेटा संस्कार के रूप में आपके हृदय या मस्तिस्क में एकत्रित हो जाता है।

उस संस्कार में उस घटना का कम्पन, प्रकृति और विषय में आपकी संवेदनशीलता का स्तर भी बहुत गहराई से उसमे शामिल हो जाता है।

इस पूरे पैटर्न को समझने के लिए, चलिए देखते हैं आने वाले समय में क्या घटित होता है। अब उस कार वाली घटना को पाँच साल बीत चुके हैं और अब आप दोनो यानी आप और आपकी पूर्व प्रेमिका साथ नहीं हैं। आपने किसी और के साथ शादी कर ली और आप पहले से कहीं ज़्यादा परिपक्व हो गए हैं। एक दिन आप अपने परिवार के साथ मौज-मस्ती करते हुए गाड़ी में जा रहे हैं। पेड़ गुज़र रहे हैं, गाड़ियाँ गुज़र रही हैं और तभी एक हलके नीले रंग की पुरानी मस्टांग गाड़ी आपके सामने से गुजरती है जिसमें आगे की सीट पर दो लोग लिपटे हुए हैं। अचानक, आपके हृदय में कुछ बदलाव होने लगते हैं आपकी धड़कन एक पल के लिए रुक जाती है और फिर तेजी से दौड़ने लगती है। आपका व्यवहार एकदम बदल जाता है और अचानक आपको गुस्सा आने लगता है। अब आपको कुछ भी अच्छा नहीं लग रहा। ये सब भीतरी बदलाव इसलिए हुए, क्योंकि एक विशेष रंग की गाड़ी को देखकर आपका हृदय परेशान हो गया। अब इस प्रक्रिया को रुककर देखना बहुत रोचक है। पाँच साल पहले, कुछ पलों के लिए एक घटना घटी थी। आपने किसी से उसके बारे में चर्चा नहीं की और अब पाँच साल बाद, एक नीली मस्टांग गाड़ी आपके सामने से गुज़रती है और वह आपको परेशान करके पूरे ऊर्जा के प्रवाह को बदल कर रख देती है।

यह पूरी घटना आश्चर्यजनक तो है ही लेकिन सच भी है। यह सिर्फ़ उस नीली मस्टांग गाड़ी के संदर्भ में ही सच नहीं है, बल्कि यह हर उस बात के विषय में सच है जो आपके बाहर नहीं जा सकी। इसमें आश्चर्य की कोई बात नहीं है, क्योंकि हम बहुत भावुक हैं। इसमें भी कुछ आश्चर्य नहीं कि हृदय समय- समय पर खुलता और बंद होता रहता है। उसमें संचित ऊर्जा वास्तविक है और वह विचारों तथा घटनाओं के प्रवाह पर प्रभाव डालती है। इस प्रभाव की गति से कई वर्षों बाद कंपन पैदा होता है जो संस्कार के रूप में हमारे हृदय या मस्तिष्क में एकत्रित था। हलकी नीली मस्टांग गाड़ी के साथ यही हुआ। यह समझना होगा कि उस संचित ऊर्जा को सक्रिय करने के लिए उसी गाड़ी का गुजरना ज़रूरी नहीं है। उसके स्थान पर काले रंग की मस्टांग या फिर कोई भी दूसरी गाड़ी हो सकती थी जिसमें बैठे लोग लिपट रहे थे। आपके आस -पास घटित होने वाली कोई भी बात या घटना आपके किसी भी संस्कार को सक्रिय कर आपको परेशान कर सकती है।

प्रमुख बात यहाँ यह है की कभी भी आपके अतीत की छवियाँ सक्रिय हो कर आपके जीवन को प्रभावित कर सकती हैं। आज की घटना वर्षों की संचित सामग्री को कुरेद सकती है और नई घटनाओं से संबंधित उन्हीं पुराने पैटर्नों को फिर से तैयार कर

हमारे समक्ष ला सकती है। कोई संस्कार सक्रिय होने पर फूल की तरह खिलता है और अपने भीतर संचित ऊर्जा को बाहर निकाल देता है। अचानक, आपके द्वारा अनुभूत मूल घटना के क्षण उस समय के विचार, भावनाएँ, यहाँ तक कि गंध और अन्य इंद्रिय सामग्री आपकी चेतना में प्रवेश कर जाते हैं। संस्कार किसी घटना का पूरा फ़ोटो संचित कर सकता है। यह मानव द्वारा तैयार किसी भी कंप्यूटर की संचय प्रणाली से बहुत आगे है। इसके अंदर, उस घटना के इर्द-गिर्द जो कुछ भी हो रहा था, आप जो कुछ सोच रहे थे, जो कुछ महसूस कर रहे थे, वह सब कुछ प्राप्त करने की ताकत होती है। यह सारी सूचना हृदय के भीतर ऊर्जा के छोटे-से बुलबुले के रूप में संचित रहती है जो वर्षों बाद, सक्रिय होने की ताकत रखती है।

इसके बाद आप तुरंत वही चीज़ें महसूस करने लगते हैं, जो आपने अतीत में महसूस की थीं। आप साठ वर्ष की उम्र में भी किसी पाँच साल के बच्चे की भांति डर और असुरक्षा के भाव को महसूस कर सकते हैं। दरअसल, उस समय के अपूर्ण मानसिक व भावनात्मक ऊर्जा पैटर्न संचित होते हैं और जो दोबारा सक्रिय हो जाते हैं यदि उन्हें फिर वही स्थिति का सामना करना पड़े तो।

सच्चाई तो यह है कि अधिकतर चीज़ें जो आपके भीतर प्रवेश करती हैं, वे वहाँ रुकती नहीं हैं, वे सब लगातार बाहर निकलती रहती हैं। जरा सोच कर देखें कि आप दिन भर में कितनी चीज़ें रोज़ाना देखते हैं क्या यह सभी उसी रूप में भीतर संचित होती है? नहीं। इन सभी चीज़ों में केवल वही चीज़ें आपके भीतर रुकती हैं जिनसे आपको कोई समस्या होती है या बहुत आनंद महसूस होता है। हाँ, आप सकरात्मक बातें भी संचित करते हैं। जब आपको कोई बहुत अच्छा अनुभव होता है तो वह आपके बाहर नहीं निकलता, क्योंकि आप उसके साथ बँध जाते हैं इसके साथ आंनद महसूस करते हैं। "बंधने" का अर्थ है, "मैं इसे जाने नहीं देना चाहता। उसने कहा था कि वह मुझसे प्यार करता है और मुझे प्रेम और सुरक्षा का अनुभव हुआ। मैं उस क्षण को बार-बार जीना चाहता हूँ। मेरे लिए उसे बार-बार चलाओ..." बंध जाने से सकारात्मक संस्कार बनते हैं और जब वे सक्रिय होते हैं तो सकारात्मक ऊर्जा चारों ओर बिखेरते हैं। यह अनुभव दो तरह के हो सकते हैं, जो हृदय को रोक देते हैं। आप ऊर्जा को या तो अपने से दूर करने की कोशिश करते हैं, क्योंकि वह आपको परेशान करती है या फिर आप ऊर्जा को अपने नज़दीक रखना चाहते हैं, क्योंकि वह आपको खुश रखती है। दोनों ही स्तिथियों में आप उसे अपने हृदय से बाहर नहीं जाने दे रहे । अब ऐसी स्तिथि में आप विरोध या जुड़ कर इस बेहद कीमती ऊर्जा को प्रवाहित से रोक रहे हैं।

आपके पास सबसे अच्छा हो विकल्प यह है कि ना तो आप ऊर्जा के साथ बँधे और ना ही उसे दूर करे। यदि आप इस प्रकार जीवन जी सकते हैं तो प्रत्येक क्षण

आपको बदल देगा। यदि आप जीवन के साथ संघर्ष करने के बजाय उसका अनुभव करने के इच्छुक हैं तो आप अपनी आत्मा की गहराई को पा सकते हैं। जब आप इस अवस्था को पा लेंगे तब आपको हृदय के रहस्य भी समझ आने लगेंगे, क्योंकि हृदय ही वह स्थान है जहाँ पर जीवन संबंधी ऊर्जा का समस्त प्रवाह होता है। यही वह ऊर्जा है जो आपको प्रेरित करती है और ऊपर की ओर ले जाती है इतना ही भी यही वह शक्ति है जो आपके जीवन को आगे बढ़ाती है। यह प्रेम का वह सुंदर अनुभव है जो आपके समूचे व्यक्तित्व से प्रवाहित होता है। यह ऊर्जा का प्रवाह आपके भीतर निरंतर बहते रहना चाहिए। आपके द्वारा अनुभूत उच्चतम अवस्था केवल इस बात पर निर्भर करती है कि आप कितने खुले रहते हैं। यदि आप बंद नहीं होते तो यह सदैव ऐसी ही बनी रहेगी। स्वयं को इतना कमज़ोर मत समझिए। यह हर पल जारी रह सकता है - अनंत प्रेरणा, अनंत प्रेम और अनंत उन्मुक्तता के साथ। यही स्वाभाविक अवस्था स्वस्थ हृदय की पहचान है।

ऐसी अवस्था को तभी प्राप्त किया जा सकता है जब आप जीवन के अनुभवों को आने के बाद भीतर से गुज़र जाने दे। इन्हें संसाधित न कर पाने के कारण यदि पुरानी ऊर्जाएँ वापस लौटती हैं, तो उन्हें अभी गुजर जाने दीजिए। यह बेहद सरल है। जब वह नीली मस्टांग गाड़ी आपके सामने से गुज़रती है और आप डर या ईर्ष्या महसूस करते हैं, इसकी बजाय आप केबल मुस्करा दे। आपको खुश होना चाहिए कि वह संस्कार जो आज तक आपके भीतर इतने समय से कहीं दबा हुआ था, उसे निकलने का अवसर मिल गया है।

स्वयं को खुलने दीजिए और अपने हृदय को शांत कर लीजिए, क्षमा कीजिए, हँसिए या जो आपका मन चाहता वह करिए। उसे दोबारा भीतर मत धकेलिए निश्चित तौर पर जब वह ऊपर आता है तो आपको पीड़ा देता है। वह दर्द के साथ ही संचित हूआ था और वह दर्द के साथ ही बाहर निकलेगा। अब यह निर्णय आपको लेना है कि क्या आप अपने हृदय को रोकने वाले दर्द के साथ रहते हुए अपने जीवन को सीमित करना चाहते हैं। इसके अतिरिक्त एक दूसरा विकल्प यह भी है कि जब यह सक्रिय हो तो इसे आराम से बाहर निकलने दिया जाए। इससे भले ही आपको कुछ क्षण के लिए परेशानी होगी, किंतु इसके बाद आने वाले समय में होने वाली परेशानी से आप बच जाएँगे, क्योंकि एक ना एक दिन यह परेशानी आपके सामने दोबारा आ खड़ी होगी।

अब आपके पास एक विकल्प है। क्या आप एक कोशिश करना चाहेंगे इस संसार को बदलने की? ताकि आपका संस्कार विचलित न हो या फिर आप इस शुद्धिकरण की इस शानदार प्रक्रिया से गुज़रने के इच्छुक हैं? उत्तेजित अवरोधों के आधार पर कभी निर्णय न ले। आपको केवल स्वयं को केंद्रित रखना है यह स्वयं

ऊपर आ जाएगा। आपको केवल एक प्रयास करना है भीतर से शांत होकर इन संचित ऊर्जा पैटनों से विरोध करना छोड़ दें फिर देखे यह स्वतः ही धीरे-धीरे ऊपर उठकर बाहर निकलने लगेंगे। ये दिन में और रात को सपनों में भी आने लगते हैं। आपका हृदय और मस्तिष्क दोनों ही इन्हें बाहर निकालने और शुद्धिकरण करने का अभ्यस्त हो जाएगा बस आपको इसे होने देना है। इन्हें एक-एक करके संसाधित मत कीजिए। यह प्रक्रिया तेजी से नहीं होती। स्वयं को इनके पीछे केंद्रित कीजिए और इन्हें बाहर की ओर प्रवाहित होने दीजिए। जिस प्रकार भौतिक शरीर जीवाणु और दूसरे बाहरी तत्त्वों को स्वतः ही बाहर निकाल देता है, ठीक उसी प्रकार आपका ऊर्जा का प्राकृतिक प्रवाह आपके हृदय से इन संचित पैटनों को भी स्वतः ही निकाल देगा और वह ऐसा करने का आदि भी हो जाएगा।

खुला हुआ हृदय आपका पुरस्कार है। अब जब अवरोध की कोई दीवार बाकी नहीं रह गई है तो ऐसे समय में आप हर क्षण प्रेम से भरे रहते हैं और आपका हृदय आपको पोषित व दृढ़ करने में लगा रहता है। सही मायनों में खुला हुआ हृदय आपकी इसी अवस्था को कहते हैं। आपका हृदय इसी तरह रहने के लिए बना है। हर उस स्वर का अनुभव कीजिए जो आपका हृदय बजा सकता है। अपनी आँखों को अपनी कल्पना की उच्चतम अवस्था पर देखिए और उन्हें वहाँ से बिल्कुल भी भटकने न दे। यदि आपका ध्यान भटकता भी है तो उसे पुनः वहीं ले जाइए। ऊर्जा के प्रवाह को स्वतंत्र करने की आपकी इच्छा का होना ही यह दर्शाता है कि आप महान है। केवल इसे बाहर की और प्रवाहित होने दे।

7

बंद होने की प्रवृत्ति से पार जाना

आध्यात्मिक उत्थान और निजी जागरूकता के विषय में पाश्चात्य जगत के विज्ञान द्वारा दिए निष्कर्षों से यह ज्ञात होता है की इनका रिश्ता काफी हद तक मज़बूत होता है। विज्ञान के माध्यम से ही हमें यह ज्ञात हुआ है कि किस प्रकार आधारभूत ऊर्जा परमाणुओं का रूप ले आपस में जुड़कर अणु बनते हैं और इन्ही अणुओ के मिलने से अंतिम रूप से भौतिक ब्रह्मांड का निर्माण होता है। यही प्रक्रिया ठीक हमारे भीतर भी होती है। हमारे भीतर जो कुछ हो रहा होता है, उसकी नींव पहले ही आधारभूत ऊर्जा क्षेत्र में रखी जा चुकी होती है। इस क्षेत्र में होने वाले बदलावों के कारण ही हमारे मानसिक व भावनात्मक पैटनों के साथ-साथ हमारी भीतरी प्रवृत्ति, प्रबल इच्छाएँ और स्वाभाविक प्रतिक्रियाएँ भी बनती हैं। आप चाहे तो इस आंतरिक शक्ति को क़िसी भी नाम से पुकार सकते हैं, जेसे - ची, शक्ति या आत्मा। यह एक आधारभूत ऊर्जा है, जो आपके अंदर एक खास पैटर्न में लगातार प्रवाहित होती रहती है।

अन्य प्राणियों और आंतरिक तौर पर इन पैटर्नो को ध्यानपूर्वक देखने से यह ज्ञात होता है कि जीवित रहने की प्रवृत्ति ही हमारा प्रधान ऊर्जा प्रवाह रही है। सरल से लेकर जटिल प्राणी के विकास के दौरान, स्वयं को सुरक्षित रखना प्रत्येक दिन के संघर्ष का हिस्सा रहा है। हमारे अतिविकसित सहकारी सामाजिक ढाँचे में जीवित रहने की इस प्रवृत्ति में विकासपरक बदलाव होते रहे हैं। ज़्यादातर लोगों के पास भोजन, पानी, वस्त्र या आश्रय की कमी नहीं है, इतना ही नहीं हम लोगों को किसी प्रकार का कोई खतरनाक शारीरिक संकट भी नहीं है। जिस कारण रक्षात्मक ऊर्जाओं ने शारीरिक

दृष्टि के बजाय मनुष्य की मनोवैज्ञानिक सुरक्षा के हिसाब से स्वयं को ढाल लिया है। अब हमें प्रतिदिन अपने शरीर के बजाय अपनी मान्यताओं को बचाने की आवश्यकता महसूस होती है। बाहरी शक्तियों की बजाय अब हमारा संघर्ष भीतरी डर, असुरक्षा और विनाश्क स्वभाव के साथ होता है।

इसके अतिरिक्त एक ही चीज़ हमें और किसी हिरण को भागने पर मजबूर करती है। मान लेते हैं यदि कोई आपके ऊपर ज़ोर से चिल्लाता है या किसी ऐसे विषय में आपसे बात करता है जिस विषय को लेकर आप सहज महसूस नहीं करते हैं। यह स्थिति कोई शारीरिक रूप से खतरनाक परिस्थिति नहीं हैं, पर फिर भी आपके हृदय की धड़कन तेजी से भागने लगती है। ठीक ऐसी स्थिति हिरण के साथ भी होती है, जब अचानक उसे कोई आवाज़ सुनाई देती है। उसका हृदय भी तेज़ी से धड़कने लगता है और ऐसी स्थिति में या तो वह खड़ा रह जाता है या फिर भाग निकलता है।

किंतु आपके विषय में,यह डर हिरण के डर की भांति नहीं है, जिससे डर कर आप कहीं भाग जाएँ। यह सिर्फ एक गहरा, निजी भय है जो सुरक्षा चाहता है।

हिरण की तरह भागकर कहीं जंगल में छिप जाना सामाजिक तौर पर स्वीकार करने योग्य नहीं है, यही कारण है कि आप अपने भीतर छिप जाते हैं। आप स्वयं को दूसरों से अलग करके, बंद हो जाते हैं और अपनी रक्षा करने वाली ढाल के पीछे चले जाते हैं। ऐसा करके आप वास्तव में ऊर्जा केंद्रों को बंद कर लेते हैं। यदि आपको ऊर्जा के केंद्रों के विषय में कुछ भी नहीं पता तो भी आप बचपन से उन्हें लगातार बंद करते आ रहे हैं। सच्चाई तो यह है कि आपको अपने हृदय को बंद करके मानसिक रक्षात्मक ढाल के पीछे छिपना बखूबी आता है। आपको पता है कि अपने ऊर्जा केंद्रों को बंद करके डर पैदा करने वाली ऊर्जाओं के प्रति ग्रहणशील और संवेदनशील बनने से किस तरह बचा जा सकता है।

जिस समय आप अपने हृदय को बंद करके स्वयं को बचाते हैं उस समय आप अपने कमज़ोर अंग के आस-पास एक आवरण बना लेते हैं और यही वह अंग है जो आपसे सुरक्षा चाहता है भले ही वहाँ कोई शारीरिक आघात नहीं हो रहा है। सच्चाई तो यह है कि आप अपनी अवधारणा की रक्षा कर रहे होते हैं। हालाँकि ऐसी परिस्थिति में कोई शारीरिक खतरा नहीं होता, किंतु इसके कारण आपको घबराहट, डर, असुरक्षा और अन्य भावनात्मक परेशानियाँ हो सकती हैं। इसी वजह से आप स्वयं को सुरक्षित रखना चाहते हैं।

आपके सामने सबसे बड़ी समस्या यह है कि आपका जो अंग परेशान होता है वह पूरी तरह असंतुलित है वह इतना संवेदनशील है कि जरा-सी बात से परेशान हो जाता है। आप इस ब्रह्मांड के मध्य घूमते हुए एक ग्रह पर रह रहे हैं और आपको शरीर

के दाग-धब्बों की चिंता है या अपनी नई गाड़ी पर पड़ी खरोच की अथवा यह कि आपको सबके सामने डकार आ गई। यह बात ठीक नहीं है। अगर आपका भौतिक शरीर इतना संवेदनशील होता तो आप कह सकते थे कि आप सही मायनों में बीमार हैं। किंतु हमारा समाज मनोवैज्ञानिक संवेदनशीलता को सामान्य बात मानता है। चूंकि हम लोगों को भोजन, वस्त्र या रहने के लिए घर की चिंता नहीं करनी पड़ती, इसलिए हम अपनी पैंट पर लगे धब्बे या जोर से हँसने या कुछ गलत बोल देने की चिंता करने में व्यस्त रहते हैं, क्योंकि हमारी मनोदशा बेहद संवेदनशील हो गई है, हम हमेशा अपनी ऊर्जाओं का प्रयोग अपनी सुरक्षा के लिए करते रहते हैं। इस प्रक्रिया से वह समस्या छिप ज़रूर जाती है किंतु उसका निवारण नहीं होता। आप अपनी बीमारी को अपने भीतर बंद कर लेते हैं, जिस कारण वह बिगड़ जाती है।

विकास कि इस प्रक्रिया के दौरान आप ऐसे बिंदु पर पहुँच जाएँगे जहाँ आपको अंतिम रूप से यह समझ आ जाएगा कि यदि आप लगातार इसी तरह स्वयं की रक्षा करते रहेंगे तो आप कभी मुक्त नहीं हो पाएँगे। यह बात बेहद सरल है। आप डरे हुए हैं इसलिए आपने स्वयं को घर में कैद कर लिया है और भीतर से सब पर्दे लगा लिए है। आपके भीतर अंधकार है और आप सूरज की रोशनी देखना चाहते हैं पर चाह कर भी नहीं देख सकते। यह असंभव है। यदि आप बंद होकर अपनी सुरक्षा करेंगे तो यह डरा हुआ असुरक्षित व्यक्ति आपके हृदय में ही क़ैद हो जाएगा। इस प्रकार आप कभी भी मुक्त नहीं हो पाएँगे।

यदि अंतिम रूप से आप स्वयं को पूरी तरह सुरक्षित कर लेते हैं तो आपका विकास होना बंद हो जाएगा और आपकी आदतें और परेशानियाँ दोनो ही पहले की तरह रह जाएँगी। जब लोग संचित बातों को सुरक्षित कर लते हैं तो उनका जीवन वहीं रुक जाता है। लोग कहते हैं, "तुम्हें पता है न कि हम इस बारे में तुम्हारे पिता के सामने बात नहीं करते।" ऐसी बहुत सी बातों के लिए अनेक नियम बना दिए गए हैं जिन्हें बाहर इसलिए नहीं किया जाता, क्योंकि उनसे भीतर बेचैनी पैदा हो जाती है। इस प्रकार जीवन जीने से उसमे सहज आनंद, जोश और उत्साह के लिए बहुत कम स्थान रह जाता है। ज़्यादातर लोग अपना प्रत्येक दिन अपनी रक्षा करते हुए व्यतीत करते हैं और पूरी कोशिश करते हैं कि किसी तरह की कोई गड़बड़ न हो जाए। दिन के अंत में जब कोई पूछता है, "आपका दिन कैसा रहा?" तो उनका उत्तर बेहद सामान्य होता है, "ठीक था," या "समय कट" रहा है। इससे आपको जीवन के प्रति उनके दृष्टिकोण के विषय में क्या पता चलता है? ऐसे लोग अपने जीवन को जीवन को संकट की तरह देखते हैं। उनके लिए अच्छे दिन का अर्थ यह है कि पूरा दिन उन्हें किसी तरह की हानि नहीं हुई। आप इस प्रकार का जीवन जितना ज़्यादा व्यतीत करते जाएँगे, भीतर से लगातार उतने ही बंद होते जाएँगे।

यदि वास्तव में आप अपना विकास करना चाहते हैं तो आपको इसका विपरीत करना चाहिए। सभी मायनों में आपका आध्यात्मिक विकास तभी संभव हो पाता है जब आपके भीतर एक ही व्यक्ति रहता हो। ऐसा नहीं होना चाहिए कि अंदर एक अंश है, जो भयभीत है और एक दूसरा अंश है जो उस भयभीत अंश को सुरक्षा दे रहा है। आपके दोनो अंश एक ही होने चाहिए, क्योंकि आपका ऐसा कोई अंश नहीं जिसे आप देखना नहीं चाहते, इसलिए आपका मस्तिष्क चेतन और अवचेतन भागों में विभाजित नहीं होता। आपको भीतर वही दिखाई देता है जिसे आप भीतर देखते हैं। वास्तव में यह आप नहीं है; यह तो वो है जो आपको दिखाई देता है। आपके भीतर जो शुद्ध ऊर्जा प्रवाहित हो रही है, वह विचारों और भावनाओं की तरंगें पैदा करती है, और आपकी चेतना है जिसे इस बात का पता होता है। आप केवल अपनी मनोदशा का नृत्य देखने में व्यस्त रहते हैं।

सजगता की इस अवस्था तक पहुँचने के लिए आपको आपने मन को पूरी तरह खोलना होगा ताकि इसका प्रत्येक अंश आजादी के साथ बाहर आ सके। अभी आपके मन के बहुत-से टुकड़े आपके भीतर ही पड़े हुए हैं। यदि आप स्वतंत्र होना चाहते हैं तो इन सब टुकड़ों को समान रूप से उजागर करके बाहर निकालना होगा। लेकिन जब तक आप स्वयं बंद है इन्हें कभी बाहर नहीं निकाल सकते। सच्चाई तो यह है कि बंद होने का आपका उद्देश्य ही यही था कि मन के ये संवेदनशील टुकड़े बाहर न आएँ। अब आप यह समझ ही गए होने की इन्हें बाहर निकालने में कितनी भी परेशानी हो, पर आप अपनी आज़ादी के लिए यह कीमत अदा करने को तैयार है। जब इन टुकड़ो में बिखरे इस अंश को आप समर्थन देना बंद कर देते हैं तो उस समय आप वास्तविक विकास के लिए तैयार होते हैं।

आप इसकी शुरुआत अपनी रक्षा करने की प्रवृत्ति को ध्यान से देखने से कर सकते हैं, क्योंकि आपके भीतर अपने संवेदनशील अंशों को बचाए रखने की बहुत पुरानी और स्वाभाविक आदत है। किंतु बाद में आपको यह महसूस होगा कि बंद होने के बाद पुनः खुलने में बहुत मेहनत करनी पड़ती है। बंद होने के बाद आपको इस बात का ध्यान रखना पड़ता है कि जिस चीज़ की आपने रक्षा की थी उसे कभी कोई परेशान न करे और बाकी का जीवन आप अपने इसी कार्य में लगे रहते हैं। इसका विकल्प यह है कि आप सजग होकर सिर्फ़ अपने उस अंश को देखें जो हमेशा सुरक्षा का मांग करता है। इसके बाद आप उस अंश को दोबारा कभी भी सुरक्षा न देने का निर्णय पक्का कर ले और स्वयं को अपनी जिंदगी का सबसे अच्छा उपहार दे। किंतु यह करने की बजाय, आप उस अंश से हमेशा के लिए छुटकारा पा लेंगे इस तरह का निर्णय लेते हैं।

आप अपने जीवन तथा आपके सामने आने वाले लोगों व परिस्थितियों को देखकर शुरूआत कर सकते हैं। अब आप यह देखकर बताइए आप अपने उस संवेदनशील अंश की कितनी बार सुरक्षा करते हैं? सच्चाई तो यह है कि आपको लगता है कि सारी दुनिया आपके उसी संवेदनशील अंश के पीछे पड़ी है। आप कहीं भी जाएँ आपको हमेशा लगेगा कि कोई न कोई, कुछ न कुछ आपको परेशान करना चाहता है। आप सामने वाले को अपने मन की क्यों करने नहीं देते? यदि आपको उस चीज़ की आवश्यकता नहीं है तो आप उसकी रक्षा बिलकुल मत कीजिए।

सच्चाई यह है कि अपने मन की रक्षा न करने का इनाम स्वतंत्रता है। आप बिना किसी परेशानी के इस संसार को पार कर सकते हैं। अब आगे क्या होगा, आप यह सोचकर केवल आनंद ले रहे हैं। यदि आपने उस परेशान अंश से छुटकारा पा लिया है, तो अब आपको कभी भी परेशान या चिंतित होने की ज़रूरत नहीं है। आपको यह भी सुनने की ज़रूरत नहीं है, वे मेरे विषय में "क्या सोचेंगे?" अथवा हे ईश्वर, काश मैंने ऐसी बात न कही होती। यह सच में बेहद मूर्खतापूर्ण बात है। यह कितना अच्छा है की आप अपने कार्य करने में व्यस्त हो जाते हैं और अपनी निजी संवेदनशीलता में अपना संपूर्ण व्यक्तित्व झोंकने के बजाय, जो कुछ चल रहा है उसे वैसे ही चलने देते हैं।

यदि एक बार आप हिम्मत करके उस परेशान अंश से स्वतंत्र होने का अपना मन बना लेंगे तो आप पाएँगे कि एक जगह पहुँचकर आपका विकास स्वत ही होने लगेगा। आध्यात्मिक विकास ही वह बिंदु है जहाँ आपको अपनी ऊर्जा में बदलाव और विकास अनुभव होता है। उदाहरण के लिए, किसी ने आपसे कुछ कह दिया और आपको अपने भीतर की ऊर्जा में बदलाव महसूस होने लगा। सच तो यह है कि आपको सचमुच घुटन महसूस होने लगेगी। यही बात इस बात की ओर इशारा करती है कि अब विकास का समय आ गया है। इस समय आपको अपने आप की रक्षा नहीं करनी है, क्योंकि आप अपने उस परेशान अंश को सुरक्षित नहीं करना चाहते। यदि आप उसे अपने भीतर संजोकर नहीं रखना चाहते तो उसे स्वत ही बाहर निकल जाने दीजिए।

ऐसा करने से आप सजग हो जाएँगे इसके बाद जैसे ही आपकी ऊर्जा में परिवर्तन होगा, वैसे ही आप रुक जाएँगे हैं। अब आप उस ऊर्जा के साथ जुड़ना बंद कर देते हैं। यदि यह आपको बोलने के लिए सामान्य रूप से आपको कहती भी है तो आप बोलना शुरू नहीं करते। आप वाक्य बोलते-बोलते बीच में रुक जाते हैं, क्योंकि आपको पता है कि अगर आप बोलना जारी रखेंगे तो बात कहाँ तक पहुँच जाएगी। जैसे ही आपको भीतर की ऊर्जा में हो रहे परिवर्तन का पता चलता है, जैसे ही आप हृदय को परेशान और रक्षात्मक होता देखते हैं, आप वहीं रुक जाते हैं।

कहीं भी बोलते -बोलते "रुक जाने" का क्या अर्थ है? यह स्थिति कुछ ऐसी है जो आप अपने भीतर करते हैं। इसी को छोड़ देना कहते हैं। जब आप छोड़ देते हैं तो आप उस ऊर्जा के जाल में फसने से बच जाते हैं जो आपको अपने अंदर खींच कर बंद करने की कोशिश करता है, क्योंकि आपके अंदर की ऊर्जा में बहुत शक्ति होती है। यह बहुत प्रबल होती है जिस कारण यह आपकी चेतना को भी खींच लेती है। अगर आपके पैर पर हथौड़ा गिर जाए तो आपका सारा ध्यान वहीं केंद्रित हो जाएगा। अगर अचानक दोबारा कोई तेज़ आवाज़ हो तो फिर आपका ध्यान उस ओर चला जाएगा। चेतना का स्वभाव ही है कि वह अलग चीज़ पर ध्यान केंद्रित करती है और भीतर की बेचैन ऊर्जाएँ इसका अपवाद नहीं हैं। ये बेचैन ऊर्जाएँ चेतना को अपनी ओर खींच ले जाती हैं किंतु आपको ऐसी स्थिति में सजग रह कर उन्हे ऐसा करने से रोकना चाहिए, क्योंकि आपके पास वास्तव में उनसे अलग रहने की अद्भुत क्षमता है।

जब भी आपके भीतर की ऊर्जाएँ हिलती हैं तो आपको वहाँ नहीं जाना है। उदाहरण के लिए, जब आपको विचार आने शुरू होते हैं तो आपको उनके साथ बहते नहीं जाना। मान लेते हैं, आप बाहर टहल रहे हैं और नज़दीक से एक गाड़ी गुज़रती है। आपको विचार आता है, "काश, मेरे पास भी ऐसी गाड़ी होती।" आप टहलते रह सकते थे लेकिन इसके बजाय आप परेशान होने लगते हैं। आप वैसी गाड़ी चाहते हैं लेकिन आपकी आय उतनी नहीं है की आप इतनी महंगी गाड़ी खरीद पाए। तो अब आप यह सोचने लगते हैं कि आपको ज़्यादा वेतन या दूसरी बेहतर नौकरी कैसे मिल सकती है। आपको यह सब करने की कोई आवश्यकता नहीं है। आपको करना यह चाहिए था गाड़ी आई और आपके पास से निकल गई, आपको गाड़ी खरीदने का विचार आया और वह भी चला गया। ये दोनों साथ में चले गए लेकिन आप उनके साथ नहीं गए, क्योंकि इसी को केंद्रित होना कहते हैं।

यदि आप केंद्रित नहीं रहेंगे तो आपकी चेतना आपके सामने आने वाली हर चीज़ के पीछे भागेगी। जैसे आपने गाड़ी को अपने पास से गुजरते देखा और आप इस विषय में लगातार सोचने लगे। किसी अन्य दिन आपको नाव दिखाई दी तो आप गाड़ी को भूलकर नाव के विषय में सोचने लगे। ऐसे लोग ही किसी नौकरी में ज़्यादा दिनों तक नहीं टिकते और न हीअपने संबंध अच्छे से निभा पाते, क्योंकि उनका ध्यान केंद्रित नहीं है जिस कारण उनकी ऊर्जा बिखरी हुई होती है।

सच तो यह है कि आपके पास विचारों के साथ न जुड़ने की शक्ति मौजूद है। आपको केवल चेतना के केंद्र में स्थित होकर विचारों को छोड़ते जाना है। विचार आता है, आप उसे देखते हैं और वह आपको परेशान किए बिना वहाँ से चला जाता है, क्योंकि आप उसे जाने देते हैं। स्वयं को मुक्त करने की यह तकनीक इस बात की

समझ से पैदा होती है कि विचार केवल चेतनापरक चीज़ें हैं, जब आप अपने हृदय को उत्तेजित होता देखते हैं तो आप इस अनुभव के प्रति सजक होते हैं। किंतु सजक कौन होता है? आपकी चेतना, आपके भीतर रहने वाला जीव, आत्मा जागरुक होती है। वह द्रष्टा है, जो देखता है। भीतर के ऊर्जा प्रवाह में होने वाले बदलाव चेतनापरक होते हैं। यदि आप स्वतंत्र होना चाहते हैं तो जब भी आपको ऊर्जा के प्रवाह में परिवर्तन अनुभव हो, शांत हो जाए। इससे लड़ने की कोशिश न करे, न ही इसे बदलने का प्रयास करे। ऐसा मत कहिए, "अरे, मुझे विश्वास नहीं हो रहा कि मैं अब भी वैसा ही महसूस कर रहा हूँ। मैंने खुद से यह वादा किया था कि मैं अब उस गाड़ी के विषय में नहीं सोचूंगा।" ऐसा न करें। इससे आपको गाड़ी की जगह ग्लानि से भरे हुए विचार आने लगेंगे जो आपको परेशान करेंगे। आपको इन सब विचारो को छोड़ कर आगे बढ़ना है।

चलिए देखते हैं, यदि आप इन ऊर्जाओं के साथ जुड़ जाते तो क्या होता। सबसे पहले, आपके मन में एक विचार या भाव आता। यह भाव ऊर्जा के प्रवाह की भांति अति सूक्ष्म होता है जो धीरे-धीरे रक्षात्मक हो जाता है, अथवा यह उससे ज़्यादा प्रबल हो सकता है। यदि यह ऊर्जा आपकी चेतना को जकड़ लेती है और आपकी सजगता उन पर केंद्रित हो जाती है तो यह सजगता ही उनका पोषण करती है। चेतना बेहद प्रबल है। जब आप इन विचारों और भावों पर अपना ध्यान केंद्रित करते हैं तो ये ऊर्जा और शक्ति से भर जाते हैं। इसीलिए विचारों और भावों पर आप जितना ध्यान देते हैं, ये उतने ही प्रबल होते जाते हैं।

मान लीजिए, आपको किसी से ईर्ष्या या डर लग रहा है। यदि आप उस पर ध्यान देंगे तो यह और बढ़ेगा और आपका ध्यान अपनी ओर खींचती रहेगा है। आपका अपना ध्यान इसका पोषण करता है, इसलिए यह अधिक शक्तिशाली हो जाता है तथा और ज़्यादा ध्यान की मांग करता है। यह प्रक्रिया ऐसे ही चलती रहती है। अंत में, यह होता है कि जो विचार या भाव सामान्य ढंग से आया था, वह आपके जीवन का केंद्र बन जाता है। यदि आप इसे छोड़ते नहीं हैं तो यह पूरी तरह आपके नियंत्रण से बाहर हो जाता है।

ऊर्जा जब भी अपनी जगह छोड़कर रक्षात्मक होने लगती है, तो बुद्धिमान व्य क्ति केंद्रित रहते हुए विचारों को पीछे छोड़ता जाता है। जैसे ही ऊर्जा हिलती है और आपको अपनी चेतना उसके साथ जुड़ती हुई अनुभव होती है, तो उस समय आप शांत होकर उसे बाहर निकलने का रस्ता दीजिए। छोड़ने का अर्थ है ऊर्जा के साथ जुड़कर उसके साथ बहने के बजाय, उससे अलग हो कर बहने देना। उसके साथ न जुड़ने का निर्णय लेने में केवल एक क्षण के सजग प्रयास की आवश्यकता होती है। बस इतना करना है कि उसे छोड़ दें। इसमें आपको ऊर्जा के साथ जुड़ने के बजाय उसे छोड़ने का

जोखिम लेना होता है। जब आप ऊर्जा की पकड़ से छूट जाते हैं तो आप अपने भीतर मौजूद आनंद और व्यापकता को अनुभव करने के लिए पूरी तरह स्वतंत्र हो जाते हैं।

इस प्रकार आप जीवन के उपयोग द्वारा स्वयं को स्वतंत्र करने का निर्णय लेते हैं। आप अपनी आत्मा की स्वतंत्रता के लिए कोई भी कीमत देने को तैयार हो जाते हैं। आपको केवल स्वयं पर अपनी पकड़ कम करनी है। सिर्फ़ आप ही हैं जो स्वयं से यह स्वतंत्रता छीन कर स्वयं को ही यह स्वतंत्रता दे सकते हैं। यह कार्य कोई दूसरा नहीं कर सकता। जब तक आप नहीं चाहते, तब तक इस बात से कोई फ़र्क़ नहीं पड़ता कि दूसरे क्या करते हैं। छोटी-छोटी बातों से शुरूआत कीजिए। रोज की छोटी-छोटी बातों से हम परेशान हो जाते हैं। उदाहरण के लिए, लालबत्ती पर कोई ज़रा-सी बीप की आवाज़ कर देता है तो आपकी ऊर्जा में तुरंत परिवर्तन आने लगता है। जैसे ही आपको यह परिवर्तन अनुभव होता है, अपने कंधे और हृदय के आस-पास के अंगों को बिलकुल ढीला छोड़ दीजिए। आपकी जैसे ही ऊर्जा हिलने लगे, स्वयं को शांत कर ले। अपनी इस परेशानी के इस भाव के साथ खेल खेले और इसे छोड़ दें जाने दे। मान लीजिए किसी ने ऑफिस में आपकी पेंसिल ले ली। अब आप जब भी आप दूसरी पेंसिल का इस्तेमाल करते हैं तो आपकी भीतरी ऊर्जा बहुत कम ही सही लेकिन अपनी जगह हिलती है। क्या आप इससे स्वतंत्र होने के लिए अपनी पुरानी पेंसिल का मोह छोड़ सकते हैं? यही वह तरीका है, जिससे स्वतंत्रता आपके लिए खेल बन सकती है। परेशान होने के बजाय आप स्वतंत्र होने की ओर अपना पहला कदम बढ़ा सकते हैं। जब भी आप पेंसिल उठाएँ और आपको थोड़ी बेचैनी महसूस हो तो उस बात को छोड़ दीजिए। हो सकता है, आपका मस्तिष्क कहे, "आज तो पेंसिल की ही बात है, अगर मैंने इस बात को जाने दिया तो कल लोग मेरे सिर पर सवार हो जाएँगे। कल मेरी डेस्क, या मेरा घर या हो सकता है मेरे पति को छीन लें।" दिमाग़ इसी प्रकार की बातें करता है। यह सब कुछ बड़ी नाटकीयता के साथ आपके सामने पेश करता है। लेकिन आप यह फैसला करते हैं कि एक पेंसिल के कारण आप इसके जाल में नहीं फसेंगे। आप अपने मस्तिष्क को बड़े ही साफ़ शब्दों में कहते हैं, "जब समय आएगा, तब बात करेंगे। अभी फिलहाल, सिर्फ़ एक पेंसिल की क़ीमत पर स्वतंत्रता मिल रही है।" बस, आप यह निश्चय कर लीजिए कि आपका मस्तिष्क कुछ भी कहे, लेकिन आप उसके चक्कर में नहीं पड़ेंगे। दरअसल, आप उसे बदलने की भी कोशिश नहीं करेंगे। आपको इस नाटक के समय शांत रहना है। आपको केवल यह सीखने की आवश्यकता है कि ऊर्जा के साथ जुड़ने की आदत को कैसे छोड़ते जाना है।

आप यह महसूस करेंगे कि ऊर्जा में आपको अपने भीतर खींचने की शक्ति होती है। यदि आप यह निश्चय कर भी लें कि आप ऐसा नहीं होने देंगे, तो भी इसकी शक्ति आपके ऊपर हावी हो जायेगी। ऐसा आपके साथ हर जगह होता है चाहे फिर

वह ऑफिस हो या घर। यह आपके बच्चों और आपके साथी के साथ भी होता है। यह सबके साथ हर समय होता रहता है किंतु विकास की संभावनाएँ अनंत हैं। ये हमेशा आपके समक्ष ही रहता है। आपको केवल इस ऊर्जा के साथ जुड़कर बहना नहीं है। जब भी आपको हलचल अनुभव हो तो बस, उस बात को छोड़ अपने शरीर को ढीला छोड़ दें और शांत होकर और उसे गुजर जाने दें। आपको जितनी बार भी हलचल अनुभव हो, उतनी बार शांत होकर उसे गुजर जाने दे। हमें ऊर्जा के साथ जुड़ने की आदत होती है, इसलिए अपनी पकड़ ढीली करने की आदत का विकास भी हमें लगातार करना होगा।

सच तो यह है की आपकी चेतना का केंद्र हमेशा आपको अंदर खींचने वाली ऊर्जा से अधिक शक्तिशाली होता है। आपको केवल अपनी इच्छा व्यक्त करनी है और यह है अपने काम पर लग जाता है लेकिन यह कोई लड़ाई नहीं है। ऐसा नहीं है कि यह आपके भीतर आने वाली ऊर्जा को यह रोक कर अवरोध उत्पन्न कर रहा हैं। सकारात्मक हो या नकारात्मक डर, ईर्ष्या या आकर्षण की ऊर्जा को महसूस करना गलत नहीं है। इसमें आपका कोई दोष नहीं है कि ऐसी ऊर्जाएँ भी मौजूद होती हैं। इन सभी भाव से कोई फ़र्क़ नहीं पड़ता, क्योंकि यह आपको शुद्ध या अशुद्ध नहीं करते। आप इनसे बिलकुल भिन्न हैं। आप सिर्फ़ द्रष्टा हैं और यही विशुद्ध चेतना का स्वरूप है। यदि आप ऐसा सोचते हैं कि अगर इस प्रकार के भाव नहीं होंगे तो आप स्वतंत्र हो जाएँगे तो आपका सोचना बिलकुल गलत है। इन भावनाओं के होने के बावजूद यदि आप स्वतंत्र हो सकते हैं तो आप सचमुच आजाद है, क्योंकि सच्चाई तो यह है कि कोई न कोई भाव तो हमेशा बना ही रहेगा।

यदि आप छोटी-छोटी बातों के साथ आत्म केंद्रित होना सीख गए तो बड़ी-बड़ी बातें के साथ आत्म केंद्रित होने में आपके लिए कोई बड़ी बात नहीं रह जाएगी। समय बीतने के साथ आपको अनुभव होगा आप सभी बातों के साथ आत्म केंद्रित हो पा रहे हैं उन बातों के साथ भी जो आत्म केंद्रित होने से पहले आपके साथ घटित होती तो आप परेशान हो जाते। किंतु अब वही सारी बातें आपके सामने से होकर गुजर जाती हैं लेकिन आप पूरी तरह शांत व केंद्रित रहते हैं। इस प्रक्रिया के माध्यम से आप बड़े से बड़े आघात के बाद भी आप भीतर से सुखी और शांत रह सकते हैं। यदि आप ऊर्जा को दबाने के बजाय उसे बाहर निकाल देते हैं तो शांत एवं केंद्रित रहने में कोई परेशानी आपके आने नहीं आएगी। आखिर में यदि कोई बहुत बुरी बात भी आपके साथ हो जाए तो भी आपके ऊपर भावनात्मक निशान नहीं पड़ने चाहिए। आप मनोवैज्ञानिक रूप से परेशान हुए बिना अपना जीवन आराम से व्यतीत कर सकते हैं यदि आप इन चीज़ों को अपने भीतर छुपाकर नहीं रखेंगे तो।

चेतना और ऊर्जा एक-दूसरे का स्पर्श आपके भीतर ही करते हैं। यही वह जगह है जहाँ आपको अपनी पकड़ ढीली करने का करना है। इसके बाद, हर दिन और दिन का प्रत्येक मिनट, सालो-साल, यही आपकी रहने की जगह होगी कोई आपसे उस जगह यानी चेतना के केंद्रबिंदु को नहीं छीन पाएगा। कई वर्ष बीतने और इस प्रक्रिया को करने और छोड़ने का तरीका सीख लेने के उपरांत, आपको कितना ही बड़ा आघात क्यों ना लगे लेकिन आप उस महान अवस्था को प्राप्त कर लेंगे। आपकी वर्षों से चली आ रही वह पुरानी आदत छूट जाएगी और हमेशा निम्नता के भाव को आप छोड़ कर अपने वास्तविक व्यक्तित्व विशुद्ध चेतना के स्वभाव और उसके स्रोतों को ज्ञात कर पाएँगे।

भाग - 3

आपकी स्वतंत्रता

Photo (previous page)
Galaxies NGC 2207 and IC2163
Image credit: NASA and The Hubble Heritage Team (STScI)

8

गिरने से पहले छोड़ दो

विकास की प्रक्रिया का सबसे कठिन कार्य है स्वयं की खोज करना है, क्योंकि यह एक दूसरे से जुड़ी होती हैं। जीवन की सामान्य बाधाओं के कारण कुछ निजी डर भी उत्पन्न हो जाते हैं। इन दोनों में से हम पर क्या हावी होगा, यह इस बात पर निर्भर करता है कि हम इस पूरे परिवर्तन को किस दृष्टि से देखते हैं। होने वाला परिवर्तन हो सकता है बेहद रोमांचकारी हो और भयानक भी। इस विषय पर पक्के तौर पर हम कुछ भी नहीं कह सकते। परिवर्तन ही जीवन का वास्तविक सत्य है यही इसका स्वभाव भी है इसलिए हम इस परिवर्तन को किसी भी प्रकार से देखें, लेकिन यह लगातार ऐसे ही चलता रहेगा। अगर आपको बहुत डर लगता है तो आपको परिवर्तन पसंद नहीं आएगा और आप अपने आस-पास एक ऐसा संसार बनाने का प्रयास करेंगे जिसका पहले से अनुमान लगाना सभव हो, और जिसे आसानी से नियंत्रित किया जा सके इतना ही नहीं जिसे हम व्यक्त भी कर सके। वास्तव मेंआप ऐसा संसार चाहेंगे जो आपके भीतर के डर को और न बढ़ाए। सच्च तो यह है कि डर स्वयं को महसूस नहीं करना चाहता, क्योंकि यह स्वयं से ही डरता है। जिस कारण अपने डर से बचने के लिए आप अपने जीवन में लगातार बदलाव करते रहते हैं और इसी काम में आपका मस्तिष्क निरंतर लगा रहता है।

डर किसे कहते हैं अक्सर लोग यह नहीं समझ पाते। आप इसका भी अनुभव कर सकते हैं ब्रह्मांड की अन्य वस्तुओं की भांति। आप अपने डर के साथ इन दो में से एक काम कर सकते हैं या यह स्वीकार करे कि आप डरते हैं और इसे भीतर से निकालने के लिए कोशिश करते रहें, अथवा आप इसे अपने भीतर रोककर इसे छिपाने का प्रयत्न

कर सकते हैं। अक्सर लोग तटस्थ भाव से अपने डर का सामना नहीं करते, इसलिए वे इसे समझ भी नहीं पाते। निष्कर्ष रूप में आप डर को अपने भीतर संजोकर रखते हैं और ऐसा कुछ नहीं होने देते, जिससे आपके भीतर का यह डर सजग हो जाए। ऐसे लोग ही हमेशा सुरक्षा और नियंत्रण की चाह में जीवन व्यतीत करते हैं और अपने जीवन को सामान्य तौर से जीने का प्रयास करते रहते हैं। जिस कारण यह संसार उनके लिए भयावह बनता जाता है।

भले ही यह सुनने में आपको भयावह न लगे, शायद आपको सुरक्षित महसूस हो किंतु ऐसा नहीं है। यदि आप ऐसा करते हैं तो संसार वास्तव में भयावह हो जाता है। जीवन में "मैं उसका विरोधी" जैसी स्थिति पैदा हो जाती है। यदि आपके भीतर भय या असुरक्षा होगी तथा आप इसे और भड़काने से हमेशा बचाते रहेंगे, तो यह बात आप जान ले कि यह आपके जीवन में निश्चित तौर पर ऐसे बदलाव आएँगे जो आपकी इस रक्षात्मक कोशिश को समय-समय पर चुनौती देते रहेंगे, क्योंकि आप इन बदलावों का विरोध करते हैं, जिस कारण आपको ऐसा लगता है कि आप अपने जीवन से लगातार संघर्ष कर रहे हैं और अचानक आपको लगने लगता है कि इस व्यक्ति त को जैसा व्यवहार करना चाहिए, यह वैसा नहीं कर रहा है और यह घटना उस ढंग से नहीं घट रही है जैसी इसे घटनी चाहिए थी। इसका कारण यह है कि अतीत की घटनाएँ आपको हमेशा परेशान करती है और आने वाली चीज़ों को आप समस्या मान लेते हैं। आपको क्या चाहिए और क्या नहीं चाहिए? क्या अच्छा है और क्या आपके लिए बुरा हो रहा है इसकी परिभाषा आपने अपने भीतर बना ली है जिस कारण आपने सब चीज़ों को पहले से ही परिभाषित कर दिया है ताकि आप अच्छा महसूस कर सके।

यह सब जानते हैं कि हम ऐसा करते रहते हैं, किंतु हम ऐसा क्यों करते हैं इसके विषय में कोई प्रश्न नहीं करता। हमें लगता है की सबसे पहले यह समझना ज़रूरी है कि जीवन कैसा होना चाहिए और फिर उसे वैसा ही बनाएँ। केवल वह व्यक्ति, जो थोड़ा भीतर देखता है और यह सवाल करता है कि जीवन की घटनाएँ किसी निश्चित ढंग से ही क्यों घटनी चाहिए, वह इस मान्यता पर सवाल करेगा। हम इस निष्कर्ष पर कैसे पहुँच गए कि जीवन जैसा है, वैसा नहीं होना चाहिए या फिर अगर कोई घटना घट गई तो वह ठीक नहीं होगा? किसने कहा कि जीवन का हमारे समक्ष जो स्वरूप है वह सहज ढंग से सामने आने वाला स्वरूप नहीं है।

इस प्रश्न का उत्तर है कि हमारा डर हमसे ऐसा कहता है। आपके भीतर का अंश स्वयं से परेशान है, जिस कारण वह बाहर की घटनाओं का सामना करने में सक्षम नहीं है जिसका एकमात्र कारण है कि वह आपके नियंत्रण में नहीं है। यदि जीवन की घटनाएँ आपकी भीतरी समस्याओं को बढ़ाती हैं तो परिभाषा के अनुसार यह सही नहीं है।

बात बेहद सरल है जिस चीज़ से आपको परेशानी नहीं होती वह सही है और जिससे परेशानी होती है, वह गलत है। सच तो यह है कि हम भीतर की समस्याओं के आधार पर बाहरी अनुभव का दायरा तय करते हैं। यदि आप आध्यात्मिक रूप से विकसित होना चाहते हैं तो आपको इसे बदलना होगा। यदि आप सृष्टि को अपने अंदर के सबसे परेशान अंश के रूप में तय करते हैं तो उस रचना का स्वरूप कैसा होगा? निश्चित तौर पर, यह किसी भयावह अव्यवस्था की भांति ही लगेगी।

जब आप आध्यात्मिक रूप से विकसित हो जाएँगे तब आपको यह ज्ञात होगा कि अपनी समस्याओं से स्वयं को बचाने के आपके जो प्रयासों है वह वास्तव में और समस्याएँ पैदा करते हैं। यदि आप, चीज़ों को अपने अनुकूल व्यवस्थित करने की कोशिश करते रहेंगे तो आपको ऐसा लगने लगेगा कि जीवन आपके विरोध में चल रहा है और धीरे-धीरे आपको लगने लगेगा कि जीवन एक संघर्ष है और प्रत्येक दिन परेशानियों से घिरा हुआ है, क्योंकि आपको हर चीज़ को नियंत्रित करके उससे एक अलग स्तर पर युद्ध लड़ना पड़ रहा है। ऐसी स्थिति में, प्रतिस्पर्धा, ईर्ष्या और भय बना रहेगा। आपको लगेगा कोई भी, कभी भी आपको परेशान कर सकता है। उसे सिर्फ़ कुछ करना या कुछ कहना है और अगले ही क्षण आपके भीतर भय के साथ बेचैनी शुरू हो जाती है। इससे जीवन खतरे जैसा लगने लगता है, और इस चिंता के कारण आपके मस्तिष्क में यह बातचीत चलती रहती है। आप या तो चीज़ों को होने से रोकने का प्रयास करने के बारे में सोचते रहते हैं, अथवा यह सोचते रहते हैं कि जब ऐसा हो ही गया है तो क्या करना चाहिए। आप हमेशा सृष्टि से लड़ते रहते हैं और इसीलिए आपके जीवन में सृष्टि ही सबसे डरावनी चीज़ बन कर रह जाती है।

हमारे समक्ष इसका एक बेहतर विकल्प यह है कि हम जीवन से संघर्ष न करें। आपको इस बात को अच्छे से समझना और स्वीकारना होगा कि जीवन पर आपका बिलकुल भी नियंत्रण नहीं है। जीवन परिवर्तनशील है और यदि आप इसे नियंत्रित करने की कोशिश में लगे रहेंगे तो आप कभी भी इसका आनंद नहीं उठा पाएँगे। जीवन को जीने के बजाय आप इससे डरते रहेंगे। किंतु जिस दिन आप यह निर्णय ले लेते हैं कि आप इससे संघर्ष नहीं करेंगे तो आपको उस भय का सामना करना पड़ेगा जो आपको संघर्ष करने के लिए बाध्य कर रहा था। अच्छी बात यह है कि आपको इस भय को अपने भीतर रखने की कोई आवश्यकता नहीं है। भय के बिना भी जीवन संभव है। इसको जानने के लिए सबसे पहले हमको भय के विषय में जानने की आवश्यकता है।

जब आपके जीवन में वह होता है तो डर उसे बढ़ाता है। जिस प्रकार पानी में पत्थर फेंकने से पानी में तरंगे उठने लगते हैं, उसी प्रकार यह परिवर्तनशील संसार आपके भीतर मौजूद प्रत्येक बात में हलचल पैदा करता है। इसमें कुछ भी गलत नहीं

है। जीवन में ऐसी परिस्थितियों आती हैं जिनके कारण आप हाशिए पर आ जाते हैं लेकिन इसका प्रभाव यह होता है कि आपके भीतर की रुकावटे आपसे दूर हो जाती है। इस बात को जरा समझते हैं की आपके भीतर जो कुछ रुका हुआ और बंद है, वही भय की जडे है। आपकी ऊर्जा में अवरोध के कारण ही भय उत्पन्न होता है। जिस क्षण आपकी ऊर्जा रुक जाती है उस क्षण यह ऊपर उठकर आपके हृदय का पोषण देने का कार्य नहीं कर पाती जिस कारण इससे आपका हृदय क्षण हो जाता है इसी कारण हमारा हृदय निचले स्तर की हलचलों से भी बहुत आसानी से प्रभावित होने लगता है और इन सभी हलचलों में सबसे नीचे भय आता है। प्रत्येक समस्या का कारण डर है। यह सभी प्रकार के पूर्वाग्रहों तथा क्रोध, ईर्ष्या और अधिकार जैसी नकारात्मक भावनाओं का मूल है। यदि आपको किसी तरह का डर न हो तो आप इस संसार में सुखपूर्वक अपना जीवन व्यतीत कर सकते हैं। आप किसी भी व्यक्ति या परिस्थिति का सामना कर सकते हैं कोई बात आपको परेशान नहीं कर पाएगी।

आध्यात्मिक उत्थान का लक्ष्य ही है डर पैदा करने वाली बाधाओं को दूर करना। इसका एक विकल्प अपने अवरोधों की सुरक्षा करना है ताकि आपको भय न लगे। हालाँकि, ऐसा करने के लिए अपने भीतरी मुद्दों से बचने के लिए आपको हर चीज़ को नियंत्रित करना पड़ेगा। यह समझना मुश्किल है कि हमने यह निश्चय कैसे. कर लिया कि अपने अंदरूनी मुद्दों से बचना समझदारी का काम है, लेकिन सभी ऐसा करते हैं। हर कोई यही कहता है, अपनी चीज़ अपने पास रखने के लिए मैं हरसंभव प्रयास करूँगा। अगर आप मुझे परेशान करने वाली कोई बात कहेंगे तो मैं अपना बचाव भी करूंगा। मैं आप पर दबाव बनाउगा ताकि आप अपनी बात वापस ले ले।मैं आपको माफी मांगने पर मजबूर कर दूँगा अगर आप मुझे बेचैन करते हैं तो।

दूसरे शब्दों में, यदि कोई कुछ ऐसा करता है, जिससे भीतर के डर में बढ़ोतरी होती है तो आपको लगता है कि उस व्यक्ति ने गलत किया है। आप उसे दोबारा ऐसा न करने से रोकने के लिए अपने हर संभव प्रयास करने लगते हैं। सबसे पहले आप अपना बचाव करते हैं फिर आप स्वयं को सुरक्षित करने को कोशिश में लग जाते हैं। इसके बाद किसी भी दूसरी समस्या से बचने के लिए आप जो कुछ कर सकते हैं, करने लगते हैं।

आखिरकार आपमें वह समझ विकसित हो जाती है, जिससे आप इस बात को समझ पाते हैं कि उस चीज़ को अपने भीतर रखना ही नहीं चाहिए जो चीज़ आपको परेशान करती हो। इस बात से कोई फ़र्क़ नहीं पड़ता कि कौन आपको उत्तेजित करता है या आपके सामने कैसी परिस्थिति आती है। इस बात से भी कोई फ़र्क़ नहीं पड़ता कि उसका कोई अर्थ है या नहीं अथवा वह सही है या नहीं। दुर्भाग्यवश ज़्यादातर लोग

इतने समझदार होते ही नहीं है। हम लोग अपनी समस्या से छुटकारा नहीं पाना चाहते केवल तर्क के माध्यम से इसे संभाल कर अपने पास रखते हैं।

यदि सच में आप आध्यात्मिक तौर पर विकसित होना चाहते हैं तो आप जान जाएँगे कि चीज़ों को अंदर दबाकर रखने से आप स्वयं को बांध कर रखते हैं। अंत में, आप इसे किसी भी कीमत पर यहाँ से बाहर निकालना चाहेंगे। तब आपको समझ आएगा कि वास्तव में, जीवन आपकी किस प्रकार सहायता कर रहा है। विकास में सहायक लोगों को ही जीवन आपके आस-पास ऐसी परिस्थितियों का निर्माण कर कर ले आता है जो आपकी सहायक हो। आपको इस बात का निर्णय लेने की कोई आवश्यकता नहीं है कि क्या सही है और क्या गलत और ना ही आपको दूसरों के विषय में सोचने की कोई ज़रूरत है। आपकोहर परिस्थिति में अपने हृदय को खुला रखना है और शुद्धिकरण की प्रक्रिया को चलने देना है। ऐसा करने पर आप पाएँगे कि स्थितियों कुछ ऐसा रूप लेंगी कि वे आपके भीतर की चीज़ों पर असर डालना शुरू कर देंगी। सच्चाई तो यह है कि जीवन में ऐसा ही होता आया है। अंतर केवल इतना है कि यह आपको इतनी स्वतंत्रता देता है कि आप अपनी पकड़ को थोड़ा ढीला कर सके।

जो चीज़ आपको दबाती है, वह बीच-बीच में उसका पोषण करती है। जब आपके साथ ऐसा हो तो उसे छोड़ दीजिए और उस दर्द की उठकर हृदय तक आने दे इसके उपरांत उसे अनुभव कीजिए ऐसा करने का सबसे बड़ा लाभ यह मिलेगा आपको कि वह स्वत ही बाहर निकल जाएगा। यदि आप सच्चे मन से सत्य को खोज रहे हैं तो आप हमेशा बातों को छोड़ते चले जाएँगे। इस पथ का यही आरंभ और यही अंत है। आप स्वयं को रिक्त करने की प्रक्रिया के सामने समर्पण कर देते हैं। ऐसा करने पर, आप छोड़ने की प्रक्रिया के नियमों को जानना शुरू कर देंगे।

इस खेल में एक नियम है जिसे आप बहुत जल्दी सीख जाएँगे। आप इसे सीख तो जल्दी जाएँगे लेकिन इसका पालन करने के दौरान आपको अनेकों बार हारना पड़ेगा। यह नियम बिलकुल सीधा है जब चोट पहुँचे तो उसे उसी क्षण छोड़ दीजिए, क्योंकि बाद में इसे छोड़ना बहुत कठिन हो जाता है। इसे हलके में न ले। इसके बारे में सोचना, बात करना अथवा एक बार में इसका कुछ अंश छोड़ पाना सरल नहीं होगा। अगर आप आत्मा की गहराई से मुक्त होना चाहते हैं तो आपको इसी क्षण अपनी पकड़ को ढीला करना होगा, क्योंकि बाद में ऐसा करना बेहद मुश्किल होगा आपके लिए।

सबसे पहले इस नियम के सिद्धांतो को समझना ज़रूरी है और इसके बाद आपको यह समझा होगा कि आपके भीतर कुछ ऐसा स्थित है जिसे बाहर निकालना आवश्यक है। इसके बाद आपको इस बात के प्रति जागरूक होना बेहद ज़रूरी है कि

आप केवल द्रष्टा मात्र है, जो उस चीज़ को ऊपर आता हुआ देख रहे हैं और उससे अलग है। आप उसे देख ज़रूर रहे हैं लेकिन आप आखिर है कौन? केंद्रित चेतना का यह आसन केवल साक्षी का स्थान है, आत्मा का आसन है। यही यह स्थान है जहाँ आप उस बात को छोड़ सकते हैं। मान लीजिए कि आपका ध्यान किसी ऐसी बात पर चला गया जिसने आपके हृदय को चोट पहुँचाई। यदि आप जागरूक रहते हुए उसे छोड़ आगे बड़ जाएँगे तो आप जो कुछ देख रहे हैं वह स्वत ही बाहर निकलता चला जाएगा। यदि आप उसे नहीं छोड़ें पाएँगे और परेशान करने वाले विचारों के साथ बहते चले जाएँगे तो आपके सामने ऐसी घटनाओं की बाढ़ सी आ जाएगी। इसके बाद आपको इस बात का भी पता नहीं चल पाएगा कि आखिर आपको किस बात ने दुख पहुँचाया था।

यदि आप उसे सरलता के साथ जाने नहीं देंगे तो आपको थोड़ी ही देर में यह ज्ञात हो जाएगा कि आपके हृदय में जो ऊर्जा उत्तेजित हुई थी, वह किसी चुंबक की तरह काम करने लगती है। यह इतना शक्तिशाली बल होता है कि आपकी चेतना को भीतर खींच लेगा। फिर आपको पता है कि आपका अस्तित्व ही नहीं रह जाएगा। आपकी जागरूकता वैसी नहीं रह जाएगी जैसी परेशानी शुरू होने के समय थी। अब आपने जिस स्थान से अपने हृदय में हलचल शुरू होती हुई देखी थी, आपका ध्यान उस जागरूकता के स्थान से हटकर अपने हृदय से निकलती ऊर्जाओं पर चला जाएगा। आप कुछ देर बाद लौटकर पाएँगे कि आप वहाँ मौजूद नहीं थे। इसके बाद आपको ज्ञात होगा कि आप अपने ही विचारों में खो कर भटक गए है। फिर आप स्वयं से इस बात की आशा करने लगेंगे कि आपने ऐसा कुछ नहीं कहा या किया जिसके लिए आपको बाद में पछताना पड़े।

अब अचानक आपकी नजर आपकी गाड़ी पर पड़ती है तो पता लगता है कि पांच मिनट या एक घंटा या एक वर्ष बीत चुका है। आपकी स्पष्टता लंबे समय के लिए सो सकती है। आप कहाँ थे? आप वापस कैसे लोट आए? इन प्रश्नों का उत्तर भी हम जल्द ही जानेंगे, किंतु यहाँ सबसे महत्त्वपूर्ण बात यह है जब आप साफ़ तौर पर देखते हैं तो आपका ध्यान नहीं भटकता। आप केंद्रित जागरूकता के स्थान पर बैठकर बीजों को बाहर निकलता हुआ देखते हैं। जब तक आप इन्हे केवल देखते रहते हैं तब तक आप उनके साथ प्रवाहित नहीं होते।

यहाँ समझने की सबसे महत्त्वपूर्ण बात यह है कि यदि आप किसी चीज़ को जल्द ही नहीं छोड़ेंगे तो सक्रिय ऊर्जा का परेशान करने वाला बल आपकी चेतना को भटका देगा। जैसे की आपकी चेतना इस गड़बड़ी में डूबती है, तो आप अपनी आत्मा की स्पष्टता को खो देगी। यह सब बहुत जल्दी ही हो जाता है। आपको लगता है कि

मानो आप किताब पढ़ते हुए या टीवी देखते-देखते कमरे से बाहर निकल गए हैं और आप चेतना के उस निश्चित बिंदु को खो बैठते हैं, जहाँ से आप वातावरण के प्रति तटस्थ रूप से जागरूक हुआ करते थे। आपकी चेतना आस-पास के अनेक ऊर्जाओं के केंद्र बिंदु से दूर हो जाती है और आप केवल एक पर ही ध्यान केंद्रित करने में खो जाते हैं।

यह पहले से सोचा समझा गया कार्य है कि आप अपनी चेतना के स्थान को छोड़ दें। आप यह कार्य आकर्षण के नियमों के आधार पर कर सकते हैं। चेतना का कार्य हमेशा भटकाने वाली चीज़ों की ओर ले जाने का होता है - पैर में लगी चोट, तेज़ आवाज़ अथवा दुखी हृदय। यह नियम अंदर और बाहर दोनों ओर से एक ही है। चेतना का ध्यान उस चीज़ पर ज़्यादा जाता है जो उसे सबसे ज़्यादा भटकाती है। उदाहरण के लिए जब हम कहते हैं, "वह आवाज़ इतनी तेज़ थी कि मेरा ध्यान वहाँ स्वत ही वहा चला गया।", क्योंकि उसने आपकी चेतना को अपनी ओर स्वत ही अपनी ओर खींच लिया था। जब किसी अवरोध पर चोट होती है तो यही आकर्षण वहाँ भी पैदा होता है और चेतना बेचैनी के स्रोत की ओर आकर्षित हो जाती है। फिर वह स्थान ही आपकी चेतना का केंद्र बन जाता है। जिस समय आपकी शांति भंग नहीं होतीं, उस समय तक आप उसी स्थान पर बैठे रहते हैं। शांति भंग होने पर आपको कैसा अनुभव होता है यह जानना तो महत्त्वपूर्ण है ही किंतु उससे भी ज़्यादा महत्त्वपूर्ण यह है कि वह स्थान सबसे महत्त्वपूर्ण क्यों है? अब आपकी चेतना नीचे गिर जाती है और अशांति पैदा करने वाले स्थान तक पहुँच जाती है चेतना के नीचे गिरने के उपरांत सारा संसार आपको अगर नजर आने लगता है।

चलिए, अब इस नीचे गिरने की प्रक्रिया का विश्लेषण करते हैं। यह प्रक्रिया तब शुरू होता है जब आप बाधा उत्पन्न करने वाली ऊर्जा के साथ जुड़ कर प्रवाहित होने लगते हैं और प्रवाहित होते- होते आप ठीक वहाँ पहूँच जाते हैं जहाँ आपको पहूँचना नहीं चाहिए है। यही वो स्थान है जहाँ आप अपनी चेतना को अपने साथ नहीं ले जाना चाहते। किंतु यह उसी ओर आकर्षित होती जाती है। अब जब आप उस अशांत ऊर्जा के माध्यम से दुनिया देखते हैं तो आपको सब कुछ उस अशांति के कारण अच्छी नजर नहीं आती। अब जो चीज़ें पहले सुंदर लगती थी,आज वही चीज़ बुरी लगती हैं। जो चीज़ें आपको पसंद थीं, वह अब नापसंद आती हैं। सच्चाई तो यह है कि वास्तव में कुछ बदला नहीं है। जीवन में कुछ भी नहीं बदलता, लेकिन उसे देखने का नजरिया बदल जाता है जिस कारण कभी आपको कोई चीज़ प्रिय लगती है और कभी अप्रिय।

आपके दृष्टिकोण में हो रहे बदलाव से आपको यह बात याद आती रहनी चाहिए कि आपको छोड़ना है, अपनी पकड़ ढीली करनी है। जिस क्षण आप यह देख लेते हैं

कि जिन लोगों को आप पहले पसंद करते थे, उन्हें अब नहीं करते, जिस क्षण आपको ऐसा लगे कि आपके जीवन में बदल आ रहा है और आपको सब कुछ नकारात्मक लगने लगे बस उसी क्षण आपको सब कुछ छोड़ देना है। यह सब आपको पहले कर लेना चाहिए था किंतु आपने ऐसा नहीं किया। अब यह सब करना आपके लिए कठिन हो गया है। जब यह सब शुरू हुआ था तभी आपको इसे छोड़ देना चाहिए था। अब आपको पूरी प्रक्रिया को पुनः दोहराते हुए अपनी चेतना के आरंभिक बिंदु पर दोबारा पहुँचने के लिए बहुत कठिन मेहनत करनी पड़ेगी।

स्पष्टता के स्थान को छोड़ने के बाद दोबारा वहाँ लौटने तक लगने वाला समय एक चक्कर कहलाता है। यह समयावधि ऊर्जा अवरोध की गहराई से निर्धारित होती है जिसने आरंभ में अशांति पैदा की थी। एक बार सक्रिय होने के बाद, यह ऊर्जा अवरोध अपना चक्कर पूरा करता है। अगर आप इस अवरोध को बाहर नहीं निकलने देंगे, तो यह आपको अपने भीतर खींच लेगा। आप मुक्त नहीं हैं, आप बंधे हुए हैं। अपनी चेतना के स्थान से नीचे गिरने के बाद आप उस अशांत ऊर्जा की दया पर आश्रित हैं। यदि वह अवरोध किसी परिस्थिति द्वारा प्रेरित होता है तो आप उस अवस्था में काफी देर तक रह सकते हैं। यदि वह सामान्य रूप से घटता है और उस अवरोध से निकली ऊर्जा तुरंत हट जाती है तो आप उससे जल्दी बाहर आ जाएँगे। सबसे प्रमुख बात यहाँ यह है कि इस पर आपका कोई भी नियंत्रण नहीं है, क्योंकि आप इससे पहले ही खो चुके हैं।

नीचे गिरने की यह प्रक्रिया विज्ञान है। आप उस समय चीज़ों को ठीक करने की कोशिश में लगे रहते हैं, जब आप अशांति की अवस्था में होते हैं, क्योंकि आपके भीतर यह देखने की स्पष्टता नहीं है कि क्या हो रहा है आप केवल उस अशांति को समाप्त करना चाहते हैं। इसके लिए आप जीवित रहने के अपने मूल स्वभाव में पुनः लौट आते हैं। आपको ऐसा लग सकता है कि आपको कुछ विशेष कार्य करना है। आपकी प्रबल इच्छा अपने साथी को अथवा नौकरी छोड़ देने की भी हो सकता है। आपका मस्तिष्क अनेक प्रकार की बातें कहने लगता है, क्योंकि उसे यह स्थान पसंद नहीं आ रहा और वह किसी भी तरह वहाँ से कहीं दूर निकल जाना चाहता है।

जब आप इस बिंदु तक पहुँच जाते हैं तो सार तत्त्व आ जाता है। मान लीजिए, जिस समय आप अपनी अशांत ऊर्जा में खोए होते हैं, तो आप एक या एक से अधिक ऐसे काम करते हैं, जो मस्तिष्क करने के लिए लगातार आपसे कहता है। जरा सोचकर देखिए, क्या होगा यदि आप वास्तव में अपनी नौकरी छोड़ देंगे या आप यह निर्णय कर लें की "आज मै उसे अपने मन की बात बता दूँगा। जो बहुत दिनो से मेरे भीतर छुपी हुई है" आप इसका अनुमान भी नहीं लगा सकते कि यह कितना बड़ा कदम हो सकता

है। यदि परेशानी आपके भीतर है तो यह भिन्न है, किंतु जैसे ही आप इसे सामने वाले से व्यक्त कर देते हैं और आप इस ऊर्जा को अपने शरीर से बाहर निकलने देते हैं तो बिलकुल भिन्न हो जाती है। अब सचमुच आपके लिए छोड़ पाना असंभव हो जाता है। यदि आप किसी पर चिल्ला देते हैं, या आप अपनी अस्पष्टता की अवस्था के विषय में किसी को बताते हैं तो आप अपने साथ-साथ सामने वाले के मस्तिष्क और हृदय को भी शामिल कर लेते हैं। अब दोनों प्रकार के अहम् इसमें शामिल हो जाते हैं। जब इन ऊर्जाओं को आप दोनो लोग बाहर प्रदर्शित करने लगते हैं क्या होता है? एक अपने किए गए कार्यों को सही बताएगा वहीं दूसरा इन्ही कार्यों को गलत साबित करेगा।

अब आगे क्या स्थिति बनती है आगे देखते हैं। अब आपको और अधिक चीज़ें दबाने लग जाती हैं। सबसे पहले आप अंधेरे में गिरते हैं। फिर आप उस अंधकार को सबके सामने प्रकट करने लगते हैं और अपनी अशांत ऊर्जा को दूसरों को देने लग जाते हैं। आप जितनी अधिक ऊर्जा वातावरण में फेंकते हैं, वह उसी मात्रा में आपके पास लौट आती है। अब आस-पास के लोग आपसे उसी तरह बात करेंगे। यह एक प्रकार से "पर्यावरण प्रदूषण" की भांति है अब यह पहले से ज़्यादा प्रभावित करता है।

यह नकारात्मक ऊर्जा इसी प्रकार अपना कार्य करती हैं। आप अतीत में हुई किसी परेशानी के एक अंश को लेकर अपने आस-पास के लोगों के हृदय में भी उस परेशानी का बीजारोपण कर देते हैं। आज नही तो कल यह आपके पास वापस आ ही जाएगा। जो भी चीज़ आप देते हैं वह एक दिन आपके पास वापस पुनः लौट आती है। सोचिए कर देखिए की, आप परेशान हैं और आप इस परेशानी को दूसरे व्यक्ति पर पूरी तरह डाल देते हैं और इस पेकार लोग अपने संबंध और अपना जीवन अपने हाथों से बर्बाद कर देते हैं।

आप कमजोरी के अवस्था में कितनी दूर जा सकते हैं? फिर किसी अवरोध पर चोट हो सकती है, उसके बाद किसी अन्य पर। आप नीचे गिरते जा सकते हैं और आपका जीवन बिलकुल अव्यवस्थित हो जाता है। ऐसी स्थिति में आप क्षतिग्रस्त होकर अपने केंद्र को पूरी तरह खो सकते हैं। इस स्थिति में, स्पष्टता का पूर्व स्थान अपनी जगह से हट सकता है लेकिन आपके वश में उसे रोकना नहीं होता। अब आप खो चुके हैं। क्या अपको इस बात पर अब भी संदेह है कि सिर्फ़ एक अवरोध को चोट पहुँचने से स्थिति इतनी खराब हो सकती है जिसका असर पूरा जीवन बना रहे?

इस सारी परेशानी से छुटकारा पाने के लिए कैसा हो, यदि आपको केवल इतना करना पड़े की आप उस बात को छोड़ दें और आगे बढ़े? यदि आपने ऐसा कर लिया होता तो आप नीचे जाने यानी पतन के बजाय उत्थान की ओर जाते। यह इसी

प्रकार अपना कार्य करता है। यह वही समय है जब आप अपनी रुकी हुई ऊर्जा को बाहर निकालने का प्रयास करते हैं। यदि आप उसे बाहर जाने दें और अपने ही भीतर शुद्धिकरण की प्रक्रिया को लगातार चलने दें तो वह रुकी हुई ऊर्जा बाहर आराम से निकल जाएगी। जब इसे बाहर निकालकर ऊपर उठने दिया जाता है तो यह अपने आप शुद्ध होती जाती है और फिर दोबारा आपकी चेतना के केंद्र में मिल जाती है। अब यह ऊर्जा आपको शीर्ण करने के बजाय आपको ताकत देती जाती है और आपका उत्थान करती है। आखिर में आपको उत्थान का यह रहस्य समझ में आ जाता है। उत्थान का रहस्य बेहद सरल है आपको नीचे नहीं देखना यानी आपको केवल ऊपर की ओर देखते हुए आगे बढ़ना है।

अपने हृदय को शांत रखते हुए आपको नीचे हो रही किसी भी हलचल पर ध्यान नहीं देना है और अपनी दृष्टि ऊपर की ओर रखनी है। अंधेरे से निपटने के लिए आपको अपनी आत्मा के स्थान को पकड़ कर रखना हैं। यदि आप चाहेंगे तो वह इस काम को खुद कर लेता है। अंधेरे का हिस्सा बनने से कभी भी अंधेरा दूर नहीं हो सकता बल्कि वह और अधिक बढ़ता जाता है। उसकी ओर देखना भी नहीं चाहिए। अगर आपको अपने भीतर बेचैन ऊर्जाएँ नज़र आती है तो बिलकुल भी चिंता न करें। ऐसा मत सोचिए कि आपके भीतर से निकालने के लिए अब कोई अवरोध ही नहीं बचा। आपको केवल चेतना के केंद्र में स्थित रहना और वहाँ से जरा भी नहीं हिलना।अपने हृदय को खुलने दीजिए और अशांत ऊर्जा को बाहर जाने दीजिए। आपका हृदय अपने आप शुद्ध होता जाएगा और इसके बाद आप कभी भी नीचे नहीं गिरेंगे यानी आपका कभी भी पतन नहीं होगा।

यदि आप कहीं बीच में गिर भी जाते हैं तो उसे भूल जाए और आगे बढ़े। अपनी सोच को मजबूत करते हुए और अपनी गलतियों से सीखते हुए आगे बढे। इसे स्वयं की निंदा या समझने का प्रयास न करे। सब कुछ छोड़ कर आगे बढ़े और ऊर्जा को चेतना के उच्चतम केंद्र तक जाने दीजिए। यदि आपको शर्म या डर लगता है तो उसे भी छोड़ दें। शुद्धिकरण के दौरान जो रुकी हुई ऊर्जा थी, यह सभी उस ऊर्जा के बचे हुए अंश है।

यह सब उसी क्षण छोड़ देना है जब आपको यह ज्ञात हो कि आपने इसे पहले कभी नहीं छोड़ा है। आपका समय बहुत कीमती है इससे बर्बाद ना करें ऊर्जा का प्रयोग करना सीखें और इसे ऊपर की ओर ले जाएँ। आप महान व्यक्ति हैं आपको इस पूरे सफर के दौरान बहुत आनंद आएगा, क्योंकि इस पूरे सफर के दौरान आपको अच्छे बुरे दोनों तरह के समय को देखने का अवसर तो मिलेगा ही साथ ही स्वयं को जानने के अनेकों अवसर भी आपके पास होंगे। यह आपके लिए बेहद रोमांचकारी सफर रहेगा।

इसलिए आपको अपनी पकड़ ढीली कर आगे बढ़ना है। सच तो यह है कि बात जितनी बड़ी होती है, उसे छोड़ने का पुरस्कार भी उतना ही बड़ा होता है और यदि आप उस बात को नहीं छोड़ पाते तो हनी भी उतनी ही ज़्यादा होती है। आप दोनों में से एक काम ही कर सकते हैं या तो आप चीज़ों को छोड़ आगे बढ़ सकते हैं या उन्हें पकड़े रह सकते हैं। बीच का कोई और दूसरा रास्ता नहीं है। इसलिए आपको केवल ऊपर की ओर जाने के विषय में ही सोचना है और अपनी परेशानियों और अवरोध को इस सफर में ईंधन के रूप में प्रयोग करते हुए आगे बढ़ना है।

9

भीतरी काँटे को निकालें

आध्यात्मिक सफर एक ऐसा सफर है, जिसमें हमारा लगातार रूपांतरण होता रहता है। विकास की ओर आगे बढ़ने के लिए आपको परिवर्तन को स्वीकार करते हुए, संघर्ष छोड़ना सीखना पड़ेगा। किसी भी बदलाव के लिए सबसे महत्त्वपूर्ण बात यह होती है कि हम अपनी निजी समस्याओं को किस प्रकार सुलझाते हुए आगे बढ़ते हैं। ज़्यादातर देखा गया है कि हम अपनी भीतरी अशांति को दूर करने के लिए स्वयं को सुरक्षित करने की लगातार कोशिश करते रहते हैं। वास्तव में असली रूपांतरण तब ही संभव है, जब आप अपनी निजी समस्याओं को अपने विकास का एक जरिया बना ले। चलिए, इस पूरी प्रक्रिया को समझने के लिए, हम इस परिस्थिति का अध्यन करते हैं :

मान कीजिए, आपके हाथ में एक काँटा चुभ गया है जो आपकी किसी नस से बार-बार टकरा रहा है और जैसे ही है उस नस से टकराता है आपको असहनीय पीड़ा का अनुभव होता है। तेज़ पीड़ा के कारण ही यह काँटा गंभीर समस्या बन जाता है इसके कारण आपके लिए सो पाना भी मुश्किल हो गया है, क्योंकि वह आपके नीचे दब जाता है। इस कांटे के कारण आप किसी के पास भी नहीं जा पा रहा है, क्योंकि आपको डर है कहीं कोई उस जगह को छू न ले। इससे आपके सभी काम बहुत मुश्किल से हो पा रहे हैं। आप कहीं किसी जंगल में घूमने भी नहीं जा सकते, क्योंकि किसी टहनी से काँटे पर रगड़ लगने का खतरा लगातार आपको बना हुआ है। यह काँटा आपके लिए परेशानी का कारण बनता जा रहा है और इस परेशानी से छुटकारा पाने के लिए आपके पास केवल दो विकल्प ही शेष हैं।

पहला विकल्प यह है, आपको यह सुनिश्चित करना होगा कि कोई चीज़ इसे छू न पाए ताकि आपको दर्द की अनुभूति ना हो। दूसरा विकल्प यह है, इसे बाहर निकालना बेहद आवश्यक है, क्योंकि यह जब तक आपके भीतर रहेगा आपको पीड़ा पहुँचाता रहेगा। आप इस बात को माने या न माने, लेकिन सच तो यह है कि आप जो भी विकल्प चुनते हैं उससे आपका शेष जीवन प्रभावित होता रहेगा। आपका भविष्य इसी निर्णय से तय होगा।

चलिए पहले विकल्प से शुरूआत करते हैं और देखते हैं कि आपके जीवन पर इसका क्या प्रभाव होता है। यदि आप काँटे को अन्य चीज़ों से बचाकर रखते हैं तो यह आपके लिए जीवनभर का काम हो जाएगा। यदि आप जंगल में जाते हैं तो आपको टहनियों से बचकर चलना होगा ताकि वह आपके हाथ के काँटे से टकरा न जाएँ, क्योंकि सोते समय वह काँटे आपके नीचे दब जाता है तो आपको उसका भी हल निकालना पड़ेगा। इसके लिए आप ऐसा उपकरण तैयार कर सकते हैं, जो आपको सुरक्षा दे सके। यदि इतनी मेहनत के उपरांत आपने वह उपकरण बनाने में जीत हासिल कर ली है तो आप कहेंगे, "मैं अब जा कर सो सकता हूँ और मैं टीवी पर इसका प्रमाण भी प्रस्तुत कर दूँगा! यदि किसी दूसरे को भी इस तरह के काँटे की समस्या है तो वह मुझसे यह उपकरण ले सकता है और मुझे अपनी मेहनत का परिणाम पैसो के रूप में भी मिल जाएगा!"

इसके बाद आपका पूरा जीवन इस काँटे के चारों ओर घूमने लगता है और आपको इस पर गर्व होता है। आप जंगल में टहनियों को बाँध देते हैं ताकि वह आप को न चुभे और रात को अपना बनाया हुआ उपकरण पहनकर सोते हैं। लेकिन अब आपके सामने एक नई समस्या पैदा हो जाती है, क्योंकि अब आपको किसी से प्रेम हो जाता है और अब आप चाहकर भी अपने साथी को गले से नहीं लगा सकते, क्योंकि कांटे के कारण आपको कोई छू भी नहीं सकता वर्ना काँटे में असहनीय दर्द हो जाएगा। इस वजह से अब आप एक नए उपकरण को बनाने की तैयारी में जुट जाते हैं, जिससे किसी के नज़दीक आने पर आपको कोई दर्द ना हो। अंत में आपको लगता है कि अब बहुत हो गया आप पूरी स्वतंत्रता चाहते हैं, जिसमें आपको काँटे की चिंता न करनी पड़े। इसके लिए आप एक ऐसा उपकरण बनाते हैं, जिससे रात को सोते समय या अपने किसी साथ को गले लगाते समय अथवा अपने दूसरे रोज के काम करते हुए पहनना या उतारना न पड़े किंतु अब इसका वज़न ज़्यादा है। फिर आप इसमें पहिए लगाते हैं, इसे जलगति से नियंत्रित करते हैं और इसमें टक्कर से बचने के लिए यंत्र लगाते हैं। अब यह सचमुच यह एक बड़ा प्रभावकारी उपकरण बन गया है, जिससे आप अपनी रक्षा कर सकते हैं।

एक और समस्या आपके सामने आ गई है वह यह है कि अब आपको इस को घर में लाने और बाहर ले जाने के लिए अपने घर के दरवाज़े बदलवाने पड़ेंगे ताकि कम-से-कम आप अपना जीवन अपनी मर्जी के अनुसार जी सके।अब जा कर आप ऑफिस जा सकते हैं, आराम से सो सकते हैं, लोगों के पास जा सकते हैं। इसलिए आप सभी लोगों को बताते हैं, कि आपने "अपनी समस्या को हल कर किया है। अब मैं स्वतंत्र हूँ और अब मैं अपनी इच्छा से कहीं भी आ - जा सकता हूँ। अपनी इच्छा से कुछ भी कर सकता। यह काँटा पहले मेरी ज़िंदगी नियंत्रित कर रहा था पर अब मैं इसे नियंत्रित कर रहा हूँ।"

वह काँटा पूरी तरह से आपका जीवन नियंत्रित करता है और आपके सभी निर्णयों को प्रभावित करता है जैसे आप कहाँ जाते हैं और आप किसके साथ रहते हैं। यह तय करता है कि आप कहाँ काम कर सकते हैं, आप कैसे घर में रह सकते हैं और किस तरह के बिस्तर पर सो सकते हैं। इस सबके बाद, आपके जीवन के हर पहलू पर उस काँटे का नियंत्रण स्वत ही रहता है।

आखिर में यह होता है कि अपनी समस्या से खुद को बचाए रखने के लिए आपका जीवन उस समस्या का ही प्रतिबिंब बन जाता है, क्योंकि आपने कोई समाधान नहीं निकाला है। यदि आप अपनी समस्या की जड़ का इलाज नहीं करेंगे तो यह समस्या आपके जीवन पर पूरा नियंत्रण स्थापित कर लेगी। आप मानसिक तौर पर उस समस्या से इतनी बुरी तरह ग्रस्त हो जाते हैं कि आपको लगता है कि अगर आपने परेशानी से होने वाले दर्द को कम कर लिया है तो इसका अर्थ है कि आपने अपनी समस्या को हल कर लिया है किंतु वास्तव में उसका हल आपने नहीं निकाला अभी तक। आपने केवल उससे अपना बचाव किया है लेकिन अब यह आपके जीवन का केंद्र बिंदु बन चुकी है। अब आपके जीवन में इसके अतिरिक्त कुछ और शेष नहीं है।

हम अकेलेपन का उदाहरण जब लेते हैं, जब हम काँटे की उपमा अपने जीवन पर लागू करते हैं। मान लेते हैं आपके भीतर अकेलेपन का बहुत प्रभाव है और यह प्रभाव इतना गहरा है कि इसके कारण आप रात को सो नहीं पाते और दिन में भी यह आपको लगातार परेशान करता रहता है। इसी के कारण आपके हृदय को बहुत तकलीफ़ महसूस होती है जिसके कारण आप बेचैनी महसूस करते हो और इसी के कारण आप अपने प्रतिदिन के कामों को भी सही ढंग से नहीं कर पाते हैं। इससे भी ज़्यादा, जब आप बहुत अकेले होते हैं तो लोगों के निकट जाना भी मुश्किल हो जाता है। अब इस बात पर ध्यान देते हैं कि अकेलापन भी काँटे जैसा होता है। इस कांटे की वजह से आपको जीवन के सभी पहलुओं में पीड़ा की अनुभूति होती है। लेकिन यह भी सत्य है कि मानव हृदय के विषय में, एक से ज़्यादा काँटे होते हैं। हमारे अंदर अपने अकेलेपन, अस्वीकृति, अपने बाहरी रूप और मानसिक ताक़त को लेकर अनेक तरह

की संवेदनाएँ होती हैं। हम लोग अपने हृदय के संवेदी भागों को छू रहे बहुत-से काँटे अपने साथ लिए घूम रहे होते हैं, जिन्हें किसी भी क्षण कोई भी चीज़ उन्हें छूकर हमें पीड़ा का एहसास दिलाती है।

इस कांटे के लिए जो आपके हाथ में चुभा हुआ है आपके पास दो विकल्प उपलब्ध है। सच्चाई तो यह है कि उस काँटे को बहुत पहले ही बाहर निकाल देना चाहिए था। जीवन भर काँटे को रगड़ आपको लगती रहे इसके लिए सबसे अच्छा यही था कि आप किसी भी पल उसे बाहर निकाल देते। बाहर निकल जाने के बाद आप उससे सचमुच स्वतंत्र हो जाते हैं। यह बात आपके भीतरी चुभ रहे काँटों के मामले में भी सच है; उन्हें भी निकाला जा सकता है। लेकिन यदि आप उन्हें चोट से बचाकर भीतर ही रखना चाहते हैं तो उसके लिए आपको अपने जीवन को बदलना पड़ेगा ताकि ऐसी कोई परिस्थिति पैदा न हो जो उन काँटों के साथ किसी भी प्रकार की छेड़छाड़ कर सके। यदि आप अकेले हैं तो आपको ऐसी किसी जगह नहीं जाना है जहाँ युगल आते हैं। यदि आप अस्वीकृति से डरते हैं तो आपको लोगों के निकट बिलकुल भी नहीं जाना चाहिए। हालाँकि यदि आप ऐसा करते हैं तो आप अपने जीवन को कुएँ के मेंढक की तरह संकुचित कर रहे हैं, जिससे जीवन में आप और आपके काँटों के लिए भी पर्याप्त स्थान बना रहे। पिछले उदाहरण में काँटे आपके बाहर थे किंतु अब वे भीतर हैं।

जब आप सचमुच अकेले होते हैं तो आपको लगता है कि इस अकेलेपन का क्या इलाज किया जा सकता है। आप ऐसा क्या कह या कर सकते हैं, जिससे आपको अकेलापन न लगे? यहाँ ध्यान दे, कि आप स्वयं से यह नहीं पूछ रहे हैं कि समस्या का हल किस प्रकार निकाला जा सकता है बल्कि आप यह पूछ रहे हैं कि ऐसा क्या किया जाए, जिससे समस्या आपको महसूस न हो। ऐसा करने के लिए आप या तो उस परिस्थिति से बचने की कोशिश करते हैं या ऐसे लोगों, जगहों और चीज़ों को रक्षात्मक ढाल की तरह प्रयोग करते हैं। ऐसा करने पर आप काँटे से परेशान व्यक्ति जैसा ही अनुभव करते हैं। ऐसी स्थिति में अकेलापन आपके जीवन पर हमेशा हावी रहेगा। आप अपना अकेलापन दूर करने के लिए किसी से शादी कर लेंगे और यह बात आपको सामान्य लगेगी। किंतु वास्तव में यह बिलकुल ऐसा है जैसा काँटे को निकालने के बजाय आपने उसकी पीड़ा से बचने का कोई सरल मार्ग खोज लिया हो। आपने अकेलेपन के मूल कारण को नहीं सुलझाया। आपने केवल उस पीड़ा को अनुभव होने से बचने की कोशिश की है। यहाँ सोचने वाली बात यह है कि यदि किसी की मृत्यु हो जाए या वह आपको छोड़कर चला जाए तो आपका अकेलापन पुनः लौट आएगा। जिस क्षण बाहरी परिस्थितियाँ आपके भीतर की पीड़ा से आपको बचाने में असमर्थ हो जाती है, उसी क्षण आपकी समस्या आपके सामने पुनः वैसी ही खड़ी होती है जैसे कि वह पहले थी।

यदि आप इस समस्या रूपी काँटे को नहीं निकालेंगे तो यह काँटा भी अन्य चीज़ों के भी आपको ही जिम्मेदार करता जाएगा। यदि आप भाग्यशाली हैं कि अकेलेपन को दूर करने के लिए आपको कोई अच्छा साथी मिल गया है तो फिर आपको उस संबंध को खुशहाल बनाने की चिंता सताने लगेगी। आप लगातार समस्या से बचने के लिए उसे और बढ़ा रहे हैं। यह ठीक वैसी ही स्थिति है जैसी जब थी जब आपने उस बाँह में चुभे काँटे से बचने के लिए उपकरण बनाया था। आगे आने वाले समय में फिर आपको उसके हिसाब से अपने जीवन को ढालना पड़ता है। आप सोचते हैं कि इस समस्या को ऐसे ही छोड़ दिया जाए तो वह समस्या विकराल रूप लेकर कई अन्य समस्याओं को जन्म देती है। अब आपको उससे छुटकारा पाने का विचार तक नहीं आएगा। आप केवल आप उसे अनुभव करने से बचने के उपाय ही खोजते रहते हैं। अब आपके पास इसके अतिरिक्त कोई अन्य विकल्प नहीं है कि आप हर उस बात को ठीक करें जो उस समस्या को प्रभावित करती है। आपको कपड़े पहनने और बातचीत करने के ढंग का ध्यान रखना पड़ता है। आपको इस बात की चिंता रहती है कि लोग आपके विषय में क्या सोचेंगे, क्योंकि इससे आपके अकेलेपन और जीवन में प्रेम की आवश्यकता पर असर पड़ सकता है। यदि कोई आपकी ओर आकर्षित होता है और इससे आपके अकेलेपन का भाव हलका हो जाता है तो आपको यह कहने की इच्छा होगी, "तुम्हें खुश रखने के लिए मुझे कैसा व्यवहार करना चाहिए? तुम जैसा चाहो, मैं वैसा कर सकता हूँ। अब मैं इस अकेलेपन को और अधिक नहीं झेलना सकता।"

अब इस चिंता के कारण आप असहजता महसूस करने लगते हैं, जिसका असर आपकी नींद पर भी पड़ने लगता है। सच्चाई तो यह है कि आपको जो असहजता अनुभव हो रही है, वह वास्तव में अकेलेपन का भाव नहीं है यह तो निरंतर चलने वाला विचार है कि "क्या मैंने सही कहा था? क्या वह मुझे वास्तव में पसंद करती है या सिर्फ़ मैं खुद को बहला रहा हूँ?" अब आपकी प्रमुख समस्या इन दूसरी बातों के नीचे दब कर रह गई है जो आपको वास्तविक मामले से दूर रखे हुए हैं अब सब कुछ उलझ कर रह जाता है। अपने संबंधों में सामान्यतः लोग अपने काँटों को छिपाने का प्रयास करते हैं। यदि आप वास्तव में एक-दूसरे का ख्याल रखते हैं तो आपसे सामने वाला यह आशा करता है कि आप अपने व्यवहार को इस तरह ढालेंगे कि एक-दूसरे के कमज़ोर हिस्सों पर अनजाने में भी चोट न पहुँचे।

ज़्यादातर लोग अपने भीतर के कांटो के कारण अपने व्यवहार को प्रभावित होने देते हैं। ऐसे लोग अपने जीवन को उस व्यक्ति की तरह सीमित कर लेते हैं, जिसके बाहर काँटा चुभा होता है। अंत में यदि आपको कोई बात आपको भीतर ही भीतर परेशान कर रही है तो आपको दो में से एक विकल्प चुनना ही होगा। पहला की आप

उस परेशानी से बचने के लिए उस काँटे को निकालकर उस पर ध्यान देना छोड़ सकते हैं या फिर आप अपनी परेशानी के कारण हुई इस बेचैनी का इलाज कर सकते हैं।

आपके भीतर की इस परेशानी की जड़ को दूर करने की क्षमता पर बिल्कुल भी संदेह ना करें। यह वास्तव में दूर हो सकती है। आप अपने भीतर गहराई में आत्मा के मर्म को देखकर यह निश्चय कर सकते हैं कि आप अपने सबसे कमज़ोर भाग को अपना जीवन को बिल्कुल भी संचालित व नियंत्रित नहीं करने देंगे, क्योंकि सचमुच आप इससे परेशान हैं और मुक्ति चाहते हैं। सच्चाई तो यह है कि आप आसपास के सभी लोगों से बात करना चाहते हैं, क्योंकि वे आपको रोचक लगते इसलिए नहीं कि आप अपने अकेलेपन को दूर करना चाहते हैं। आप लोगों के साथ संबंध बनाना चाहते हैं और उनसे प्रेम करना चाहते हैं, क्योंकि वे आपको अच्छे लगते हैं ना कि इसलिए कि आप अपनी भीतरी समस्याओं से बचना चाहते हैं।

आप स्वयं को जानकर ही स्वयं को स्वतंत्र कर सकते हैं, क्योंकि आप वह पीड़ा नहीं हैं जो आप अनुभव कर रहे है, और न ही आप वह अंश हैं जो बीच-बीच में थक जाता है। इनमें से किसी भी परेशानी का आपसे कोई लेना-देना नहीं है। आप केवल इन बातों देख रहे हैं, क्योंकि आपकी चेतना इनसे अलग है और वह इन चीज़ों के प्रति जागरूक है, आप स्वयं को स्वतंत्र कर सकते हैं। स्वयं को इन भीतरी काँटों से स्वतंत्र करने के लिए इनसे आंख मिचौली बंद करनी होगी। आप इन्हें जितना छुएँगे, ये आपको उतना ही ज़्यादा परेशान करेंगे। चूंकि आप इनसे बचने के लिए लगातार कुछ न कुछ करते रहते हैं, और इमेज अपना इलाज स्वर्ग करने का अवसर नहीं देते। यदि आप चाहे तो इन परेशानियों को स्वत उभरकर ऊपर सतह पर आने दे सकते हैं और फिर बाहर जाने दे सकते हैं। आपके भीतरी काँटे और कुछ नहीं केवल आपके अतीत की अवरुद्ध ऊर्जाएँ हैं, आप उन्हें छोड सकते हैं। समस्या यह है कि आप या तो उन परिस्थितियों से, जो इन अवरोधों को बाहर निकाल सकती हैं, पूरी तरह बचते रहते हैं अथवा स्वयं को सुरक्षित रखने के नाम पर आप इन्हें फिर से भीतर धकेलते रहते हैं।

उदाहरण के लिए मान लेते हैं कि आप अपने घर पर बैठकर बड़े ही इत्मीनान के साथ टीवी देख रहे हैं। आपको वह कार्यक्रम केवल उस समय तक अच्छा लगता है जब तक दोनों मुख्य पात्रों को एक-दूसरे से प्रेम नहीं हो जाता। किंतु जैसे ही उन दोनों मुख्य पात्रों को एक दूसरे से प्रेम हो जाता है आपको अचानक आपको अकेलापन महसूस होने लगता है किंतु आपके आस-पास कोई नहीं है जो आपके ऊपर ध्यान दे। सबसे अजीब बात यह है कि कुछ क्षण पहले तक आप बिलकुल अच्छे थे। इस उदाहरण के माध्यम से यह है पता चलता है कि वह काँटा आपके हृदय में हमेशा मौजूद रहता है और यह किसी के छूने पर ही सक्रिय होता है। आपको यह प्रतिक्रिया

हृदय में खालीपन या नीचे गिरने जैसी लगती है, क्योंकि यह बहुत असहज होती है इसके बाद आप अचानक कमजोरी का अनुभव करते हैं और आप पुराने समय को याद करने लगते हैं, जब आप अकेले पड़ गए थे और लोगों ने आपको अकेला छोड़ दिया था। पुरानी संचित ऊर्जा हृदय के माध्यम से बाहर निकलने लगती है और पीड़ादायक विचार उत्पन्न होने लगते हैं। अब टीवी का आनंद लेने के बजाय आप अकेले अपने विचारों में खो जाते हैं।

आप अपनी इस समस्या को सुलझाने के लिए कुछ खाने, किसी को फ़ोन करने या इसे शांत करने के लिए कुछ और काम करने के अतिरिक्त क्या कर सकते हैं? आप समझ सकते हैं देख सकते हैं कि आपने इस पर ध्यान दिया। अब आप देख सकते हैं कि आपकी चेतना टीवी देख रही थी और अब यह आपके भीतर का नाटक देख रही है जो इसे देख रहा है, वह आप हैं। यह आप जिसे देख रहे हैं, वह वस्तु है यानी आपको ख़ालीपन का अनुभव हो रहा है वह एक वस्तु है लेकिन इसे कौन महसूस करता है? आपके लिए सबसे अच्छा तरीका यह है कि आप देखें कि कौन यह सब देख रहा है। यह बेहद सरल है यह बॉलबेयरिंग, पहियों और जलगति युक्त यह उस उपकरण से कम कठिन है। आपको सिर्फ़ यह देखना है कि अकेलापन किसे महसूस हो रहा है। जो देख रहा है। वह पहले ही स्वतंत्र हो चुका है। यदि आप इन ऊर्जाओं से वास्तव में स्वतंत्र होना चाहते हैं तो ऊर्जाओं को अपने भीतर न छिपाए उन्हे बाहर निकाल दे।

यह सभी ऊर्जाएँ आपके भीतर बचपन से ही हैं। इस बात को आपको समझना होगा कि आप एक गंभीर व्यक्ति हैं और आपके भीतर एक और गंभीर जीव रहता है। केवल आप को इतना करना है की आप उस संवेदी अंश को परेशान होता हुआ देखे। ईर्ष्या, ज़रूरत और भय यह सभी भाव व्यक्ति के स्वभाविक अंग हैं। यदि आप ध्यान से देखें तो आपको यह पता चल जाएगा कि आप वह नहीं हैं। आप इन सभी चीज़ों से अवगत हैं। आप वह जीव है जो भीतर रहकर इन सभी चीज़ों का अनुभव कर रहा है।

उदाहरण के तौरपर, जो लोग अपने जीवन में संघर्ष से गुजर रहे थे उन्होंने ही इस संसार का कुछ बेहतरीन काव्य और संगीत उन लोगों ने तैयार किया है। महान कला व्यक्ति के भीतर से ही उपजती है। आप उन सब मानवीय अवस्थाओं में खोइए नही और न ही किसी तरह का विरोध करें, आपको केवल उनका अनुभव करना हैं। आपको केवल देखना है कि किस प्रकार अकेलापन आपको कैसे प्रभावित करता है। क्या इसके प्रभाव में आपके हाव-भाव बिलकुल बदल जाते हैं? आपके शरीर में क्या परिवर्तन होता है? क्या आपकी साँस तेज़ या धीमी चलने लगती है? जब अकेलेपन को बाहर निकलने का रास्ता दिया जाता है उस समय क्या होता है? निरीक्षण करता बनिए। इसे ध्यान से देखे, फिर यह अपने आप चला जाएगा। यदि आप इसमें खो नहीं जाते हैं

तो यह अनुभव किसी परेशानी के स्वतः बाहर निकल जाएगा और इसके बाद निकलते ही आपके सामने कुछ और नया आ जाएगा। आप केवल इन सब अनुभवों का आनंद लीजिए। यदि आप ऐसा करने में सफल हो जाते हैं तो आप पूर्ण रुप से स्वतंत्र है और इस तरह आपके भीतर एक नई प्रकार की ऊर्जा के संसार का निर्माण होगा।

आपको उतनी ही ज़्यादा ऊर्जा अपने भीतर अनुभव होगी जितने ज़्यादा आप अपनी आत्मा के भीतर केंद्रित होंगे। यह ऊर्जा आपके पीछे से आते हैं सामने से नहीं, जहाँ से आप अपने मस्तिष्क और भावनाओं को अनुभव करते हैं। जिस क्षण आप अपने मस्तिष्क की बातों में ना उलझ कर आत्मकेंद्रित हो जाएँगे उसी क्षण आपको इस ऊर्जा का प्रवाह अनुभव होगा। यह प्रवाह शक्ति कहलाती है और इसी को आत्म के नाम से भी जानते हैं। इसका अनुभव तब होगा जब आप अपनी भीतरी परेशानियों को छोड़कर अपनी आत्मा के साथ समय व्यतीत करेंगे। आपको अपना अकेलापन दूर नहीं करना है; सिर्फ़ उसके साथ खुद नहीं जुड़ना है। यह संसार की अन्य वस्तुओं जैसे गाड़ियाँ, घास और तारों की तरह ही एक वस्तु है आपका इससे कोई संबंध नहीं है। चीज़ों को छोड़कर आगे बढ़े आपकी आत्मा भी यही कहती है। जागरूकता से आप स्वतंत्रता की ओर आगे बढ़ेंगे, क्योंकि जागरूकता से आप अपने सामने घटित हो रही चीज़ों और भावों के लिए सजग रहेंगे

जिस क्षण आप आत्म केंद्रित हो जाते हैं उस क्षण भले ही आपका हृदय कमजोर ही क्यों न हो फिर भी आप अपने भीतर एक विशाल शक्ति का अनुभव करते हैं। आध्यात्मिक जीवन का यही सार है। यदि एक बार आपको यह बात समझ में आ जाती है कि अपने भीतर परेशानियों का अनुभव करना सामान्य बात है और इस कारण आपके भीतर चेतना केंद्र में किसी प्रकार की कोई अशांति नहीं पैदा होगी तो आप उस क्षण स्वतंत्र हो जाते हैं। इसके बाद आप अपने पीछे से आने वाली ऊर्जा से आगे बढ़ते हैं। इसके बाद आप इस संसार में आराम से रहते हैं और बाहरी हलचल आपको परेशान नहीं करती। आप पूर्ण रुप से स्वतंत्र हो जाते हैं और ऊपर उठ जाते हैं, क्योंकि आपने उस भीतरी प्रवाह के इस परमानंद को जान लिया है।

10

अपनी आत्मा के लिए स्वतंत्रता की चोरी

यदि आपको वास्तविक स्वतंत्रता चाहिए तो सबसे पहले आपको यह निर्णय लेना होगा कि आप और अधिक परेशान नहीं होना चाहते इसके साथ ही आपको यह भी निर्णय लेना होगा कि आप अपने जीवन का पूरा आनंद उठाना चाहते हैं, क्योंकि आपके पास तनाव, भीतरी दर्द या डर का कोई कारण नहीं है। हम रोज जो बोझ हम उठाते हैं हमें उसके नीचे और नहीं दबना। ज़्यादातर लोग अपने जीवन में इस चीज़ से डरते हैं कि वह काम करने में अच्छे नहीं हैं, जिस कारण वह सफलता प्राप्त नहीं कर सकते। हम असुरक्षा, चिंता और डर से ग्रसित हैं। हम अपने जीवन में डरते रहते हैं कि लोग हमारे विरुद्ध न हो जाए, हमारा लाभ न उठाए या हमसे प्रेम करना न छोड़ दें। इन सभी चीज़ों का हम पर हमेशा बोझ बना रहता है। जब भी हम अपने साथी से प्रेम पूर्ण संबंध बनाना चाहते हैं, जब भी हम सफलता प्राप्त करना चाहते हैं या फिर स्वयं को व्यक्त करने की कोशिश करते हैं, तो उस समय हम अपने साथ अंदर एक बोझ लेकर साथ चलते हैं। यह सारा बोझ हमारे भीतर दर्द, क्रोध या दुख महसूस करने के भय के रूप में उपस्थित रहता है। हम प्रत्येक दिन इस बोझ को इस डर को अनुभव करने से बचते रहते हैं। इससे भी बड़ी बात तो यह है कि हम इस डर के अपने भीतर उपस्थित होने का हमें एहसास भी नहीं है।

बुद्ध ने जब यह कहा था कि जीवन दुख से भरा हुआ है, तो उनके कहने का अर्थ यही था। लोगों को इस बात का जरा भी अंदाजा नहीं है कि उन्हें इस दुख से मुक्ति पाकर कैसा लगता है, क्योंकि उन्हें इस बात का पता ही नहीं है कि वह अपने जीवन में कितना दुख पा रहे हैं। इसे किसी संदर्भ में समझने के लिए, मान लीजिए कि कैसा

लगता होगा यदि आप या आपका कोई परिचित कभी स्वस्थ रहा ही न हो। उन्हें कोई भयंकर रोग इतना अधिक कष्ट देता हो कि वे बिस्तर से नीचे नहीं उतर पा रहे हो। इस संसार में, ऐसा कोई काम नहीं हो सकता जो बिस्तर के पास न हो सकता हो। यदि ऐसा हो तो लोगों को किसी अन्य चीज़ का पता ही नहीं चलेगा। उनकी सारी ऊर्जा स्वयं को घसीट कर दूसरी जगह ले जाने में ही खर्च हो जाएगी। वास्तव में लोगों को यह बात समझ ही नहीं आती की स्वास्थ्य होना क्या होता है।

आपकी भीतरी मनोदशा को बनाने वाली मानसिक और भावनात्मक ऊर्जाओं के साथ भी ऐसा ही हो रहा है। आपकी भीतरी संवेदनाएँ आपको हर मिनट, लगातार चलने वाली ऐसी स्थिति में ले जाती हैं जहाँ आप किसी न किसी समस्या से जूझते रहते हैं। आप लगातार या तो अपनी समस्या को झेलने की, या उस समस्या से बचने के लिए अपने वातावरण को नियंत्रित करने की जद्दोजहद में लगे रहते हैं और यदि आप यह दोनों नहीं कर रहे होते तो आप अपने भविष्य में होने समस्याओं के विषय में चिंता करते रहते हैं। यह ठीक वैसा है जैसे पानी में रहकर भी मछली पानी को देख नहीं पाती।

जब परिस्थितियाँ कुछ ज़्यादा विपरीत दिशा में होती हैं तो आप केवल इतना ही देख पाते हैं कि आप किसी कष्ट में है और जब स्थिति इतनी बिगड़ जाती है कि वह आपके सामान्य व्यवहार पर अपना प्रभाव डालने लगती है तो आप स्वीकार कर लेते हैं कि आपको परेशानी है। लेकिन वास्तव में, अपने सामान्य व्यवहार के दौरान आपका लगातार मन के साथ संघर्ष चलता रहता है। इसे ठीक से समझने के लिए, अपने मस्तिष्क से अपने संबंध और अपने शरीर से अपने संबंध की तुलना कीजिए सामान्य और स्वस्थ परिस्थितियों में आप शरीर के विषय में नहीं सोचते। आप बिना उस पर ध्यान दिए चलते, गाड़ी चलाते, काम करते और खेलते रहते हैं। आप अपने शरीर पर तभी ध्यान देते हैं, जब कुछ गड़बड़ होती है। इसके विपरीत, आप हर समय अपने मनोवैज्ञानिक स्वास्थ्य के विषय में ही सोचते हैं। लोग लगातार इस तरह की बातें सोचते रहते हैं, "क्या होगा यदि मुझे तुरंत कुछ करना पड़ा? आखिर मैं क्या कहूँगा? बिना तैयारी के मुझे घबराहट हो रही है।" इसी को पीड़ा कहते हैं। भीतर लगातार चलने वाली यह चिंता एक प्रकार की पीड़ा है : "क्या मैं उस पर विश्वास कर सकता हूँ?" क्या होगा यदि मैंने स्वयं को उसके सामने उजागर कर दिया और उसने मेरा लाभ उठा लिया? मैं एक बार फिर वही सब नहीं झेलना चाहता। आप हर समय अपने विषय में ही सोचते रहते हैं, जिस कारण यह पीड़ा होती है।

ऐसा क्यों होता है कि हम ज़्यादातर समय अपने विषय में ही सोचते रहते हैं? आखिर क्यों यह विचार मुझे,मैं, मुझे और मेरा के विषय में क्यों आते हैं? आप यह बात

कितनी बार सोचते कि आप कैसे हैं, आपको कोई चीज़ पसंद है या नहीं और स्वयं को खुश करने के लिए विश्व को किस प्रकार फिर से व्यवस्थित किया जाए। आप ऐसा इसलिए सोचते हैं, क्योंकि आप भीतर से बिलकुल भी ठीक नहीं हैं और आप स्वयं को बेहतर महसूस करवाने की कोशिश में लगातार लगे रहते हैं। यदि आपका शरीर पिछले बहुत समय से स्वस्थ नहीं है तो आप लगातार यही सोचते रहेंगे कि इसे किस तरह सुरक्षित और बेहतर किया जाए आपके मन में यही सब चलता रहता है। अपने मानसिक स्वास्थ्य के विषय में इतना अधिक सोचने का एकमात्र कारण यह है कि आपकी मनोदशा पिछले काफ़ी समय से बिल्कुल भी ठीक नहीं है आपका हृदय भीतर से बहुत नाज़ुक है जिस कारण जल्दी ही किसी भी बात से परेशान हो जाता है।

सबसे पहले इस पीड़ा को जड़ से समाप्त करने के लिए आपको यह स्वीकार करना होगा कि आप बिलकुल भी स्वस्थ नहीं हैं। इसके बाद ही आपको यह स्वीकार करना होगा कि आप ऐसी स्थिति में और अधिक नहीं रह सकते। इसमें कोई शक नहीं है कि आप स्वस्थ हो सकते हैं। यह समझ जाना कि आपको बर्दाश्त करने या अपनी मनोदशा को सुरक्षित करने की ज़रूरत नहीं है। आपको हर समय यह सोचने की आवश्यकता नहीं है कि आपने क्या कहा अथवा कोई व्यक्ति आपके बारे में क्या सोचता है। अगर आप इन सब बातों के विषय में सोचते रहेंगे तो आपका जीवन कैसा हो जाएगा? भीतरी संवेदना अस्वस्थ होने का लक्षण है। यह ठीक वैसा ही है जैसे बीमार होने पर शरीर में दर्द या कोई अन्य लक्षण दिखने या महसूस होने लगते हैं। दर्द या पीड़ा का महसूस होना कोई बुरी बात नहीं है; यह शरीर के बात करने का एक ढंग है। जब आप ज़रूरत से ज़्यादा खा लेते हैं तो पेट में दर्द होने लगता है। यदि आप अपने हाथ से कुछ ज़्यादा काम लेंगे तो वह दुखने लग जाएगा। शरीर अपनी सामान्य भाषा - दर्द या पीड़ा में ही बात करता है। व्याकुलता, ईर्ष्या, असुरक्षा, चिंता - ये सभी भय के रूप हैं और आपका मन अपनी सामान्य भाषा यानी भय के रूप में ही अपनी बात आपके सामने रखता है।

यदि आप किसी भी पशु या पक्षी के साथ दुर्व्यवहार करते हैं तो वह आपसे डर जाता है ठीक ऐसा ही आपके साथ भी ऐसा ही होता है। आपने भी इसके साथ दुर्व्यवहार किया है। जरा रुक कर कुछ क्षण सोचिए कि आपने मस्तिष्क को करने के लिए कौन सा काम दिया है। आपने मस्तिष्क से कहा, "मैं चाहता हूँ कि सभी लोग मुझे पसंद करें, क्योंकि मैं नहीं चाहता कि कोई भी मुझसे खराब ढंग से बात करे। मैं चाहता हूँ कि मैं जो कुछ कहूँ और करूँ, वह सबके लिए स्वीकार्य हो और सब उसे पसंद करें। मैं नहीं चाहता कि मुझे कोई दुख पहुँचाए। मैं ऐसी कोई बात नहीं होने देना चाहता जो मुझे पसंद न हो और मैं चाहता हूँ कि सब कुछ वैसा ही हो जैसा मुझे पसंद है।" इसके बाद आपने कहा, "मेरे मन, अब कुछ ऐसा सोचो कि यह सभी बातें सच हो

जाएँ, चाहे इसके लिए तुम्हें दिन-रात क्यों न सोचते रहना पड़े।" और हाँ निश्चित तौर पर आपके मस्तिष्क में आपसे कहा कि जैसा आपने कहा है "मैंने वैसे ही उस पर काम करना शुरू कर दिया है और मैं उस पर हमेशा काम करता रहूँगा।"

क्या आप सपने में भी किसी को ऐसा प्रयास करते हुए देखने की कल्पना कर सकते हैं? इसके बाद आपके मस्तिष्क को लगातार हर क्षण अब यह देखते रहना होगा कि आप जो भी कहें वह सही ढंग से कहा जाए, सही तरीके से समझा जाए और किसी पर भी उसका सही प्रभाव पड़े। उसे यह सुनिश्चित करना होता है कि आप जो भी चाहते हैं वह आपको मिले और जो आप नहीं चाहते, वह आपको न मिले। आपका मस्तिष्क आपको निरंतर इस बात की सलाह देता रहता है कि सब कुछ कैसे ठीक किया जाए। इसी कारण मस्तिष्क इतना सक्रिय रहता है, क्योंकि आपने इसे करने के लिए एक असंभव कार्य सौप दिया है। यह ठीक वैसा है जैसे आपने वृक्ष को उठाकर पहाड़ चढ़ने की इच्छा की हो। यदि आप अपने शरीर से यह असंभव से कार्य करवाने का प्रयास करते रहेंगे तो जल्द ही बीमार हो जाएगा। आपकी मनोदशा को भी इसी चीज़ ने कमज़ोर कर दिया है। दर्द और कमज़ोरी शरीर के अस्वस्थ होने के लक्षण हैं। इसी प्रकार भीतर दबा हुआ भय तथा निरंतर चलते रहने वाले बेकार विचार मनोदशा के बीमार होने की सूचना देते हैं।

एक न एक दिन आपको इस बात को स्वीकार करना ही पड़ेगा कि आपके भीतर कोई न कोई समस्या ज़रूर है। यदि वास्तव में आप थोड़ा रुककर ध्यान देंगे तो आप पाएँगे कि आपका मस्तिष्क लगातार आपको सुझाव देता रहता है कि आपको आगे क्या करना है। यह आपको कहता हे कि यहाँ जाओ, वहाँ मत जाओ, ऐसा कहो, वैसा मत कहो। यह आपको बताता है कि आपको क्या पहनना है और क्या नहीं। यह कभी चुप नहीं होता। क्या हाई स्कूल में भी ऐसा ही नहीं होता था? क्या यह जूनियर हाई स्कूल या प्राथमिक स्कूल में भी ऐसा ही नहीं करता था? क्या यह हमेशा से ऐसा ही नहीं है? अपने विषय में लगातार चिंता करते रहना एक तरह की पीड़ा ही है। किंतु अब इसे कैसे रोका जाए ? कैसे इसे ठीक किया जाए?

ज़्यादातर लोग इस समस्या को ठीक करने की कोशिश अपने पसंदीदा खेल को खेल कर करते हैं। यदि हम अपनी भीतरी समस्याओं का फोटो लें तो हम देखेंगे कि प्रत्येक व्यक्ति परेशान घूमता है। इसे हम "दिन-भर की सबसे बड़ी परेशानी" कहते हैं। यही समस्या उन्हें सबसे ज़्यादा परेशान करती है। यदि उन्हें कोई मौजूदा समस्या तंग नहीं करती तो अगली समस्या उभर आती है। और जब वह परेशान नहीं करती तो फिर अगली समस्या सामने आ जाती है। इसी तरह विचारों का प्रवाह बनता है। सच्चाई तो यह है कि आपके विचार उस बात पर केंद्रित होते हैं की आज किस बात में परेशान

क्या है और वह बात आपको क्यों परेशान कर रही है और अब आप उस विषय में क्या कर सकते हैं। यदि आप इस विषय में कुछ नहीं कर पाते तो यह बात आपको जीवन भर यूँ ही परेशान करती रहेगी।

आपको लगेगा कि आपका मस्तिष्क आपको लगातार यह बताता रहता है कि भीतरी समस्याओं को सुलझाने के लिए आपको बाहर कुछ बदलते रहने की आवश्यकता है। यदि आप समझदार हैं तो इस बेकार के खेल में नहीं फँसेंगे। आपको पता लग जाएगा कि आपके मस्तिष्क द्वारा दी जा रही सलाह मानसिक रूप से गलत है, क्योंकि आपके मस्तिष्क के विचार अंदर व्याप्त डर से प्रभावित रहते हैं। वह सलाह जो आप नहीं सुनना चाहते, आपके परेशान मस्तिष्क द्वारा दी गई सलाह होती है। आपका मस्तिष्क वास्तव में आपको भ्रम में डालता रहता है। मान लेते हैं कि वह आपसे कहता है, "यदि मुझे यह प्रमोशन मिल जाए तो सब ठीक हो जाएगा। फिर मुझे अच्छा लगेगा और इससे मेरा जीवन एक बार फिर ठीक हो जाएगा।" क्या वास्तव में आपने इसे सत्य पाया है? प्रमोशन के बाद क्या आपकी असुरक्षा की भावना हमेशा के लिए खत्म हो जाएगी और जीवन भर के लिए आपको वित्तीय तौर पर संतुष्टि मिल जाएगी? निश्चित तौर पर ऐसा नहीं हो सकता, क्योंकि प्रमोशन के बाद आपके सामने एक नई समस्या आकर खड़ी हो जाएगी।

इतना समझ में आने के बाद आपको पता लगता है कि आपके मस्तिष्क के भीतर कोई गंभीर समस्या है। जो केवल बाहरी चीज़ों को ठीक करता रहता है, जिससे भीतरी शांति मिल सके किंतु ये बाहरी बातें आपकी भीतरी समस्या का कारण नहीं हैं। यह केवल समस्या को सुलझाने का प्रयास मात्र है। जैसे यदि आपको अपने हृदय में अकेलापन और असंतोष महसूस होता है तो ऐसा इसलिए नहीं है कि आप कोई विशेष संबंध नहीं बना पाएँ या कोई विशेष चीज़ प्राप्त नहीं कर पाए। यह आपकी समस्या का प्रमुख कारण नहीं है। यह संबंध केवल समस्या को सुलझाने के लिए किया गया प्रयास मात्र है। आप केवल यह जानना चाहते हैं कि क्या कोई संबंध या कोई चीज़ आपकी समस्या को हल कर सकती है। यदि आप ऐसा करने में समर्थ हो तो ज़रूर आप कुछ और करने की कोशिश करेंगे।

सच्चाई तो यह है कि बाह्य परिवर्तन से आपकी समस्या नहीं हल हो सकती, क्योंकि यह आपकी समस्या के मूल तक नहीं पहुँच सकती। आपकी प्रमुख समस्या यह है कि आप स्वयं में पूर्ण महसूस नहीं करते। यदि आप समस्या की जड़ तक नहीं पहुँचेंगे तो आप इसे छुपाने की कोशिश करेंगे और इस कोशिश में आप किसी व्यक्ति या वस्तु का सहारा लेंगे। आप पैसा, लोग, ख्याति और श्रद्धा के पीछे छिपेंगे। अगर आप गहराई से प्रेम करने के लिए सही साथी को खोजने का प्रयास करेंगे और

आपको सफलता मिल भी जाए तो भी वास्तव में यह आपकी असफलता मानी जाएगी, क्योंकि आपने अपनी समस्या तो नहीं हल कि बल्कि दूसरे को भी उस समस्या में शामिल कर लिया। यही कारण है कि लोगों को अपने संबंधों को निभाने में इतनी परेशानियाँ उठानी पड़ती है। आपने भीतर की समस्या से शुरुआत की थी और किसी और से जुड़कर उसे सुलझाने की कोशिश की। उस संबंध में भी परेशानी होगी ही, क्योंकि यह संबंध आपकी समस्याओं के कारण ही उत्पन्न हुआ था। आप थोड़े धैर्य और शांति के साथ इस समस्या को ध्यान से देखते तो ज़रूर इस बात का मर्म जान जाते, क्योंकि यह बात इतनी कठिन दिखती है उतनी ही सरल है।

आखिरकार हमने असफलता को समझ लिया है कि वह किस प्रकार की होती है तो अब उसकी अवधारणा को देखते हैं। स्वास्थ्य और शरीर का जो संबंध है वही सफलता और आपकी मानसिकता का है। सफल होने का अर्थ है कि आपको दोबारा कभी अपनी मनोदशा के विषय में नहीं सोचना पड़ेगा। स्वाभाविक रूप से स्वस्थ शरीर आपके सामान्य कार्य करने के बीच, वही करता है जो उसे करना चाहिए। आपको उसके विषय में कुछ सोचना नहीं पड़ता। इसी तरह, आपको कभी यह नहीं सोचना पड़ता कि ठीक कैसे रहना है, या कैसे नहीं डरना, अथवा प्रेम को कैसे महसूस करना है। आपको अपना पूरा जीवन अपनी मनोदशा को समर्पित करने की कोई अवश्यकता नहीं है।

जरा सोच कर देखिए कि यदि, आपके भीतर आपके निजी विचार नहीं होंगे तो क्या आप चीज़ों का भरपूर आनंद ले पाएँगे और लोगों की आवश्यकता होने के बजाय आपको उनसे मिलने और उन्हे जानने का मौका मिलेगा। आप अपने जीवन को भीतर की अशांति को ठीक करने के लिए उपयोग करने के बजाय उसका आनंद उठा सकते हैं और अनुभव कर सकते हैं। सच मानिए इसके लिए कभी देर नहीं होती।

आपकी मनोदशा के साथ आपका संबंध एक आदत की भांति है, क्योंकि यह आपसे हमेशा किसी न किसी चीज़ की माँग करती रहती है और आप हमेशा उसकी इन मांगों की पूर्ति के लिए अपना जीवन समर्पित कर देते हैं। यदि आप इससे स्वतंत्रता पाना चाहते हैं तो आपको सबसे पहले यह स्वीकार करना होगा कि यह एक आदत ही है। इसे एक उदाहरण के माध्यम से समझा जा सकता है, जिस प्रकार नशा करने वाले लोगों में नशीली वस्तुओं का सेवन छोड़ने और उनके दूर रहने की क्षमता होती है भले ही यह कदम उनके लिए जीवन का सबसे मुश्किल कदम हो फिर भी उनमें या क्षमता होती है। ठीक ऐसी ही मानसिकता आपकी मनोदशा के विषय में भी है। आप अपनी मनोदशा की समस्याओं को निरंतर सुनते रहते हैं, लेकिन इसके विपरीत जाकर आप इन सभी चीज़ों को पूर्णता बंद कर सकने में सक्षम हैं। आप इसे रोक

सकते हैं। सुबह उठिए, आशावान रहिए और आगे क्या होगा इस बात की चिंता छोड़ दीजिए। आपका रोज़मर्रा का जीवन एक लंबे अंतराल जैसा हो सकता है। आपका काम, आपका परिवार और आपका जीवन आनंदमय हो सकते हैं। आप भी इन सभी चीज़ों का आनंद उठा सकते हैं। इसका यह अर्थ बिलकुल भी नहीं है कि आप अभी अपना काम सही ठीक से नहीं कर रहे हैं। आपको केवल अपने काम को आनंद लेते हुए करना चाहिए। जब आप रात को आप सोने के लिए जाते हैं तो सब कुछ भूल कर सिर्फ़ सो जाइए। आपको अपने जीवन को बिना किसी डर के निंश्चित होकर तनाव रहित जीना चाहिए।

आपको केवल इस बात का पता होना चाहिए कि आप अपने मस्तिष्क के भय से पूरी तरह मुक्त रहते हुए किस प्रकार अपना जीवन अन्नादपूर्वक जी सकते हैं। चलिए एक उदाहरण से इस बात को समझते हैं। इस बात को समझना इतना भी कठिन नहीं है कि सिगरेट पीना कैसे बंद किया जा सकता है। इस वाक्य में प्रमुख शब्द "बंद करना" है। इससे कोई विशेष फ़र्क़ नहीं पड़ता कि आप कौन-सी युक्ति लगाते हैं। सब कुछ हो जाने के बाद आपको इसे बंद करना ही होगा। सिगरेट छोड़ने का तरीका यह है कि आपको अपने मुँह तक सिगरेट ले जाने से रोकना होगा। बाकी सब चीज़ों से ऐसा लगता है कि आपको सहायता मिलेगी, किंतु वास्तविकता यह है कि आपको मुँह तक सिगरेट ले जाने से रोकना ही पड़ेगा। यदि आप ऐसा करने में सफल हो जाते हैं तो यह स्पष्ट है कि आप थोड़े और प्रयास से आप सिगरेट पीना भी छोड़ सकते हैं।

अपनी मानसिक परेशानियों से बाहर निकलने में भी यही तकनीक काम करती है। आप अपने मस्तिष्क को यह कहना बंद कर दीजिए कि उसका काम आपकी व्यक्तिगत समस्याओं को सुलझाना है। इस काम ने आपके मस्तिष्क को कमज़ोर कर दिया है और आपकी संपूर्ण मानसिकता को परेशान किया हुआ है। इससे आपको भय, चिंता और तनाव महसूस होता है। इस संसार पर आपके मस्तिष्क का का बहुत कम नियंत्रण है। आपका मस्तिष्क ना तो सब कुछ जानता है और ना ही हर जगह उपस्थित रह सकता है। कितना ही नहीं इसका नियंत्रण ना तो मौसम पर है और ना ही अन्य किसी प्राकृतिक शक्तियों पर। यहाँ तक कि इसका नियंत्रण आपके आसपास की जगहों, चीज़ों और लोगों पर भी नहीं है। आपने अपने मस्तिष्क को अपनी निजी समस्याओं को सुलझाने के लिए सारे विश्व को बदलने जैसा असंभव काम सौंप रखा है। यदि आप स्वस्थ रहना चाहते हैं तो अपने मस्तिष्क से यह सब बातें कहना छोड़ दीजिए और सभी चीज़ों को अपने अनुकूल बनाने के कार्य से उसे स्वतंत्र कीजिए। यकीन जानिए इसके बाद आप भीतर से अच्छा महसूस करेंगे। यह कार्य आपके मस्तिष्क का नहीं है इसलिए उसे इस कार्य से आजाद कर दीजिए।

जिस क्षण आपका मस्तिष्क आपको यह बताने लगे कि संसार को आपकी पूर्वनिर्धारित अवधारणाओं के अनुकूल बनाने के लिए आपको क्या करना चाहिए और क्या नहीं करना चाहिए, तो उसी क्षण आप इसकी बात मानने से इंकार कर दे। यह सिगरेट पीना छोड़ने जैसा ही है। आपका मस्तिष्क कुछ भी कहे, आप सिगरेट उठाकर उसे मुँह तक न ले जाए। इस बात से कोई फ़र्क़ नहीं पड़ता कि यह भोजन के बाद की बात है और किसी कारण आप चिंतित है और आपको उसकी ज़रूरत लग रही है। कारण कुछ भी हो - आपका हाथ सिगरेट को छूता तक नहीं है। इसी तरह, जब आपका मस्तिष्क आपको यह कहना शुरू करे कि भीतर से सब कुछ ठीक करने के लिए आपको क्या करना है तो इसकी बात पर ध्यान बिल्कुल न दे। सच्चाई यह है कि यदि आप सब चीज़ों के साथ सहज हो जाएँगे तो सब कुछ अपने आप आपके अनुकूल होता जाएगा। इसी समय आपको सब कुछ ठीक लगने लगता है।

जब आपका मस्तिष्क भीतर से यह कहे की अंदर कोई समस्या ज़रूर है तो आपको केवल इतना करना है कि अपने मस्तिष्क से कुछ ना कहें। हर बात के मूल में यही तथ्य है। इसमें आपके मस्तिष्क की कोई गलती नहीं है। सच्चाई तो यह है कि आपका मस्तिष्क बहुत भोला है वह कुछ जानता ही नहीं है। केवल एक कंप्यूटर, एक उपकरण मात्र है। महान विचारों पर मंथन करने, वैज्ञानिक समस्याओं को सुलझाने और मानवता के सेवा करने के लिए इसका प्रयोग किया जा सकता है। लेकिन आपने इसे अपनी निजी समस्याओं को सुलझाने में लगा रखा है। आपने ही अपने खोजी मस्तिष्क को एक निम्न कार्य को करने में लगा रखा है।

जब आप अपने मस्तिष्क के कार्यों पर ध्यान देंगे तो आप पाएंगे कि यह चीज़ों को ठीक करने की प्रक्रिया में हमेशा व्यस्त रहता है। आपको जागृत रहकर याद रखना होगा कि आप यह काम नहीं करना चाहते और फिर धीरे से उससे अलग हो जाइए। उससे किसी प्रकार का कोई संघर्ष न करे, क्योंकि आप उससे कभी भी नहीं जीत पाएँगे। हो सकता है आप कुछ देर के लिए उसे पराजित कर देने में सफल रहे किंतु यह कुछ क्षण के लिए पराजित होकर बाद में फिर आप पर विजय हासिल कर लेगा। आपको आपके मस्तिष्क से किसी प्रकार की कोई लड़ाई नहीं करनी आपको केवल इतना करना है कि आप उसकी बातों में ना फंसे। आपको उस क्षण अपने मस्तिष्क की बिल्कुल भी नहीं सुननी जिस क्षण यह आपको क्या करना है और क्या नहीं करना है यह बताने लगे।

आप इस पर केवल चुप रह कर ही विजय प्राप्त कर सकते हैं यही इसकी कुंजी है। आप चुप रहिए लेकिन इसका अर्थ यह नहीं है कि आपके मस्तिष्क को शांत रहने की अवश्यकता है। फिर आप सहज रूप से मस्तिष्क के पीछे चले जाते हैं, क्योंकि

आप सदा से वहीं रह रहे हैं। आप विचारशील मस्तिष्क नहीं हैं; आप विचारशील मस्तिष्क के प्रति जागरूक हैं। आप वह चेतना हैं जो अपने विचारों के प्रति सजग है। जैसे ही आप अपने हृदय व अपनी आत्मा को मस्तिष्क में लगाते हैं मानो वह आपका रक्षक हो, तो आप स्वयं को अपने मस्तिष्क के पीछे उसे देखता हुआ पाएँगे। इसी तरह आपको अपने विचारों का पता लगता है आप भीतर ही रहकर उन्हें देखते हैं। अंत में, आप अपने मस्तिष्क को भीतर बैठकर चुपचाप देखते रहते हैं।

जब आप इस अवस्था को प्राप्त कर लेते हैं तो, मस्तिष्क के साथ आपकी समस्याएँ और युद्ध दोनों ही समाप्त हो जाती हैं। जब आप मस्तिष्क के पीछे चले जाते हैं तो आपकी चेतना चिंतन की प्रक्रिया से अलग हो जाती है। फिर आप अपने मस्तिष्क को चिंतन करते हुए देखते हैं। आप अपनी जागरूकता के प्रति सजगता बनाए रखे। भीतर रहने वाला वह जीव आप की चेतना है। आपको इसके विषय में सोचने की कोई आवश्यकता नहीं है। वह आप स्वयं हैं। आप अपने मस्तिष्क को परेशान होते हुए देखकर भी उससे अलग रह सकते हैं। अपने परेशान मस्तिष्क को निष्क्रिय करने के लिए आपको बस इतना ही करना होता है। आपका मस्तिष्क केवल इसलिए हमेशा चलता रहता है, क्योंकि आप अपना सारा ध्यान उस पर केंद्रित रखते हैं। आपको केवल इतना करना है कि आप अपना ध्यान अपने मस्तिष्क से हटा लीजिए और और आप देखेंगे कि आपका विचारशील मस्तिष्क स्वतः ही निष्क्रिय हो जाएगा।

इसकी शुरुआत छोटी-छोटी चीज़ों से करें। चलिए इसे उदाहरण के माध्यम से समझते हैं, मान लीजिए आपसे कोई कुछ बात कहता है जो आपको बिलकुल भी पसंद नहीं आती या इससे भी बुरा यह कि वह आपकी उपेक्षा करता है। आप घूम रहे हैं और आपको एक मित्र दिखाई देता है। आप उसे हैलो कहते हैं, लेकिन वह चलता रहता है। आपको समझ नहीं आता कि उसने आपको सुना नहीं या उसने आपकी उपेक्षा की है। आपका मस्तिष्क एक मील प्रति मिनट की गति से चलने लगता है। स्वयं की जाँच करने का यही सबसे अच्छा मौका है! इस संसार में अनेकों लोग रहते हैं और किसी एक ने आपके हेलो कहने का उत्तर नहीं दिया। क्या आपको उस व्यक्ति का हेलो ना कहना बर्दाश्त नहीं हो रहा है? क्या बात कहाँ तक सही है?

आप इन छोटी-छोटी बातों का अपने रोज़ के जीवन में उपयोग करिए और अपनी समस्याओं से छुटकारा पाइए। उपरोक्त उदाहरण के माध्यम से, आप केवल अपने मस्तिष्क के साथ संघर्ष करने से मना कर देते हैं। क्या इसका यह मतलब यह है कि आप अपने मस्तिष्क को यह देखने से रोक लेंगे कि आस-पास क्या हो रहा है? नहीं। इसका अर्थ सिर्फ़ इतना है कि आप अपने मस्तिष्क को यह छोटा-सा नाटक खेलने देने के लिए तैयार, इच्छुक और सक्षम हैं। आप अपने मस्तिष्क के द्वारा

खेला गया यह खेल देखिए, इसके द्वारा किया गया शोर सुनिए और फिर सोचिए "ऐसा कैसे हो सकता है।" अपने मस्तिष्क को इसे सुलझाने की कोशिश करते हुए देखिए । आपको इस बात को जानकर बेहद आश्चर्य होगा कि आपके भीतर यह सब केवल इसलिए हो रहा है, क्योंकि किसी एक व्यक्ति ने आपको हैलो नहीं कहा था। वास्तव में इस पर विश्वास कर पाना बहुत कठिन है। अब आपको अपने मस्तिष्क को बातें करते हुए देखना है और इस हलचल को शांत रहते हुए भूलते जाना है।

आप रोजाना ऐसी छोटी-छोटी घटनाओं के साथ ऐसा करते रहें। यह बात बेहद निजी है जो आप अपने भीतर कर सकते हैं। जल्द ही आप जान जाएँगे कि आपका मस्तिष्क बेकार की बातों पर आपको परेशान करता है। अपनी ऊर्जा को इस कार्य में लगाना बंद कर दे। आपको बस इतना ही काम करना है। शांत रहकर बातों को भूलते हुए आपको केवल आगे बढ़ते जाना है। जब भी आपको अपने भीतर इस तरह की बात चलती दिखाई दे, स्वयं को और अपने मन को शांत करिए, फिर इन विचारों के पीछे चले जाइए। आपको इन विचारों को न ही छेड़ना है और न ही इनके साथ बहते हुए कहीं निकल जाना है। यहाँ तक की इन विचारों को रोकने की कोशिश भी नहीं करनी है। केवल आपको इस बात के प्रति जागरूक रहना है कि आप इसे देख रहे हैं। स्वतंत्र होने के लिए आपको भूलते जाना होगा।

स्वतंत्रता के लिए इस मार्ग पर चलते हुए आपको केवल स्वयं को केवल यही याद दिलाना है की आप अपने मन को केवल देख रहे हैं, क्योंकि यही एक मूल मंत्र है जो आपको कहीं भटकने से रोक देगा। चूंकि अपने निजी मस्तिष्क की आदत एक प्रमुख नशा है, आपको स्वयं को याद दिलाने का कोई तरीका निकालना चाहिए। कुछ बहुत सरल अभ्यास हैं जिन्हें करने में बहुत कम समय लगता है किंतु यह आपको केंद्रित रहने में सहायक होता है। जब भी आप अपनी गाड़ी में बैठें, एक पल के लिए रुकिए। क्षण भर के लिए यह याद करिए कि आप खाली आकाश में घूमते एक ग्रह पर रहते हैं। इसके बाद खुद को यह याद दिलाइए कि आपको अपने ही तैयार किए नाटक का हिस्सा नहीं बनना है यानी उस समय जो भी हो रहा है उसे भूल जाइए और यह भी ध्यान रखिए कि आपको इस मस्तिष्क के खेल में भाग नहीं लेना है। फिर, गाड़ी से बाहर निकलते समय भी यही करना है। यदि आप सचमुच केंद्रित रहना चाहते हैं तो आप फ़ोन करने या दरवाज़ा खोलने से पहले भी यह कर सकते हैं। आपको कुछ बदलने की ज़रूरत नहीं है। सिर्फ़ वहाँ मौजूद रहकर देखिए कि आप सब कुछ देख रहे हैं। यह अपने समान की सूची देखने जैसा मात्र है। ध्यान दीजिए कि हृदय, मस्तिष्क, कंधों आदि में क्या हो रहा है। रोज़मर्रा के जीवन में ऐसे प्रेरक बिंदु बनाए जो आपको याद दिला सकें कि आप कौन हैं और आपके भीतर लगातार क्या चल रहा है।

इसका लगातार अभ्यास करते रहने से ऐसे पल तैयार हो जाएँगे जिनमें आपकी चेतना केंद्रित रहेगी। अंत में, आपको लगातार केंद्रित रूप में चेतना प्राप्त हो जाएगी। यही वह स्थान है जहाँ केंद्रित चेतना यानी आत्मा रहती है। यह ऐसी अवस्था होती है जहाँ आप हमेशा इसके प्रति जागरूक रहते हैं। इसके बाद ऐसा कोई भी क्षण नहीं होगा जिस क्षण आप चीज़ों को ले कर सजग न हो। इस काम को करने के लिए आपको कोई अतिरिक्त प्रयास करने की आवश्यकता नहीं है। आपको केवल वहाँ उपस्थित रहकर आसपास हो रहे संसार के सभी कार्यों के बीच आपके चारों ओर केवल विचार और भाव ही जन्म ले रहे हैं इसके अतिरिक्त और कुछ नहीं।

आपके ऊर्जा प्रवाह में होने वाला प्रत्येक परिवर्तन फिर, चाहे वह मस्तिष्क का उन्माद हो या फिर हृदय का परिवर्तन, आपको यह हमेशा याद दिलाता रहेगा कि आप सभी चीज़ों के लिए जागरूक हैं। वास्तव में अब जो बात आपको दबाकर रखती थी, वही आपको जगा कर रखेगी किंतु इस सबसे पहले आपको शांत होना होगा ताकि आप भीतरी बातों पर कोई प्रतिक्रिया न दें। ये प्रेरक बिंदु आपको केंद्रित रहने में सहायता करेंगे। अंत में भीतर इतनी शांति आ जाएगी कि आप हृदय को प्रतिक्रिया करते हुए भी देख सकेंगे और एक समय ऐसा भी आएगा जब आप मस्तिष्क कोई प्रतिक्रिया देना शुरू करे इससे पहले ही आप उस बात को भुला देंगे। इस सफर में किसी स्थान पर पहुँचकर, सारी बात मस्तिष्क से संबंधित न रहकर हृदय से संबद्ध हो जाती है। आपको लगने लगेगा कि आपका मस्तिष्क आपके हृदय का अनुसरण करने लगेगा। मस्तिष्क के बोलने से पहले ही हृदय अपनी प्रतिक्रिया देने लगेगा। जब आप जागरूक हो जाते हैं तो आपके हृदय की ऊर्जा में होने वाला बदलाव आपको तुरंत सजग कर देता है कि आप केवल द्रष्टा हैं। आप हृदय के स्तर पर ही सब कुछ भूल जाते हैं, जिस कारण आपके मस्तिष्क को कुछ कहने का अवसर नहीं मिलता।

आखिरकार अब आप सही राह पहुँच गए हैं। पहले जो चीज़ आपको रोकती थी, दबाती थी अब वही आपकी सहायता करती है, आपको आगे बढ़ाती है। ऐसी स्थिति में आपको अपनी समस्त ऊर्जा का लाभ उठाना चाहिए। सभी बातों को भुला देने से आप अपनी ऊर्जाओं को पूर्ण रूप से स्वतंत्र कर सकते हैं ताकि आप भी स्वतंत्र हो सकें। रोज़मर्रा के जीवन के बीच, अपनी मनोदशा के बंधन से स्वयं को छुड़ाकर आपको वास्तव में अपनी आत्मा से स्वतंत्र होने की आज़ादी मिल जायेगी। यह आज़ादी इतनी महान है कि इसे एक विशेष नाम दिया जाना चाहिए और वह नाम है - "मुक्ति"।

11

पीड़ा- स्वतंत्रता की वास्तविक कीमत

वास्तविक आध्यात्मिक विकास और गहरे व्यक्तिगत रूपांतरण के लिए अवश्यक है पीडा को सहन करना। परिवर्तन की प्रक्रिया का समय सरल नहीं होता इसलिए इसके बिना किसी प्रकार का कोई विस्तार या विकास नहीं हो सकता। पीड़ादायक अनुभव सामान्यतः परिचित चीज़ों को लगातार चुनौती देना तथा सुरक्षा, आराम व नियंत्रण की हमारी पारंपरिक ज़रूरतों पर सवाल उठाने की हिम्मत करना को माना जाता है। यही परिवर्तन का अर्थ भी है।

आपका इस पीड़ा को पहचान कर उससे परिचय होना भी आपके विकास का ही एक हिस्सा है। आपको भले ही भीतरी परेशानी का एहसास अच्छा लगता हो किंतु आपके भीतर शांत बैठकर इनका सामना करने की क्षमता होनी चाहिए ताकि आप यह देख सकें कि ये आते कहाँ से हैं। यदि आपमें इतना सामर्थ्य है कि आप इनका सामना कर सके तो आप पाएँगे कि आपके हृदय के भीतर पीड़ा की एक ऐसी पर्त होती है जो बहुत चुनौतीपूर्ण और विनाशकारी होती है, जिससे बचने में आपका पूरा जीवन निकल जाता है। आपका पूरा व्यक्तित्व ही इस पीड़ा से बचने के लिए विकसित हुए है यह सोचने, कार्य करने व मानने के विभिन्न तरीकों के द्वारा बना है।

आपके व्यक्तित्व को जानने से यह पीड़ा की पर्त आपको रोकती है, है जब आप आखिर में इस पीड़ा को झेलने का निर्णय लेते हैं तभी आपका वास्तविक विकास संभव हो पाता है। चूंकि यह पीड़ा हृदय के भीतर रहती है, इसी कारण यह आपके प्रत्येक कार्य में झलकती एवं उसको प्रभावित भी करती है। हालाँकि यह पीड़ा शरीर

द्वारा संवेदनाओं के रूप में प्राप्त होने वाले दर्द से भिन्न है, क्योंकि शरीर में दर्द तभी होता है जब कोई शारीरिक परेशानी होती है लेकिन आंतरिक पीड़ा हमारे विचारों और भावों की पर्तों के नीचे दबी होती है। यह भीतरी मनोवैज्ञानिक पीड़ा है और इसका एहसास हमें उस समय सबसे अधिक होता है। जब हमारे हृदय में तनाव पैदा होता है, उदाहरण के लिए, जब लोग हमारी अपेक्षाओं पर खरे नहीं उतरत पाते।

वास्तव में हमारी मनोदशा इसी पीड़ा से हमारी रक्षा करने के लिए ही बनी है और इसीलिए इस पीड़ा के लिए भय इसकी जड़ में होता है और इसी भय से ही हमारी मनोदशा का निर्माण होता है। इस बात को एक बार फिर समझते हैं, देखिए अगर आपके लिए अस्वीकृति का भाव समस्या है तो आपको अस्वीकृति पैदा करने वाले अनुभव भी सबसे ज़्यादा होंगे और यह भय आपकी मनोदशा का हिस्सा बन जाएगा। भले ही, अस्वीकृति उत्पन्न करने वाली वास्तविक घटनाएँ बहुत कम होती हैं, लेकिन आपको इसके भय की वजह से ज़्यादातर समय ऐसे डर का समना करना पड़ेगा। ऐसे ही हम अपनी पीड़ा का निर्माण करते हैं, जो हमेशा हमारे साथ बनी रहती है। यदि आप किसी पीड़ा से लगातार बचते आ रहे हैं या बचना चाहते हैं तो वही पीड़ा आपको जीवन भर परेशान करेगी, क्योंकि इसी पीड़ा के भाव व विचार आपके भय के कारण ही उत्पन्न हुए हैं।

जल्द ही आप इस बात को समझ जाएँगे कि पीड़ा के भय से बचने के लिए आपका किसी भी तरह का व्यवहार इस पीड़ा को निमंत्रण ही देगा। यदि आपको किसी व्यक्ति के द्वारा अस्वीकार किए जाने से डर लगता है और आप उस व्यक्ति की स्वीकृति पाने के लिए उस व्यक्ति के पास जाते हैं, किंतु यदि उस व्यक्ति ने आपको एक बार टेढ़ी नज़र से देख लिया या कुछ गलत बात कह दी तो आपको अस्वीकृति की पीड़ा अपने भीतर महसूस होने लगेगी। यहाँ इस बात को समझाने का उद्देश्य मात्र यह है कि चूंकि आप उस व्यक्ति के पास अस्वीकृति का भाव लेकर ही गए थे, इसलिए आप उससे बात करते हुए पूरा समय अस्वीकृति के मार्ग पर चलते रहें। सच्चाई तो यह है कि जो भाव आपको महसूस होते हैं, उनका आपके कार्यों के उद्देश्य पर ज़रूर प्रभाव पड़ता है और इसी पीड़ा को आप अपने हृदय में महसूस करते हैं, क्योंकि आपके कार्य और पीड़ा से बचने का भाव दोनों एक दूसरे से जुड़े हुए हैं।

पीड़ा के उत्पन्न होने का स्थान आपका हृदय है इसी वजह से आपको पूरे दिन में बहुत बार परेशानी अनुभव होती है। यह पीड़ा आपके हृदय में बहुत गहराई में दबी रहती है इसलिए आपका व्यक्तित्व और व्यवहार इस पीड़ा से हमेशा बचते रहते हैं। यही कारण है कि आप अपने वजन का पूरा ध्यान रखते हैं, कुछ खास किस्म के कपड़े पहनते हैं, किसी विशेष अंदाज में बात करते हैं और कुछ विशेष ढंग से बाल बनाते

हैं। आपका प्रत्येक कार्य इस पीड़ा से बचने के लिए किया जाता है। यदि आप इस बात की पुष्टि चाहते हैं तो देखिए क्या होता है यदि कोई आपके वज़न या कपड़ों पर टिप्पणी करता है। यकीनन आपको पीड़ा होती है। इसी पीड़ा से आप हमेशा बचते रहते हैं और इसी बचने के काम मैं आप ऐसे कामों को करते हैं जो आपको इस पीड़ा से आजाद करा सके।

अगर आप हृदय में छिपे हुए इस दर्द को ठीक नहीं करना चाहते तो इससे बचने के लिए आपने जो कुछ किया, वह सही साबित हुआ होता। अगर आप व्यस्त सामाजिक जीवन की आड़ में छिपने की कोशिश कर रहे हैं तो किसी के भी द्वारा आपके आत्म-सम्मान को चुनौती देने वाला कोई भी काम, जैसे कि आपको किसी कार्यक्रम में आमंत्रित न करना आपके लिए पीड़ादायक हो सकता है। मान लेते हैं आप अपने किसी मित्र को फ़िल्म देखने के लिए बुलाते हैं और वह कहता है उसके पास समय नहीं है तो कुछ लोगों को बुरा लग सकता है। यदि अपने मित्र को बुलाने का कारण किसी पीड़ा से बचना था, तो आपको ऐसी स्थिति में अवश्य ही पीड़ा महसूस होगी। मान लीजिए आप बाहर गए और आपने अपने कुत्ते को बुलाया, "अरे स्पॉट इधर आ जाओ!" लेकिन वह आपके बुलाने से नहीं आता। यदि आपने स्पाट को खाना खिलाने के लिए बुलाया था तो आप उसके खाने का कटोरा वहीं नीचे छोड़ देंगे ताकि जब उसका मन होगा तब वह खा सके। लेकिन आपने स्पॉट को इसलिए बुलाया था कि आज आपका दिन अच्छा नहीं गया, तो उसके नहीं आने से आपको पीड़ा का अनुभव होगा। आप सोचने लगेंगे, "मेरा कुत्ता भी मुझे पसंद नहीं करता!" आखिर कुत्ते के न आने से हृदय में इतनी पीड़ा क्यों होती है? यदि आपका मित्र आपके साथ फ़िल्म देखने नहीं गया तो आपको इतना बुरा क्यों लगता है? आखिरकार यह पीड़ा कहाँ से उत्पन्न होती है? सच्चाई तो यह है कि यह पीड़ा कहीं और से नहीं बल्कि आपके भीतर ही पहले से दबी हुई थी। आपके हृदय ने इस पीड़ा से बचने के लिए आपके प्रयास ने संवदनाओं की पर्त पर पर्त जमा कर दी थी जो इस दबी हुई पीड़ा से संबंध रखती थी।

चलिए अब देखते हैं कि आखिर यह परतें किस प्रकार एक के ऊपर एक जमा होती जातीहैं। अब आप अस्वीकृति की पीड़ा से बचने के लिए हर संभव प्रयास करते हैं ताकि आपकी दोस्ती पर कोई आंच न आए, क्योंकि अब आप देख चुके है कि दोस्तों के हाथों भी अस्वीकार होना संभव है, आप इससे बचने की और अधिक कोशिश करते हैं। इसमें सफल होने के लिए यह ज़रूरी है कि आप जो भी करें दूसरों उसे स्वीकार करें। यही बात आपके व्यवहार और आपके कपड़ों को तय करती है। देखिए, अब आपका ध्यान सीधे तौर पर अस्वीकृति पर नहीं है। अब आपका ध्यान इस बात पर है कि आप कैसे चलते हैं, क्या पहनते हैं और कौन सी गाड़ी चलाते

हैं। आप मूल पीड़ा से एक पर्त और आगे चले गए हैं। अगर कोई आपके पास आकर कहता है, "अरे वाह, मुझे लगता है कि आपके पास इससे अच्छी गाड़ी होनी चाहिए।" तो आप एक बार फिर बेचैनी का अनुभव करते हैं। आखिर आपको इस बात से पीड़ा क्यों होती है? अगर कोई आपकी गाड़ी के विषय में कुछ कह देता है तो आपको इससे आखिर कोई परेशानी क्यों है? आपको साफ़ शब्दों में स्वयं से पूछना चाहिए कि किस बात ने मेरे हृदय को इतना बेचैन किया है। आखिर वह कौन-सा भाव है? ऐसा मेरे साथ क्यों हुआ? ज़्यादातर लोग स्वयं से ये प्रश्न नहीं पूछते। वे हमेशा इस प्रश्न से बचने की कोशिश में लगे रहते हैं।

आपको इस बात की जड़ तक जाना होगा और उन परतों के विज्ञान को समझना होगा। आपके हृदय के मूल में पीड़ा उपस्थित रहती है। यह आपकी पहली पर्त है कि आप इस पीड़ा से बचने के लिए दोस्तों के बीच व्यस्त रहने की लगातार कोशिश करते हैं और उनके द्वारा दी गई स्वीकृति में अपनी पीड़ा को छिपाते हैं। इसके उपरांत आपकी दूसरी पर्त यह है कि आप अपने दोस्तों की स्वीकृति को बनाए रखने के लिए स्वयं को एक अलग तरह से ढाल लेते हैं ताकि आप अपने दोस्त बना सकें और अपने दोस्तों को प्रभावित कर सकें। आपकी प्रत्येक परत आपकी मूल पीड़ा से जुड़ी हुई है। ऐसी कारण आपकी रोज़मर्रा की साधारण बातचीत भी आपको इतना ज़्यादा प्रभावित करती है। यदि स्वयं को साबित करने के पीछे प्रमुख कारण वह पीड़ा न होती, तो दूसरे लोगों की बातों का आपके ऊपर कोई प्रभाव नहीं पड़ता। परंतु उस पीड़ा से बचने के लिए आप स्वयं को हमेशा साबित करते रहना चाहते हैं, आपके प्रत्येक कार्य में उस पीड़ा की संभावना कहीं न कहीं झलक ही जाती है। आप ज़रूरत से ज़्यादा संवेदनशील हो जाते हैं इतने कि बिना परेशान हुए आपके लिए रहना मुश्किल हो जाता है। आप जब भी कोई भी कार्य करते हैं या लोगों से बातें करते हैं आपका हृदय उन सभी कार्यों और बातों से बिना प्रभावित हुए नहीं रह पाता। यदि आप ध्यान से देखेंगे तो पाएँगे कि सामान्य सी बातचीत भी आपकी पीड़ा का कारण बेहद सरलता से बन जाती है।

इन सभी बातों से आपको थोड़ा दूर रहने के लिए, कुछ समझने की अवश्यकता है। एक दिन रात को जब मौसम साफ़ हो उस दिन बाहर निकलिए और ऊपर आकाश की और देखिए और इस बात को जरा सोचिए कि आप बिलकुल ख़ाली जगह के बीच में घूमते हुए एक ग्रह पर बैठे आकाश को देख रहे हैं। भले ही आप कुछ हज़ार तारों को ही देख पाते हैं, सिर्फ़ हमारी अपनी आकाशगंगा में सैकड़ो अरब तारे हैं। वास्तव में, ऐसा अनुमान है कि स्पाइरल गैलेक्सी में दस खरब से अधिक तारे मौजूद हैं और यदि हम देख पाएँ तो वह गैलेक्सी ही हमें एक तारे जैसी दिखाई देगी। आप धूल के एक कण पर बैठे एक तारे के इर्द-गिर्द घूम रहे हैं। इस दृष्टिकोण से देखने के बाद, क्या आपको लगता है कि सचमुच इस बात की चिंता करनी चाहिए लोग आपके कपड़ों

और गाड़ी के विषय में क्या सोचते हैं? यदि आप किसी का नाम भूल जाएँ तो क्या सचमुच इसमें शर्मिंदा होने की कोई बात है? आप इन निरर्थक बातों से स्वयं को पीड़ा कैसे पहुँचने दे सकते हैं? यदि आप इससे निकलना चाहते हैं तो अपनी मानसिक पीड़ा से बचने की कोशिश को आपको छोड़ना होगा तभी आप अच्छा जीवन जी सकते हैं। सच्चाई तो यह है कि आपको इन सब बेकार की बातों को छोड़ देना चाहिए कि लोग आपको पसंद करते हैं या नहीं अथवा आपकी गाड़ी किसी को प्रभावित करती है या नहीं। यह किस तरह का जीवन है? यह तो पीड़ा और परेशानियों से भरा हुआ जीवन है। हो सकता है आपको लगता है कि आपको बहुत बार आपको पीड़ा महसूस होती है , यह सच भी है। पीड़ा से बचते हुए अपना जीवन व्यतीत करने का अर्थ है कि वह पीड़ा हर पल आपके पीछे ही खड़ी है। इस प्रकार आपकी पूरी जिंदगी पीड़ा से बचने की कोशिश करते हुए निकल जाती है, क्योंकि आप किसी भी पल भूल कर सकते हैं या कुछ गलत बात बोल सकते हैं और इस तरह यह पीड़ा के रूप में आपके समक्ष आ जाएगी।

जब आप अपने भीतर देखते हैं तो आपको केवल दो प्रमुख विकल्प ही मिलते हैं। पहला विकल्प यह है कि पीड़ा को भीतर ही रहने दिया जाए और बाहरी दुनिया से जीवन भर संघर्ष किया जाए। दूसरा विकल्प यह है कि आप अपनी जिंदगी इस भीतरी पीड़ा के साथ नहीं जीना चाहते बल्कि आप इससे आजादी चाहते हैं। उन लोगों की संख्या गिनी चुनी है जो इस प्रक्रिया को इस इस प्रकार भीतरी बना पाते हैं। ज़्यादातर लोग जीवन भर यह जान ही नहीं पाते की भीतर पीड़ा की ऐसी अनेक परतें भी मौजूद हैं जिन्हें खोलने की आवश्यकता है। क्या आप इसे भीतर रखकर इससे बचने के लिए बाहरी दुनिया के साथ संघर्ष करना चाहते हैं? आपका जीवन कैसा होगा यदि उस पर इस भीतरी पीड़ा का नियंत्रण न हो? आप आजादी महसूस करेंगे और इस संसार में पूरी तरह आजाद होकर कहीं भी घूम सकेंगे हैं। इतना भी नहीं किसी भी चीज़ के साथ सहज रहकर अपने जीवन का आनद उठा सकेंगे। दूसरे शब्दों में कहे तो इस प्रकार अपना जीवन आनंद से जीते हुए अंतिम क्षण तक आप आकाश के मध्य में घूमते एक ग्रह पर रहने का अनुभव और आनंद दोनो ले सकेंगे।

सबसे पहले आपको अपनी भीतरी पीड़ा से डरना पड़ेगा। तभी आप स्वतंत्रता की अवस्था तक जीवन को जी पाएँगे। जब तक आप इस पीड़ा से पीड़ित रहेंगे, तब तक आप इससे बचने की कोशिश में लगे रहेंगे, क्योंकि भय आपसे ऐसा करवाता रहेगा। यदि आप स्वतंत्र होना चाहते हैं तो इस भीतरी पीड़ा को सिर्फ़ अपनी ऊर्जा के प्रवाह में आए एक परिवर्तन की भांति देखें। इस अनुभव से डरने की आपको कोई आवश्यकता नहीं है। आपको अस्वीकृति से डरने या बीमारी अथवा किसी की मृत्यु या कुछ गलत होने पर कैसा लगेगा, यह सोचने की भी आवश्यकता नहीं है। जो चीज़ें

सचमुच हो नहीं रहीं, उनसे बचते हुए आप पूरा जीवन नहीं व्यतीत कर सकते वरना प्रत्येक चीज़ अपना नकारात्मक प्रभाव डालती चली जाएगी। आपको आखिर मैं बस यही दिखेगा कि कितनी चीज़ें ग़लत हो सकती हैं। क्या आपको कोई अंदाजा है कि ऐसी कितनी चीज़ें हैं, जिनसे भीतरी पीड़ा आपको अनुभव हो सकती हैं? आकाश में जितने तारे हैं, उनसे भी अधिक चीज़ों से आपको परेशानी हो सकती है। यदि आप अपने विकास के लिए स्वतंत्र होना चाहते हैं और बिना किसी परेशानी के अपना जीवन आनंद से बताना चाहते हैं तो पीड़ा पहुँचाने वाली चीज़ों को छोड़ना ही पड़ेगा।

सबसे पहले आपको भीतर देख कर तय करना होगा कि अब पीड़ा मेरे लिए कोई समस्या नहीं है। यह भी इस संसार की एक चीज़ है। कोई आपसे कुछ ऐसी बात कह सकता है, जिससे आपको बुरा लगे या आपका मन दुखी हो, किंतु वह बात भी एक न एक दिन बीत ही जाएगी। यह अनुभव स्थाई नहीं है। ज़्यादातर लोग इस बात की कल्पना भी नहीं कर पाते कि भीतरी परेशानी के साथ शांतिपूर्वक रहना कैसा लगता होगा। किंतु यदि हमेशा इससे बचते रहने की कोशिश करते रहेंगे तो कभी भी अपना जीवन सहजता के साथ नहीं जी पाएँगे। अगर आपको असुरक्षा महसूस होती है तो यह भी एक भाव है। यह संसार का एक हिस्सा है। यदि आपको किसी से ईर्ष्या होती है और आपके हृदय में जलन होती है तो इसे सहजता के भाव से देखे जिस प्रकार आप अपने किसी घाव को देखते हैं। यह संसार की एक वस्तु है जो आपके शरीर से होकर गुज़र रही है। इससे डरिए नहीं पल की इसके साथ हंसिए, और इसे गुजर जाने दीजिए, क्योंकि जब तक आप इसे नहीं छुएँगे, यह भी आपको नहीं छू सकती। यह बस एक प्रक्रिया है इसे होने दीजिए।

इसे गुजर जाने देने के लिए सबसे पहले एक मूलभूत मानव आदत का अध्यन करते हैं। पहले इस पीड़ा का मनोविज्ञान समझिए जब कोई पीड़ाकारक वस्तु आपको छूती है तो आप तुरंत उससे दूर हो जाते हैं। दुर्गंध और बुरे स्वाद के साथ भी आप ठीक ऐसा ही करते हैं। सच्चाई तो यह है कि आपका मन भी यही करता है। यदि कोई परेशान करने वाली बात इसका स्पर्श करती है तो यह स्वयं को दूर करने या बचाने की कोशिश में लग जाता है, क्योंकि इसका स्वभाव ही यही है। इन भावों की हम पहले भी बात कर चुके हैं जैसे असुरक्षा, ईर्ष्या या डर के साथ यह ऐसा करता ही है। कुल मिलाकर, आप स्वयं को "भीतर से बंद" कर लेते हैं, जो आपके ऊर्जा प्रवाह को कवच से ढक देता है। इसके प्रभाव को आप अपने हृदय में होने वाले कंपन के रूप में महसूस कर सकते हैं। कोई आपको कुछ बुरा कह देता है तो आपको अपने हृदय में बेचैनी होने लगती है। इसके बाद आपका मस्तिष्क बोलने लगता है "मैं इसे और सहन नहीं कर सकता इसलिए अब मैं इस व्यक्ति से कभी भी बात नहीं करूँगा। तब उसे अपनी

गलती का एहसास होगा।" जो कुछ आपको महसूस हो रहा है, आपका हृदय उससे पीछे हटने और स्वयं को सुरक्षित करने का प्रयास भी साथ में लगातार कर रहा है ताकि उसे उसी तरह का एहसास फिर कभी न हो। आप ऐसा इसलिए करते हैं, क्योंकि आप उस पीड़ा को सहन नहीं कर पाते। जब तक आप उस पीड़ा को सहन नहीं करेंगे, तक आप उससे बचने के लिए इसी तरह अपने हृदय को बंद रखेंगे। ऐसा होने पर आपका मस्तिष्क आपकी उस बंद ऊर्जा के चारों ओर एक मनोवैज्ञानिक ढाँचा बना लेता है। आपके विचार आपको यह समझाने की कोशिश करते रहेंगे कि आप सही है और दूसरा व्यक्ति गलत है। इसके बाद वह आपको इस विषय में अब आगे क्या करना चाहिए इसकी सलाह देता रहेगा।

यदि आपने इसकी बात मान ली तो यह आपके जीवन हिस्सा बन जाएगा। वर्षो तक यह पीड़ा आपके भीतर रहेगी और सचमुच पूरे जीवन की रचनात्मक इकाई का रूप ले लेगी। यह आपके भावी विचारों, प्रतिक्रियाओं और पसंद-नापसंद सभी को अपने नियंत्रण में ले लेगा। जब आप किसी परिस्थिति के कारण उत्पन्न पीड़ा का विरोध करने की कोशिश में लगे होते हैं उस समय स्वयं को बचाने के लिए आपको अपने विचारों और स्वभाव को बदलना पड़ता है। ऐसा आप इसलिए करते हैं ताकि उस घटना से जुड़ी किसी बात का हम पर प्रतिकूल प्रभाव न पड़े। अब आप अपने चारों और एक सुरक्षा का घेरा तैयार करते हैं। यदि आप इसे स्पष्ट रूप से होता हुआ देख रहे हैं और इसके भविष्य में जो परिणाम होंगे उन्हे भी जानते हैं तो आप निश्चित तौर पर इस बंधन से स्वतंत्र होना ज़रूर चाहेंगे। हालाँकि, आपको इससे स्वतंत्रता प्राप्त नहीं हो सकती, क्योंकि जब तक आप ऐसे बिंदु तक नहीं पहुँच जाते जहाँ आप उस पीड़ा से बचने की कोशिश के बजाय उसे बाहर निकालने के लिए तत्पर हो आपको इस पीड़ा से बचने की आदत से ऊपर उठना ही होगा।

पीड़ा के भय से ग़ुलाम बनकर रहना सही नहीं है और इस बात को समझदार लोग बहुत अच्छे से जानते हैं। वे संसार से डरने के बजाय उसे उसके यथारूप में रहने देना चाहते हैं। वे जीवन की हर परिस्थिति में मन से हिस्सा लेते हैं, लेकिन वे ऐसा बचने के लिए नहीं करते। यदि जीवन में कुछ ऐसा होता है, जिससे आपके भीतर डर या घबराहट पैदा होती है, तो उससे दूर जाने के बजाय उसे किसी हवा के झोके की भांति अपने भीतर से गुजर जाने दीजिए। यकीन जानिए, दिन भर ऐसा कुछ न कुछ होता ही रहता है, जिससे आपको घबराहट होती है। किसी भी क्षण आपको निराशा, गुस्सा, ईर्ष्या, असुरक्षा या शर्म महसूस हो सकती है। यदि आप ध्यान से देखेंगे तो आप पाएँगे कि आपका हृदय इन सबको खुद से दूर करने की कोशिश में लगा रहता है। स्वतंत्रता चाहते हैं तो मानवीय भावनाओं के विरोध में न खड़े रहे।

अपनी पीड़ा को ऊर्जा की तरह देखे। जब भी आपको पीड़ा महसूस हो उसे अपनी बना ले। इन भीतरी अनुभवों को अपने हृदय के मध्य से अपनी चेतना की दृष्टि के सामने से गुजरती ऊर्जा मानकर चलिए फिर शांत हो जाइए। बंद होने के विपरीत काम करे। शांत हो रहे और उसे बाहर निकलने से। आप जब तक शांत रहे जब तक आप हृदय की ठीक उस जगह के सामने न पहुँच जाएँ जहाँ आप सबसे अधिक दुख अनुभव कर रहे हैं। तनाव के स्थान पर उपस्थित रहे। इसके उपरांत शांत होकर और गहरे जाइए। यह बहुत गहरा विकास व रूपांतरण होता है। लेकिन आप ऐसा नहीं करना चाहेंगे और इसका खूब विरोध करना चाहेंगे यही इसे शक्ति देता है। जैसे ही आप शांत होते हैं और इस विरोध को अनुभव करते हैं, आपका हृदय दूर जाना, बंद होना और अपनी सुरक्षा करना चाहेगा। शांत रहिए। यह एक ऊर्जा है इससे बस ऊर्जा की तरह ही देखें । शांत रहकर हृदय और कंधों को ढीला छोड़ दें ताकि वह ऊर्जा स्वतः ही बिना किसी परेशानी के बाहर निकल जाए।

यदि आप इस ऊर्जा को अपने भीतर से निकल जाने का मार्ग नहीं देंगे तो यह आपके भीतर ही कहीं किसी कोने में रुक जाएगी, क्योंकि हमारी आदत हमेशा इस ऊर्जा को रोकने की होती है। यदि आप पीड़ा नहीं चाहते तो उसे भीतर क्यों रोकते हैं? क्या आपको लगता है कि यदि आप इसका विरोध करेंगे तो यह चली जाएगी। हृदय के भीतर पीड़ा होने पर यदि आप शांत हो जाएँ और इसका सामना करे तो यह आराम से दूर हो जाएगी। सच तो यह है कि जब भी आप शांत होते हैं तो पीड़ा का एक अंश हमेशा के लिए आप में से कम हो जाता है। जबकि हर बार विरोध करने और हृदय बंद होने पर यह पीड़ा आपके भीतर जमा होने लगती है यह ठीक वैसा है जैसे हम नदी को बाँध दें। इसके कारण आपको अपने मनोविज्ञान की सहायता से पीड़ा और पीड़ा के अनुभवकर्त्ता की यानि आपके अपने बीच एक पर्त तैयार करनी पड़ती है। इकट्ठा की गई पीड़ा से बचने का प्रयास यही आवाज आपके मस्तिष्क के भीतर से करती है।

आपके हृदय में ही पीड़ा उपस्थित रहती है सबसे पहले आपको इस बात को स्वीकार करना। आपने उसे अपने हृदय में इकट्ठा किया है। आपने ही उसे वहाँ बने रहने देने के लिए हर संभव प्रयास भी किया है ताकि वह आपको कभी महसूस न हो। आपके भीतर बहुत-सी खुशी, सौंदर्य, प्रेम और शांति भी है। किंतु ये सब पीड़ा के दूसरी और रहते हैं जहाँ आनंद और स्वतंत्र रहती है। पीड़ा की उस पर्त के दूसरी ओर आपकी वास्तविक महानता छिपी हुई है। दूसरी ओर आप तभी जा सकते हैं जब आप इस पीड़ा को स्वीकार कर ले। आपको केवल इतना भर स्वीकार करना है कि वह आपके भीतर है और आप उसे महसूस करने जा रहे हैं। जब आप इस बात को स्वीकार कर लेंगे और शांत हो जाएँगे तो वह पीड़ा आपकी चेतना के सामने एक बार आ कर आपके भीतर से गुजर जाएगी, क्योंकि हमेशा ऐसा ही होता रहा है।

जिस समय आपको पीड़ा का अनुभव होता है उस समय आप पाएँगे कि पीड़ा के समय आपको भीतर से गर्म-सा एहसास होता है। सच तो यह है कि जब आप पीड़ा की ऊर्जा महसूस कर रहे होते हैं तो आपको अपने हृदय में बहुत ज़्यादा जलन महसूस होती है। सही मायने में यही पीड़ा आपके हृदय की शुद्ध पीड़ा है। आपको इस जलन का आनंद लेना सीखना होगा दूसरे शब्दों में इसे ही योगाग्नि के नाम से जाना जाता हैं। भले ही आपको आनंदप्रद नहीं लगती किंतु आप धीरे-धीरे इसका आनंद लेना सीख जाएँगे, क्योंकि यह आपको आपकी पीड़ा से स्वतंत्र कर रही है और यही पीड़ा आपकी स्वतंत्रता की कीमत है। आप का डर उस दिन समाप्त हो जाएगा जिस दिन आप यह कीमत चुकाने के लिए तैयार होंगे। जिस क्षण यह भय समाप्त हुआ उसी क्षण आप उन सभी परिस्थितियों का सामना करने के काबिल हो जाएँगे जो परिस्थितियाँ आपको जीवन में डराया करती थी।

आपके जीवन में कभी ऐसा भी समय आएगा। जब आपको तेज पीड़ा का अनुभव होगा। यदि यह आपके भीतर है तो ऐसा ज़रूर होगा। यदि आप समझदार है तो इसे ऐसे ही छोड़ देंगे और केवल इससे बचने के लिए अपना जीवन बदलने का प्रयास बिलकुल भी नहीं करेंगे और इस ऊर्जा को शांत रहकर अपने भीतर से गुजर जाने देंगे। उस जलन को महसूस करेंगे। आप इसे अपने अंदर दबाकर नहीं रखना चाहेंगे इसलिए स्वतंत्रता को अनुभव करने, ईश्वर को अपने भीतर महसूस करने के लिए भीतर दबी हुई सारी पीड़ा को बाहर निकलना ज़रूरी है। आध्यात्मिकता को पाने के लिए सबसे पहले आपको अपने भीतर के कार्य को पूरा करना होगा। जब आप सजगता के साथ अपनी स्वतंत्रता के लिए उसकी मुंह मांगी कीमत चुकाने को तैयार होते हैं। उस क्षण आपका आध्यात्मिक विकास आरंभ हो जाता है। विपरीत परिस्थितियों में भी आपको हर समय जागरूक रहने और अपने हृदय को शांत रखने के लिए तैयार रहना चाहिए।

याद रखिए यदि आप अपने भीतर किसी भी बात को दबा लेंगे तो उसकी वजह से आपका पूरा जीवन संवेदनशील बना रहेगा। अपने भीतर उसे छुपाने के कारण आपके अंदर उस बात को लेकर हमेशा डर बना रहेगा कि कहीं वह किसी के सामने उजागर न हो जाए लेकिन इसके विपरीत यदि आप अपनी उस बात को अपने भीतर छुपाने की वजह अपने हृदय को खुला छोड़ देंगे तो वह आराम से आपके हृदय से होती हुई बाहर निकल जाएगी। सच्चाई तो यह है कि जब आप शांत रहते हैं तो आपके भीतर रुकी हुई ऊर्जा सरलता के साथ बाहर निकल जाती है और इसकी वजह से आप फिर कभी परेशान नहीं होते।

जब आप पीड़ा को अपने भीतर से सहज भाव से निकल जाने देंगे तो स्वतंत्र होना आपके लिए आसान हो जाएगा। यही आध्यात्मिकता का मूल मंत्र है। इसके बाद

यह संसार आपको फिर कभी डरा नहीं पाएगा, क्योंकि आपके साथ ज़्यादा से ज़्यादा क्या हो सकता है कि यह संसार आपके भीतर छिपी हुई पीड़ा पर आघात कर सकता है। किंतु यदि आप इसकी चिंता नहीं करेंगे और स्वयं से नहीं डरेंगे तो आप स्वतंत्र हो जाओगे। ऐसी स्थिति में आप पहले से ज़्यादा आनंदित होकर अपना जीवन व्यतीत कर पाएँगे, क्योंकि आपको हर चीज़ पहले से ज़्यादा गहराई से महसूस होगी और अपने भीतर सुंदर अनुभव होंगे।

अंतिम रूप से यह आपको समझ आ जाएगा कि इस भय और पीड़ा के पीछे कुछ और नहीं केवल प्रेम छिपा हुआ है। समय-समय पर यह शक्ति भीतर से आपके हृदय का पोषण करेगी और इस कभी ना समाप्त होने वाली शक्ति के साथ आपका एक मजबूत निजी संबंध स्थापित हो जाएगा। यह भीतरी पीड़ा के साथ आपके वर्तमान संबंध की जगह ले लेगा और फिर आपका जीवन प्रेम और शांति के साथ बिना किसी अवरोध के चलता जाएगा, क्योंकि आपने उस पीड़ा को दूर छोड़ दिया है जो आपकी स्वतंत्रता के बीच बाधा थी। अब आपका मन स्वतंत्र हो जाएगा।

भाग- 4

पार जाना

Photo (previous page)
Hubble Deep Field
Image credit: NASA, The Hubble Deep Field Team (STScI), Robert Williams

12

भीतरी दीवारें गिराना

जब आपका भीतरी विकास आरंभ होता है तो आप अंदर से शांत होने लगते हैं और यह सब स्वाभाविक होता है, क्योंकि आप अपने भीतर धीरे-धीरे स्थापित होने लगते हैं। वास्तव में आप आरंभ से ही वहीं स्थित थे बस आपकी चेतना को भटकाने वाले विचारों, भावों और संवेदनाओं के लगातार अवरोध आपके ऊपर हमेशा हावी रहे थे। समय के साथ आपको यह भी समझ में आने लगेगा कि आप इन सब परेशानियों से दूर जा सकते हैं। आप जितना ज़्यादा सजग चेतना के स्थान पर समय व्यतीत करेंगे, उतना ही अधिक आपको इस बात का अनुभव होगा कि जो कुछ आप अपनी आंखों से देख रहे हैं उन सभी से आपके मन पर जो चमत्कारी प्रभाव पड़ रहा, उससे दूर जाने का कोई न कोई मार्ग ज़रूर होगा हैं। इस बंधन से छुटकारा पाने का का भी कोई रास्ता अवश्य होगा।।

संपूर्ण स्वतंत्रता की यह भीतरी खोज पारंपरिक रूप से ज़्यादातर गलत अर्थ में समझे गए शब्द से दर्शायी जाती है - "बोध" समस्या यह है कि बोध के विषय में हमारे विचार हमारे निजी अनुभवों और हमारी सीमित अवधारणा की समझ पर आधारित हैं, क्योंकि ज़्यादातर लोगों को इस क्षेत्र का कोई ज्ञान नहीं होता इसलिए वह इस अवस्था को समझ नहीं पाते और उसका उपहास करते हैं या फिर इसे एक ऐसी रहस्यमय अवस्था के रूप में देखा जाता है जो ज़्यादातर लोगों को प्राप्त नहीं होती। यह कहना सही होगा कि इस विषय में ज़्यादातर लोग इस बात को बहुत अच्छे से जानते हैं, क्योंकि वह लोग इस अवस्था तक पहुँच ही नहीं पाए हैं।

आपके मस्तिष्क में इस प्रश्न का उठना स्वाभाविक है क्या चेतना को इस अनुभव तक सीमित रहना चाहिए कि विचार, भाव और संवेदी वस्तुएँ केवल आपकी चेतना के सामने से गुज़रती हैं। यदि चेतना अपना ध्यान आपके निजी विचारों, भावनाओं और संवेदना से अलग कर ले तो क्या होगा? क्या आपको लगता है कि आप अपने व्यक्तिगत अहम् के बंधन से स्वतंत्र हो जाएँगे और उसके पार खोज करने के लिए आजाद हो जाएँगे? क्या आप जानते हैं कि आपकी चेतना इस व्यक्तिगत अहम् के बंधन के जाल में कैसे फांसी थी? वास्तव में इन प्रश्नों का उत्तर खोजने के लिए चर्चा होनी चाहिए कि मस्तिष्क की सीमाओं के पार और क्या है। सच तो यह है कि हम जिस मानसिक ढाँचे को प्रयोग करने के अभ्यस्त हैं, निश्चित तौर पर उसके भीतर से इस चर्चा की शुरुआत करना बहुत कठिन है। इसलिए, हम इस अवस्था को जानने की शुरुआत एक उदहारण के माध्यम से करते हैं। जिस प्रकार प्लेटो ने 360 ई.पू. में "गुफ़ा की कथा" नामक वार्तालाप का प्रयोग किया था, उसी प्रकार हम भी इसे समझने के लिए एक छोटी सी कहानी का प्रयोग करेंगे।

मान लीजिए कि आप किसी खुले मैदान में हैं जहाँ भरपूर, धूप, हवा और रोशनी है। इतना ही नहीं वह जगह प्राकृतिक सौंदर्य से भरी हुई है जिस कारण आप वही रहने का निर्णय लेते हैं और अपने इस स्वप्न को साकार करने के लिए आप वहाँ जमीन खरीद लेते हैं और उस विशाल मैदान के बीच में आपने अपने सपनों के घर की रूपरेखा बनानी शुरू कर दी। आपने अपने घर की गहरी नींव रखी, क्योंकि आप चाहते थे कि घर बहुत मज़बूत बने ताकि लंबे समय तक टिका रहे। आपने टूट-फूट और पानी रिसने की समस्या से बचने के लिए पत्थर का घर बनवाया। घर की सुरक्षा की दृष्टि से रूप से उसमें अपने कम खिड़कियाँ लगवाई और छत में बहुत-से बड़े छज्जे बनवाए। खिड़कियाँ लग जाने के बाद जब घर बनकर तैयार हो गया तो आपने देखा कि आपका घर अंदर से बहुत गर्म हो जाता था। इसके लिए आपने ऐसे दरवाज़े लगवाए जो ऩ सिर्फ़ धूप और गर्मी को बाहर परावर्तित कर देते थे बल्कि सुरक्षा के लिए उन पर ताला भी लगाया जा सकता था। वह घर बहुत बड़ा था और उसमें सारी सुख सुविधाएँ उपलब्ध थी। आपने अतिथियों के लिए अलग कमरा भी बनवा ताकि आपको कोई परेशानी ना हो। आपको अकेलापन इसलिए चाहिए था, क्योंकि आप इस इच्छा में फ़ोन, रेडियो, टीवी या इंटरनेट से दूर रहना चाहते थे।

अब आपका घर बनकर तैयार हो गया है और आप उसमें रहने के लिए बहुत उत्साहित है। आप जैसा घर जाते थे वैसा आपको मिल गया। आपको मैदान का खुलापन और भरपूर रोशनी और वहाँ का प्राकृतिक सौंदर्य बहुत पसंद था। आप ही सबसे ज़्यादा उस घर पर आसक्त थे। आपने घर के निर्माण में अपनी जान लगा दी थी अब वह ठीक वैसा देख रहा था जैसा आप चाहते थे या यूँ कहें कि वह आपका

प्रतिबिंब बन गया था। आप बेहद खुश थे किंतु समय के साथ, घर के प्रति आसक्ति और बाहर की विचित्र आवाज़ों और दृश्यों के प्रति आपकी असहजता बढ़ती गई जिस कारण आप ज़्यादातर समय घर के भीतर ही बिताने लगे। एक दिन इसी अकेले कान में आपको एहसास होता है कि पर्दे और तालों से बंद दरवाज़ों के कारण आपका घर किसी किले कि भांति लगने लगा था लेकिन आपको यह सब ठीक लगता था। भले ही आप शहरी नागरिक थे फिर भी आपको यह एकांत पसंद आने के साथ डरावना लगता था, लेकिन एकांत में रहने का यह निर्णय आपका था।

अब आपको अपने घर की सुरक्षित चारदीवारी में रहने की आदत हो गई। अब आप इत्मीनान के साथ पढ़ने-लिखने का काम करते रहें, जैसा कि आप हमेशा से करना चाहते थे। घर के भीतर रहना वास्तव में काफी सुविधाजनक था, क्योंकि उसमें सभी सुख सुविधाएँ उपलब्ध थी चाहे फिर वह मौसम से बचाव के साधन हो या सुरक्षा के लिहाज से। आप इस बात से भी बेहद खुश थे कि आपने घर के भीतर आधुनिक किस्म की रोशनी का भरपूर प्रबंध किया था। विडंबना यह हुई कि आप को वह घर इतना आरामदायक, अच्छा और सुरक्षित लगा कि आपने बाहर जाने के विषय में सोचना ही बंद कर दिया, क्योंकि अंदर का परिवेश आपके लिए जाना-पहचाना, पूर्व अनुमानित और पूरी तरह आपके नियंत्रण में था जबकि बाहर का संसार अंजान, पहले से अनुमान रहित और आपके नियंत्रण से परे था। आपने कभी बाहर जाकर बंद दरवाजे खोलने का खतरा नहीं उठाया। वे इतनी अच्छी तरह बने हुए थे कि दिन हो या रात, लाइट बंद करने के बाद अंदर पूर्ण अंधकार हो जाता था, क्योंकि आपको लाइट बंद करने की आदत नहीं थी, आपको इस बात पर ध्यान तब गया जब उनमें आग लगने लगी। उस समय आपको संकट के साथ डर लगने लगा, क्योंकि आपके पास बदलने के ऐसे बल्ब नहीं थे जो नई प्रणाली के अनुरूप हो। इसका मतलब यह था कि आखिरी बल्ब बंद हो जाने के बाद आपके चारों ओर अंधेरा हो गया जिस कारण आपको अपना अंधेरे में ही रास्ता खोजने के सिवा कोई और मार्ग नहीं बचा था।

अब आपके पास कुछ मोमबत्तियाँ ही प्रकाश का एक एकमात्र स्रोत थी। किंतु ये मोमबत्तियाँ भी संख्या में बहुत कम थीं जिस कारण आपने उन्हें बहुत संभालकर रखा था। आपके लिए यह बहुत मुश्किल समय था, क्योंकि आपको रोशनी बहुत पसंद थी। लेकिन यह समय इतना भी कठिन नहीं था कि आप घर की सुरक्षा से बाहर निकलकर जाने का साहस करें। आखिर में आपके शारीरिक और मानसिक स्वास्थ्य पर विपरीत प्रभाव पड़ने लगा, क्योंकि आप उस अंधकार के आदि नहीं थे। जैसे-जैसे समय बीतता गया आपके मस्तिष्क में उस सुंदर रोशनी से भरे घर की स्मृति धुंधली होती गई और एक समय ऐसा भी आया जब आपको उस घर की कभी याद नहीं आई।

आपको हमेशा अपने घर को अंदर से रोशन रखने की चिंता रहने लगी थी, क्योंकि आपको अंधेरे में केवल एक ही रोशनी का पता था, और वह थी मोमबत्तियों की रोशनी। अब धीरे-धीरे आपको अंदर बहुत अकेला महसूस होने लगा। इसके चलते हैं आप आप हर चीज़ से कट गए। अब घर के अंदर आपको कुछ भी नहीं अच्छा लगता था सिवाय घर की सुरक्षा की भावना के। आप हर क्षण भयभीत और असहज महसूस कर रहे हैं आपको यह भी समझ नहीं आ रहा था कि आपको किस बात का डर था। स्थिति अब यह थी कि आप सिर्फ़ स्वयं को संभाल पा रहे थे। केवल एक प्रकाश की कमी के कारण आपने लिखना और पढ़ना भी बंद कर दिया था। आपके भीतर और बाहर दोनों ओर केवल अंधकार ही अंधकार था।

एक दिन आपको उस घर की देखभाल करने वाली महिला ने, जो कि उस सुरक्षित घर में रहने की आपकी तीव्र ज़रूरत को आपके साथ साझा करती थी, आपको गोदाम वाले तहखाने में बुलाया। वहाँ का दृश्य देखकर आप बिलकुल हैरान रह गए। वहाँ आपात टॉर्च की भरपूर सप्लाई थी जिसे केवल आप हिला देने से चालू कर सकते थे। उस महिला ने पहले से ही कुछ टॉर्च चालू कर दिए थे और तहखाना पूरी तरह प्रकाशित था। यह आपके अंधकारमय जीवन में आया एक महत्त्वपूर्ण मोड़ था।

आपने हर कमरे को सजाया और अपने घर की चारदीवारी में ही रोशनी को बनाए रखा, जिससे आप खुश रहें। इतना ही नहीं आपने जब तक आप सो नहीं जाते तब रोशनी बनाए रखने के लिए पूरे प्रयास किए, जिससे आपको खुशी मिले। आपने फिर से पढ़ना-लिखना शुरू कर दिया और ऐसा हुआ कि घर के साथी को आपका लिखा हुआ पढ़ने में अच्छा लगता था। सच तो यह है कि घर को केवल कृत्रिम प्रकाश ने प्रकाशित नहीं किया था। आप दोनों के दिलों में प्रेम की चिंगारी भी जल उठी थी। जरा सोच कर देखिए कि आप अकेले रहने की बजाए दोनों मिलकर कितना अधिक प्रकाश उत्पन्न कर सकते थे। आप दोनों ने सारा समय एक दूसरे के साथ बिताना शुरू कर दिया था और फिर आपने शादी भी कर ली। अब सब कुछ बहुत सुंदर लगता था, क्योंकि आप दोनों एक दूसरे के साथ थे। अब आपको अपना घर किसी स्वर्ग से कम नहीं लगता था, क्योंकि आपने घर में प्रेम और प्रकाश को हमेशा के लिए स्थापित कर लिया था।

जब आप एक दिन आपको अपने पुस्तकालय में गए वहाँ आपको एक पुस्तक मिली। उस पुस्तक ने आपको अपनी ओर आकर्षित कर लिया इसकी वजह यह थी कि उस पुस्तक में "बाहर" मौजूद प्राकृतिक और प्रकाश का उल्लेख था। उसमें प्रकाश में स्नान करने के विषय में भी बात की गई थी। किंतु उस पुस्तक में आपकी कल्पना से कहीं अधिक रोशनी के विषय में बताया गया था और वह प्रकाश किसी ने उत्पन्न

नहीं किया था। इसने आपको कशमकश में डाल दिया। आपको केवल मोमबत्तियों और टॉर्च के कृत्रिम प्रकाश के विषय में ही पता था। इतना प्रकाश कैसे पैदा किया जा सकता है और फिर उसे उसी तरह बनाए रखना कैसे संभव हो सकता था? आपको यह बात समझ में नहीं आई, क्योंकि आपको केवल वही बात समझ में आती थी जो आपकी जीवनशैली के जैसी हो। पहले आप घर के भीतर रहते थे जिस कारण आप अंधकार में रहते थे। आपको जो प्रकाश मिलता था वह सीमित था। आप इतने लंबे समय से घर के भीतर थे कि आपका सारा संसार उस घर की चारदीवारी के भीतर था। आपकी समस्त आशाएँ, सपने, अवधारणाएँ और विश्वास केवल उस अंधेरे घर के माहौल पर आधारित थे।

इस पुस्तक को आगे पढ़ने के उपरांत आपको यह ज्ञात होता है कि वास्तव में इस प्राकृतिक प्रकाश में घूमना कैसा लगता है। इसमें ऐसे प्रकाश का वर्णन किया गया है जो स्वयं तो प्रकाशित होता है ही है लेकिन कभी समाप्त नहीं होता। जो हर जगह एक साथ चमक उठता है। यह वही प्रकाश है सभी लोगों पर लगातार व समान रूप से पड़ता है। अभी तक आपके पास इसे समझने का कोई संदर्भगत ढाँचा नहीं था। इसने आपके भीतर तक किसी चीज़ को छू लिया। इस पुस्तक में उन चारदीवारी का जिक्र था जिन्हें आपने स्वयं के लिए निर्माण किया था साथ ही किस प्रकार बाहर निकला जा सकता है। उसका भी उल्लेख इस पुस्तक में किया गया था। सच तो यह है कि जब तक आप केवल अंधकार से बचने के लिए सांसारिकता में फंसे रहेंगे और उससे जुड़े रहेंगे, तब तक आपको अपने घर की चारदीवारी के बाहर का प्रकाश नहीं दिखाई देगा। दूसरे शब्दों में कहें तो आप भीतरी वस्तुओं पर निर्भर है जिस कारण बाहर निकलना आपके लिए मुश्किल हो गया है।

हमारी दशा इस घर के भीतरी जीवन के बिलकुल अनुकूल है, क्योंकि हमारी चेतना और अपने अस्तित्व के प्रति जागरूकता, हमारे भीतर में कहीं कृत्रिम रूप से बंद किसी ऐसे क्षेत्र में रहती है जो पूरी तरह स्वतंत्र है। इसकी चार दीवारें, एक फ़र्श और एक छत है जो इतननी ठोस है कि प्राकृतिक प्रकाश की एक भी किरण भीतर नहीं आ सकती। यदि हम अपने लिए अच्छी परिस्थिति नहीं बना सकते तो वहाँ हमेशा अंधकार ही रहता है। इसलिए हम प्रत्येक दिन सजावट करने में ज़्यादा व्यस्त रहते हैं। ऐसा करने के लिए हम बाहरी चीज़ों को भीतर तो ले जाते हैं ताकि उन चीज़ों की वजह से वहाँ थोड़ा-सा प्रकाश हो सकें, किंतु स्वयं को भीतर बंद रखते हैं।

यह दृश्य वही है जहाँ आप प्राकृतिक प्रकाश से पूरी तरह कटे हुए एक घर में बंद हैं और यह घर भरपूर रोशनी से भरे खुले मैदान में स्थित है। परंतु इस घर का निर्माण आपने किस चीज़ से किया है? और इसकी दीवारें किस चीज़ की बनी हुई हैं? क्या या

घर समस्त प्रकाश को बाहर रोककर आपको भीतर बंद रख सकता हैं? यह घर आपके विचारों व भावनाओं से निर्मित हुआ है। इसकी दीवारें केवल आपकी मनोदशा से बनी हुई हैं। यह सब और कुछ नहीं आपके पिछले अनुभव मात्र हैं जो आपने अपने आस-पास इकट्ठा किए हैं। आपने अपने मस्तिष्क में कुछ खास प्रकार के विचारों और भावों को समेट कर, उनसे अपना वैचारिक संसार बुन लिया है। यह मानसिक ढाँचा इस घर की बाहरी दीवारों पर पड़ने वाली रोशनी से आपको पूरी तरह अलग करके रखता है। आपके चारों ओर विचारों की बहुत मोटी दीवारें हैं जिनके कारण भीतर केवल अंधकार ही रहता है और कुछ नहीं। आप कभी भी अपनी बनाई हुई सीमाओं को तोड़कर बाहर जाने की नहीं सोचते, क्योंकि आप ज़्यादातर समय अपने विचारों और भावों में लीन रहते हैं।

यह दीवारें आपको भीतर ही भीतर कितना रोकती हैं। यदि आप यह जानना चाहते हैं तो इन दीवारों की ओर चलना शुरू कर दें। उदाहरण के लिए आपको ऊँचाई से डर लगता है, क्योंकि जब आप छोटे थे उस समय सीढ़ी पर चढ़ते हुए नीचे गिर गए थे जिस कारण आपके मस्तिष्क में ऊँचाई को लेकर डर बना हुआ है। यह डर उन दीवारों में से एक है जिसकी ओर आपको बढ़ना है। आप देखना चाहते हैं कि ये दीवारें आपको कितना रोकती हैं तो इनकी ओर चलना शुरू कर दीजिए। चलिए, आपको इस दीवार के पार जाते हुए देखते हैं। मान लेते हैं, कोई ऐसी घटना होती है जो आपके इस पुराने भय को फिर जगा देती है, लेकिन अब आप इसके पार जाने का निर्णय करते हैं। आप इसके जितना निकट जाते हैं, आपकी उतनी ही पीछे हटने की इच्छा होती है। अतीत मैं जो घटना आपके साथ हुई थी उस घटना ने आपके चारो ओर एक सीमा रेखा बना दी है, जिससे आप हमेशा बचना चाहते हैं। ऐसा होना स्वाभाविक है, क्योंकि इन दीवारों के विषय में हम हमेशा से ऐसा ही करते हैं। आप हमेशा इनसे टकराने से बचने की कोशिश करते हैं। यह आपको अपनी सीमा में बांधे रखती हैं और किसी जेल की भांति बन जाती हैं, क्योंकि यही आपकी चेतना की सीमाएँ हैं। इसलिए आप कभी भी इनके पास नहीं जाते। आपको इसके पार जाना कैसा लगता है आपको इस बात का पता ही नहीं है।

जब आप उस जगह पहुँचते हैं, जहाँ विचारों और भावनाओं का अवरोध स्थल हैं तो यह आपको पृथ्वी के भीतर जाने जैसा बुरा लगता है। वास्तव में आप उस जगह के बिलकुल भी पास नहीं जाना चाहते। किंतु आप वहाँ जा सकते हैं और यदि आप सचमुच बाहर निकलना चाहते हैं तो आपको वहाँ जाना चाहिए। जब आप वहाँ पहुँच जाएँगे तो आपको यह ज्ञात होगा कि वहाँ अंधकार नहीं है बल्कि वो दीवारें है जो बाह्य प्रकाश को भीतर प्रवेश करने से रोक देती हैं। जब आप प्रकाश ढूंढ़ते हैं तो यह एक महत्त्वपूर्ण भेद है। यदि आपको कोई दीवार दिखाई देती है जो आपको बाह्य अंधकार

से बचा रही है तो आप वहाँ नहीं जाना चाहेंगे। लेकिन आपको कोई दीवार दिखाई देती है जो रोशनी को रोक रही है तो आप वहाँ जाकर उस दीवार को हटाना अवश्य चाहेंगे। सच तो यह है कि प्रकाश को पाने के लिए आपको अँधेरी काली रात से गुजरना ही पड़ता है। हम जिसे अंधकार समझते हैं यह दरअसल, प्रकाश में आई बाधा मात्र है। इसलिए आपको इन दीवारों के पार ज़रूर जाना चाहिए।

इन भीतरी दीवारों के पार जाना इतना भी कठिन नहीं है। प्रत्येक दिन हर बार इन दीवारों से आपके जीवन का प्रवाह टकराता रहता है पर हर बार वह यही प्रयास करता है कि वह इन दीवारों को तोड़ दे। किंतु होता है इसके विपरीत है हम हमेशा इन दीवारों की रक्षा और मरम्मत में लगे रहते हैं। आपको इस बात को समझना चाहिए कि जब आप अपनी रक्षा करते हैं तो वास्तव में आप इन दीवारों की रक्षा करते हैं, क्योंकि वहाँ रक्षा करने के लिए कुछ होता ही नहीं है। आपकी आत्मा की चेतना और रहने के लिए बनाए गए उस सीमित घर के अतिरिक्त कुछ नहीं है। आप जिसकी रक्षा कर रहे हैं, यह वही घर है जो आपने अपनी सुरक्षा के लिए बनाया था। आप इसके भीतर छिप कर बैठे हैं। यदि कुछ ऐसा होता है जो आपकी मनोदशा की दीवारों को चुनौती देने लगता है, तो आप बहुत ज़्यादा रक्षात्मक हो जाते हैं। आपने अपनी एक अवधारणा बनाई, उसके भीतर घुस गए और अब आप अपने पूरे जोर के साथ उस घर की रक्षा में लगे हुए हैं। लेकिन आपके विचारों की दीवार के अतिरिक उस भीतरी घर में और क्या है जिसके आप रक्षा कर रहे हैं? जब आप कहते हैं, "मैं एक औरत हूँ और मेरी उम्र पैंतालीस साल है। मैंने 'जो' नाम के व्यक्ति से विवाह किया है और इस स्कूल से अपनी पढ़ाई पूरी की..." ये सभी मात्र विचार हैं। आपके विचारों के अलावा, वास्तविक स्थितियाँ भीतर मौजूद नहीं होतीं लेकिन मैं तो चीयरलीडर थी, और मैं अपनी वरिष्ठ कक्षा की प्रेसीडेंट थी। यह तीस साल पहले की बात है। किंतु अब वह परिस्थितियाँ नहीं हैं। लेकिन यह वही दीवारें हैं जिनकी आप रक्षा करते हैं या आपके भीतर मौजूद हैं।

यदि आपकी भीतरी दीवारों में कोई छेद कर दे और आप की बनाई हुई अवधारणा को लगातार चुनौती दे, ऐसी स्थिति में क्या होगा? अगर कोई आपके मूलभूत विचार को, जिसपर आपकी मनोदशा का पक्का घर खड़ा हुआ है, हिला दे तो क्या होगा? मान लीजिए कोई व्यक्ति आपसे कहे कि आपकी उम्र बीस वर्ष है, "जरा रुकिए। वो व्यक्ति आपके माता-पिता नहीं हैं। जब आप छोटे थे तो आपको बचपन में गोद लिया गया था। क्या उन्होंने आपको कभी बताया नहीं?" आप हठपूर्वक इसे मानने से इंकार करते हैं, लेकिन फिर वह आपको कागजात दिखाता है। यह आपको भीतर तक झंझोरकर रख देता है। केवल एक गलत विचार ही काफी है आपके पूरे घर को हिलाने के लिए। आपके भीतर सिर्फ़ इतनी-सी बात से डर, हलचल और पीड़ा पैदा हो सकती है कि कोई बात आपके अनुकूल नहीं हुई। आप भीतर तक हिल जाते

हैं, क्योंकि यह आपके उस घर को चुनौती देता है जिसमें आप शर्म को बंद कर कर आराम से रह रहे थे। अब इसे ठीक करने के लिए, आप बहुत से तर्क देना शुरू करते हैं : "मुझे पता है कि ये बहुत अच्छे थे। वे बिलकुल मेरे सगे माता-पिता जैसे ही थे। सोचिए कि उन्होंने मेरे जैसे व्यक्ति को गोद लिया और फिर उसे अपने बच्चे की तरह पाला-पोसा,प्यार दिया। सच में, जितना मैं समझता था वो उससे भी ज़्यादा अच्छे है।" आपने दीवार में बने उस छेद की बहुत सावधानी से मरम्मत कर दी। हम अपनी उन दीवारों के साथ ऐसा ही करते हैं, जो हमारे अनुकूल नहीं होती। हम हमेशा उनकी मरम्मत करते हैं, उनकी रक्षा करते हैं और उन्हें किसी को छूने की भी इजाजत नहीं देते।

अब यहाँ ध्यान देने योग्य बात यह है कि आपने दीवार के उस क्षेत्र को अपने अच्छे विचारों से मरम्मत करके ढक दिया था। आपने विचारों से उस चीज़ को ढँका जो विचारों की ही बनी हुई थी। हम हमेशा यही करते हैं। जिस तरह लोग स्वयं को प्रकाश से भरे खुले मैदान में एक अंधेरे घर में बंद कर लेते हैं और फिर थोड़ी-सी रोशनी पाने के लिए संघर्ष करते रहते हैं, उसी तरह हम लोग भी अपनी भीतरी दीवारों के अंदर रहकर एक संसार का निर्माण करते हैं, जो भीतरी अंधकार से अच्छा हो। हम अपना ज़्यादातर समय इन दीवारों को सजाने और संवारने में लगे रहते हैं और ऐसा हम अपने अतीत के अनुभवों और भविष्य के सपनों के माध्यम से करते हैं। यानी हम उन्हें अपने विचारों से सजाते-सवारते हैं। हालाँकि जिस तरह घर में बंद उन लोगों के पास अपने ही बनाए कृत्रिम जगत से बाहर निकलकर प्राकृतिक प्रकाश के सौंदर्य को देखने की क्षमता होती है, उसी तरह आप भी अपने विचारों से घर से बाहर अनंत प्रकाश में जा सकते हैं। आपकी चेतना बाहर के विशाल संसार में फैल सकने की क्षमता रखती है। इसके बाद जब आप अपने छोटे से भीतरी घर को छोड़कर बाहर का संसार देखेंगे तो आप चकित रह जाएँगे कि आप इतने दिनों तक कैसे इतने छोटे से घर के भीतर कैद थे।

आपकी यही यात्रा है बाह्य जगत की यात्रा है। वास्तविक स्वतंत्रता आपकी बहुत पास है वह केवल दीवार के दूसरी ओर है। बोध बहुत खास होता है। किंतु सच्चाई तो यह है कि व्यक्ति को उसके ऊपर ध्यान केंद्रित नहीं करना चाहिए। इसके बजाय, अपने निर्माण की दीवारों पर ध्यान केंद्रित करें, क्योंकि यही दिवारी भीतर प्रकाश को आने से रोका करती हैं। प्रकाश को रोकने वाली दीवारे बनाकर, उसके बाद बोध के लिए प्रयास करने का क्या फायदा? अपनी प्रत्येक दिन की जीवनशैली मैं बदलाव के माध्यम से इन दीवारों को ध्वस्त करके बाहर निकला जा सकता है। आपको केवल इन दीवारों की मरम्मत, रक्षा और समर्थन नहीं करना

मान लीजिए कि आपके विचारों का घर अनगिनत तारों के प्रकाश के सागर के मध्य खड़ा है और आपकी चेतना को उस घर के अंधकार के बीच फँसी हुई आपके सीमित अनुभवों की कृत्रिम प्रकाश में जीने के लिए संघर्ष कर रही है। अब कल्पना करें कि घर की दीवारें गिर रही हैं और आपकी चेतना सहज रूप से बाहर निकलकर उस प्रकाश के साथ विस्तार पा रही है, जो प्रकाश हमेशा से था और आज भी है। अंत में अपने इस अनुभव को बोध नाम दें।

13

दूर से भी दूर

आखिर में "पार" एक ऐसा शब्द है, जिसमें आध्यात्मिकता का सही अर्थ छिपा हुआ है। पार शब्द का सही अर्थ अपनी वर्तमान स्थिति से बहुत आगे निकल जाना है या इस स्थिति में न रहना। अब जब आप अपने से निरंतर आगे जाते रहते हैं तो फिर कोई बंधन या सीमा नहीं रह जाती। बंधन केवल वहीं होते हैं जहाँ से आप आगे जाने का विचार छोड़ देते हैं। यदि आप लगातार चलते जाते हैं तो सभी सीमाओं और बंधनों से आगे निकल जाते हैं।

पार का अर्थ ही है सभी दिशाओं में असीमित होना। चलिए इसे एक उदाहरण के माध्यम से समझते हैं यदि आप लेजर किरण को किसी भी दिशा में फेकेंगे तो वह अनंत दूरी तक चली जाएगी उसका अंत केवल तभी होता है जब आप उसके लिए एक कृत्रिम सीमा बना देते है, जिसे वह भेद नहीं पाती। सीमाएँ अनंत आकाश में सीमित होने का आभास पैदा करती हैं। चीज़ें सीमित लगती हैं, क्योंकि आपकी अवधारणा मानसिक सीमाओं से टकराती है। वास्तविकता तो यह है कि सब कुछ असीमित है। आप खुद असीम तक जाने वाली चीज़ को एक मील आगे ले जाने की बात करते हैं। यहाँ से एक मील कितना होता है? यह दूरी अनंत का एक भाग है कोई सीमा नहीं। यहाँ केवल अनंत ब्रह्मांड ही है।

आपके द्वारा चीज़ों पर जो सीमाएँ लगाई गई हैं उनके पार जाना ज़रूरी है और इसके लिए आपको अपने भीतर तक परिवर्तन की आवश्यकता है। अभी आप अपने मस्तिष्क का प्रयोग करके संसार को वैचारिक इकाइयों में तोड़ रहे हैं। इसके बाद आप उसी मस्तिष्क का प्रयोग करके इन विचारों को एकत्रित कर एक दूसरे के साथ विशिष्ट संबंध बना देते हैं। ऐसा आप नियंत्रण की एक झलक को अनुभव करने के

लिए करते हैं। आप हमेशा अज्ञात को जानने की कोशिश में लगे रहते हैं। इस बात को इस उदाहरण के माध्यम से समझा जा सकता है कि जब आपकी छुट्टी होती है तो आप स्वयं से कहते हैं कि "कल मेरी छुट्टी है इसलिए कल बारिश बिल्कुल नहीं होनी चाहिए।", क्योंकि 'जेनिफर' को बाहर घूमना पसंद है, वह मेरे साथ ज़रूर घूमने चाहेगी। यदि मुझे एक दिन और यही चाहिए होगा तो टॉम मेरी जगह काम करने के लिए मना नहीं करेगा, क्योंकि मैंने भी तो एक बार जब उसको ज़रूरत थी तो उसके लिए काम किया था। आपने सब समझ लिया है। आपको भविष्य का पता है आपके मत, आपके विचार, आपकी पसंद, आपकी अवधारणाएँ, आपके लक्ष्य और आपके विश्वास, ये सब अनंत को सीमित करने के तरीके मात्र हैं जहाँ आपको अपने नियंत्रण का भाव अनुभव होता हैं, क्योंकि विश्लेषण करने वाला आपका मस्तिष्क अनंत को संभाल नहीं सकता, इसलिए आपने सीमित विचारों की वैकल्पिक सच्चाई तैयार कर ली जो आपके मस्तिष्क में स्थिर बनी रहे। आपने पूरी चीज़ के टुकड़े कर लिए है और उनमें से कुछ टुकडे अपने मस्तिष्क के भीतर विशेष तरह से इकट्ठा कर लिए है। आपके लिए भीतरी मानसिक मनोदशा ही सच्चाई है। इसके बाद आपको प्रत्येक क्षण संसार से संघर्ष करना है ताकि वह आपकी इस मनोदशा के अनुकूल बन सके। इस पूरी प्रक्रिया के दौरान जो चीज़ें आपके अनुकूल नहीं है उन्हें आप गलत या अनुचित कहकर अलग कर देते हैं।

यदि कोई बात आपके नजरिए को आहत करती है तो आप उस बात के प्रति रक्षात्मक रवैया अपनाते हैं और तर्कों के माध्यम से स्वयं को ही सही ठहराते हैं। आप ज़्यादातर समय छोटी छोटी चीज़ों को लेकर परेशान होते हैं, जिस कारण आपको गुस्सा आ जाता है। आखिर आपको गुस्सा क्यों आता है, क्योंकि कुछ चीज़ें आपके अनुरूप नहीं होती। यदि आप इस स्थिति के पार जाना चाहते हैं तो आपको इस बात पर अविश्वास करने का खतरा तो उठाना होगा। मानसिक मनोदशा में सच्चाई न होने की वजह से ही आपको परेशानी का सामना करना पड़ रहा है। इस समय आपके पास दो रास्ते हैं पहला कि आप सच्चाई का विरोध करें और दूसरा अपनी मानसिक मनोदशा की सीमाओं के पार चले जाएँ।

सबसे पहले आपको इस बात को समझना होगा कि आपने इस मनोदशा को क्यों बनाया था। इसे समझने का सबसे आसान तरीका यह जानना है कि यदि यह मनोदशा काम न करे तो क्या होगा। क्या आपने कभी समूचे संसार को जीवन की ऐसी मनोदशा पर बनाया है जो किसी दूसरे व्यक्ति के व्यवहार अथवा किसी संबंध के स्थायित्व पर टिका हो? अगर हाँ, तो क्या आपने कभी उस नींद को अपने नीचे से हटाने की कोशिश की है? कोई आपका साथ छोड़ देता हैया किसी की मृत्यु हो जाती है। कुछ गलत हो जाता है। कोई चीज़ आपके ढांचे को अंदर तक हिला देती है। जब

ऐसा होता है तो आपके आस-पास के सब लोगों तथा सब चीज़ों के साथ आपके संबंध समेत अपने विषय में आपका दृष्टिकोण हिलने लगता है। अब आप परेशान हो जाते हैं और उससे बचने के लिए हर संभव कोशिश करने लगते हैं। इस समय आप अपने संसार को खत्म होने से बचाने के लिए हर संभव प्रयास करते हैं।

ऐसा ज़्यादातर लोगों के साथ होता है और यदि एक बार इस तरह का अनुभव आपको एक बार हो जाए तो आपको समझ में आता है कि आपका बनाया गया ढांचा बेहद कमज़ोर है जिस वजह से यह है बहुत आराम से गिर सकता है। यह पूरा ढांचा और सब चीज़ों के विषय में आपके दृष्टिकोण समेत, वह सब चीज़ें जिनके ऊपर यह टिका हुआ है गिर सकती हैं। जिस दिन ऐसी स्थिति आती है उस दिन आपको जीवन का सबसे महत्त्वपूर्ण सबक साबित होता है। ऐसे में, आपका सामना उस उद्देश्य से होता है जिसके लिए आपने वह ढांचा बनाया था। असहजता की यह स्थिति बेहद डरावनी होती है। आप एक बार फिर उस धारणा की झलक पाने की लिए कोशिश करते हैं। आप उस समय अपने मानसिक ढांचे को फिर से अपने आस-पास लाने का प्रयास करते हैं ताकि आप पुनः अपने आरामदायक मानसिक मनोदशा के ढांचे में पहुँच सके।

हालाँकि इस बात को समझने के लिए कि हम क्या कर रहे हैं, संसार को गिराने की आवश्यकता नहीं है। हम लगातार उसे गिरने से बचाने की कोशिश में लगे रहते हैं। यदि आप वास्तव में यह जानना चाहते हैं कि आप किसी काम को क्यों करते हैं तो उसे करना बंद कर दें और फिर देखें कि आगे क्या होता है। उदाहरण के लिए मान लेते हैं कि, आप सिगरेट पीते हैं। यदि आप सिगरेट पीना बंद कर देते हैं तो आपको शीघ्र ही उन इच्छाओं से सामना होगा जिनके कारण आप सिगरेट पीते हैं। ये इच्छाएँ समस्या के कारण की सबसे बाहरी यानी पहली परत हैं। यदि आप इन इच्छाओं का विरोध करें तो आपको पता लगेगा कि यह क्यों जगती है। जो कुछ दिखाई देगा, अगर आप उसके साथ सहज हो जाएँ तो आपको कारण की अगली पर्त नज़र आ जाएगी और फिर अगली पर्त और फिर उससे अगली इसी प्रकार, अवश्यकता से ज़्यादा खाने का भी कारण होता है। आप जिस ढंग से कपड़े पहनते हैं, उसका भी एक कारण है। आपके हर काम का कुछ न कुछ कारण होता ही है। यदि आप यह जानना चाहते हैं कि आप कपड़े पहनने या बाल संवारने पर इतना ध्यान क्यों देते हैं तो एक दिन ऐसा मत कीजिए। एक दिन सुबह उठकर बिना बाल संवारे घर से बाहर निकल जाइए इसके बाद देखें कि आपके भीतर की ऊर्जाओं के साथ क्या होता है। आपको जो दिखाई देगा, वही उसका कारण होगा।

सच्चाई तो यह है कि आप हमेशा आरामदायक स्थिति में रहना चाहते हैं, जिस वजह से आप संघर्ष करते रहते हैं फिर चाहे वह संघर्ष लोगों से हो या फिर चीज़ों

से। ताकि वह आपके ढांचे का समर्थन करते रहें। यदि वे आप के बनाए हुए ढांचे के अनुसार काम नहीं करते तो आपको असहज अनुभव होने लगता है ऐसी स्थिति में आपका मस्तिष्क सक्रिय हो कर आपको पुनः अपने अनुसार करने के लिए क्या करना चाहिए इसके लिए निर्देश देने लगता है। जैसे ही कोई आपकी अपेक्षा के प्रतिकूल बर्ताव करने लगता है, तो आपका मस्तिष्क कहता है, अब मुझे क्या करना चाहिए? उसने जो किया मैं उसे माफ नहीं कर सकता। अब मुझे उससे सीधे बात करनी पड़ेगी। आपका मस्तिष्क उस बात को ठीक करने के लिए लगातार सलाह देता रहता है और इस बात से कोई फ़र्क़ नहीं पड़ता कि आप क्या करते हैं; यह सब वापस आरामदायक स्थिति में लौटने के लिए किया जाता है। यह स्थिति सीमित है। इसके भीतर रहने के सभी प्रयास आपको सीमित रखते हैं। इसके पार जाने का मतलब है उन प्रयासों को छोड़ देना जिनकी वजह से आप चीज़ों को अपनी नियत सीमाओं में रखते हैं ताकि आपके नियंत्रण में सब रह सके।

आप अपने जीवन को दो तरह से जी सकते हैं, पहला या तो आप आरामदायक स्थिति में रहने के लिए जीवन भर प्रयास करते रहें सकते हैं अथवा आप अपनी स्वतंत्रता के लिए एक कोशिश कर सकते हैं यानी दूसरे शब्दों में कहें तो, आप अपना पूरा जीवन सब कुछ अपने सीमित ढांचे के अनुरूप बनाने के लिए लगा सकते हैं या फिर आप जीवन को इस सीमित ढांचे से स्वतंत्र करने के लिए लगा सकते हैं।

चलिए इसे और बेहतर ढंग से समझने के लिए चिड़ियाघर चलते हैं। उदहारण के लिए मान लेते हैं कि आपको बहुत आनंद आ रहा है, किंतु तभी आपको एक छोटे से पिंजरे में बाघ दिखाई देता है। आप अचानक यह सोचने लगते हैं कि यदि आपको अपना बचा हुआ जीवन इतनी छोटी जगह में बंद रहना पड़े तो कैसा लगेगा। आप यह सोचकर ही डर जाते हैं, किंतु सच यह है कि आरामदायक स्थिति में रहना भी ऐसे ही पिंजरे में रहने जैसा है। आपका भीतरी पिंजरा भले ही शरीर को नहीं बांधता, लेकिन आपकी चेतना के विस्तार को बांधकर सीमित कर देता है। दूसरे शब्दों में कहें तो आप अपनी आरामदायक स्थिति को नहीं छोड़ पाते इसलिए आप पिंजरे में कैद जैसा ही महसूस करते हैं।

वास्तव में आप अपनी आरामदायक स्थिति को भली-भांति जानते हैं, जिस कारण आप इस पिंजरे में ही रहना पसंद करते हैं। डर की वजह से ही आप पिंजरे में रहना चाहते हैं। मेरे से बाहर की दुनिया आपके लिए बिल्कुल अंजान है। इसे और अच्छी तरह से जानने के लिए आप अपने जीवन काल में मिले किसी सबसे डरपोक व्यक्ति के विषय में सोचिए। वह डरा हुआ रहता था, क्योंकि उसे लगता था कि हर कोई केवल उसे ही नुकसान पहुँचाना चाहता है। यदि आप उसे बाघ के उस पिंजरे

में बंद हो जाने का प्रस्ताव देंगे तो हो सकता वह उसे स्वीकार कर ले। वह स्वयं को पिंजरे में कैद नहीं मानता। वह उस पिंजरे को सुरक्षित रहने के लिए सबसे अच्छा स्थान समझेगा। जिस स्थान को आप जेल समझते हैं वह उसके लिए सबसे सुरक्षित स्थान है। यदि कोई सुरक्षा सेवा आपको सुरक्षित करने के लिए आपके घर में घुसकर सभी दरवाजों और खिड़कियों को बंद कर दे तो उस समय आप कैसा महसूस करेंगे? या तो आप घबराकर घर से बाहर भाग जाएँगे या आप को सुरक्षित करने के लिए उस सुरक्षा सेवा का धन्यवाद कहेंगे।

यदि हम मनोदशा के संदर्भ में बात करें तो ज़्यादातर लोग दूसरी वाली प्रतिक्रिया ही चुनते हैं। वे हमेशा घर के भीतर रहकर सुरक्षित महसूस करना चाहते हैं। वह कभी भी सुरक्षात्मक ढांचे से बाहर निकलने के लिए नहीं कहते, "मुझे यहाँ से बाहर निकालो!" मैं यहाँ इस छोटी-सी दुनिया में कैद हो गया हूँ जहाँ सब कुछ किसी खास ढंग से किया जाता है। मुझे इस बात की चिंता करनी पड़ती है कि कौन क्या कर रहा है, में कैसा दिखता हूँ और मैंने आज तक क्या कुछ कहा है। मुझे यहाँ से बाहर निकलना है।" बाहर निकलने की इच्छा करने के बजाय वे लोग अपने इस पिंजरे को बनाए रखना चाहते हैं। यदि कोई चीज़ सुविधाजनक नहीं है, वे स्वयं को बचाने और दोबारा सुरक्षा का भाव पैदा करने के लिए हर संभव कोशिश करते हैं। यदि आपने कभी ऐसा किया है तो इसका मतलब यह है कि आपको भी अपना पिंजरा अच्छा लगता है। जब भी यह मानसिक पिंजरा हिलता है, आप इसकी मरम्मत करने लगते हैं ताकि आप इत्मीनान के साथ इसमें रह सके।

वास्तव में आप जब आध्यात्मिक तौर पर जागृत होने लगते हैं उस क्षण आपको यह एहसास होता है कि आप किसी पिंजरे में कैद हैं। इस समय आप बहुत गहरी नींद से जागते हैं और आपको यह बात समझ में आती है कि आप इस पिंजरे में सांस भी नहीं ले सकते। आप लोगों को यह बताने से डरते हैं कि आप अपनी आरामदायक स्थिति की चारदीवारी से हमेशा टकराते रहते हैं और टकराते समय आपको कैसा अनुभव होता है। अपने संकोच के कारण आप अपने मन की बात किसी से कह भी नहीं पाते, क्योंकि आपको लगता है कि चीज़ों पर हावी होना ही इसका एकमात्र समाधान है।

क्या यह किसी खास वजह से होता है? नहीं आपने खुद यह सीमाएँ बनाई हैं। यदि आप इनके भीतर नहीं रहते तो आपको डर तो लगता ही है,साथ ही पीड़ा भी होती है जिस कारण आप बेचैन हो जाते हैं। सही मायने में यही आपका पिंजरा है। बाघ की भांति आपको भी अपनी पिंजरे से टकराकर ही उसकी सीमा का पता लगता है। आरामदायक स्थिति की चारदीवारी आपके लिए सलाखे हैं। जैसे ही आप पिंजरे

के किनारे तक पहुँचते हैं, यह आपको उसका एहसास दिला देता है जैसे जब आपका मन किसी बात के लिए विरोध करता है उस समय आपको इस पिंजरे का स्पष्ट तथा एहसास होता है।

चलिए चारदीवारी को एक उदाहरण के माध्यम से समझते हैं। पहले के समय में, यदि कोई अपना कुत्ता घर के पिछले भाग में रखना चाहता था तो उसे एक सीमा बनानी पड़ती थी। किंतु अब आपको सीमा बनाने की कोई आवश्यकता नहीं है, क्योंकि आजकल सब कुछ इलैक्ट्रॉनिक हो गया है। आप केवल कुछ तारों को ज़मीन के नीचे दबा दीजिए और कुत्ते के गले में एक कॉलर बांध दें। कुते सोचता है, “वाह, में आज़ाद हूँ! पहले मुझे एक सीमा के भीतर रहना पड़ता था लेकिन अब ऐसा नहीं है यह तो बहुत ही अच्छा है कि मैं जहाँ चाहूँ जा सकता हूँ!” इसके बाद वह वहाँ जाना चाहता है जहाँ उसे नहीं जाना चाहिए और तभी उसको जोर का झटका लगता है। वह वापस पीछे कूदकर भौंकना शुरू कर देता है। यह कुत्ते के साथ क्या हुआ? वहाँ एक अदृश्य सीमा रेखा थी और जैसे ही कुत्ता उसके पास गया, उसे झटका लगा। कुत्ते को बहुत बुरा लगा, क्योंकि अब वह सीमारेखा के पास जाने से भी डरता है। अब तो आप समझ ही गए होंगे कि पिंजरा होने के लिए पिंजरे जैसा दिखना कोई ज़रूरी नहीं है। यह पिंजरा केवल आपकी असहजता के डर के कारण भी बना हुआ हो सकता है। अपनी सीमाओं के पास जाने पर आपको असहज और असुरक्षित महसूस हो सकता है। यही आपका पिंजरा हैं। पिंजरे की दूसरी और क्या है यह आप नहीं जान पाएँगे जब तक आप इसके भीतर आरामदायक स्थिति में रहेंगे। इसी की वजह से आपको अपना संसार सीमित लगता है जबकि इस पिंजरे के पार एक शाश्वत जगत भी है।

इस पिंजरे की सीमाओं को लांघ कर जाना ही वास्तव में पार जाना है, क्योंकि आत्मा अनंत है वह कहीं भी विस्तार पाने और जीवन को अनुभव करने के लिए पूरी तरह स्वतंत्र होती है। यह तभी हो सकता है जब आप बिना मानसिक सीमाओं के वास्तविकता का सामना करने के लिए तैयार हों। यदि आपको अब भी किसी प्रकार की कोई बाधा महसूस होती है और आपको उनके विषय में बहुत अच्छे से ज्ञात है, क्योंकि आप रोज उनसे टकराते रहते हैं तो आप निश्चित तौर पर उनके पार जाना चाहते होंगे। वरना आप अपनी आरामदायक स्थिति में ही यानी अपने पिंजरे में ही रहना चाहेंगे। आपको इस बात को समझना होगा कि भले ही आपने उस पिंजरे को सुंदर अनुभवों, अच्छी यादों और सपनों से सजाया हो फिर भी वह पिंजरा ही रहेगा और आपको इसे लांग कर पार जाने के लिए हमेशा तैयार रहना चाहिए।

हर रोज आप अपने इस पिंजरे की दीवारों से लगातार टकराते हैं, किंतु इन से टकराने के बाद या तो आप पीछे हट जाते हैं या फिर जिन चीज़ों की वजह से आपको

असुविधा हो रही है उन चीज़ों को बदलने का प्रयास करते हैं। सच तो यह है कि इसपिंजरे में रहने के लिए आप अपने मस्तिष्क की चतुराई का प्रयोग करते हैं। हर समय आप आरामदायक स्थिति में रहने की योजना बनाते रहते हैं। कभी-कभी ऐसा भी होता है कि इस स्थिति को बनाए रखने के लिए आपको रात में नींद भी नहीं आती, क्योंकि लगातार आप इस पिंजरे को और ज़्यादा आरामदायक कैसे बनाया जा सकता है इस बारे में सोचते रहते हैं। "मैं और क्या करूँ, जिससे वह मुझे छोड़कर न जाए? मुझे ऐसा क्या करना चाहिए ताकि उसकी दिलचस्पी किसी और में न हो जाए?" यहाँ ध्यान देने की बात यह है कि आप हर समय यह जानने का प्रयास करते रहते हैं कि पिंजरे से किस प्रकार टकराने से बचा जा सकता है।

चलिए कुत्ते वाली बात पर पुनः विचार करते हैं। चूंकि वह कुत्ता आजाद घूमने का आदि था, इसलिए उसे बहुत बुरा लगता है जब उसे बाड़े से बाहर जाने से रोक दिया जाता है। उसके लिए अपनी छोटी-सी जगह से बाहर न निकलने का एकमात्र कारण यह है कि वह किनारे तक जाने से डरता रहता था। लेकिन यदि हम एक ऐसे कुत्ते की बात करें जो आजाद होने के लिए कुछ भी कर सकता है। मान ले कि कुत्ते ने अपनी हिम्मत नहीं हारी है। आप उसे वही बैठा पाते हैं, जहाँ से उसके कॉलर में कंपन शुरू होती है और वह भागता हुआ पीछे नहीं लौटता। हर मिनट वह थोड़ा-थोड़ा आगे बढ़ता जाता है और धीरे-धीरे उस इलेक्ट्रॉनिक झटके का आदि हो जाता है। यदि वह अपने इस प्रयास को जारी रखता है तो वह एक न एक दिन बाहर निकल ही जाएगा। उस कुत्ते के भीतर रुके रहने की कोई संभावना नहीं है। इस बात को वह जान गया है कि यह एक कृत्रिम तरह की रोक है, इसलिए यदि वह थोड़ी पीड़ा सहन कर लेगा तो वह आजाद हो सकता है। उसे केवल तैयार रहना है और इस असुविधा की शक्ति को प्रबल करना है। वह इस बात को जान गया है कि कॉलर उसे कोई चोट नहीं पहुँचाएगी बस थोड़ी असुविधा देगी। वह कुत्ता यदि अपनी आरामदायक स्थिति को छोड़ दे और थोड़ी सी हिम्मत कर ले तो वह इस सीमा को पार करके कहीं भी जा सकता है।

इस उधारण के माध्यम से आप समझ ही गए होंगे कि आपका पिंजरा भी ठीक ऐसा ही है। जब आप किनारे तक पहुँचते हैं तो आपको असुरक्षा, भय, और बेचैनी का अनुभव होता है जिस वजह से आप पीछे हट जाते हैं और ज़्यादातर लोगों की भांति आप प्रयास करना बंद कर के बैठ जाते हैं।

वास्तव ने आपकी आध्यात्मिकता का आरंभ तब होता है जब आप यह निर्णय लेते हैं कि प्रयास करना कभी करना बंद नहीं करेंगे। लगातार आगे बढ़ना है आध्यात्मिकता है, क्योंकि यह अनंत की यात्रा है जो पूरे जीवन, हर दिन हर क्षण स्वयं से आगे बढ़ने पर आधारित है। यदि आप सचमुच आगे बढ़ रहे हैं तो आप हमेशा

स्वयं को अपनी बनाई गई सीमा रेखा से बाहर ही पाएँगे। इसके बाद आप फिर कभी अपनी आरामदायक स्थिति में नहीं लौट सकते। आध्यात्मिक व्यक्ति को हमेशा ऐसा लगता है कि वह उस सीमा से संघर्ष कर रहा है जो उसे लगातार आगे बढ़ने से रोकती है यही सीमा उसे आगे बढ़ने के लिए प्रोत्साहित भी करती है।

आखिर में आप समझ जाएँगे कि अपनी मनोवैज्ञानिक सीमाओं से आगे जाने से आपको कोई हानि नहीं होती। यदि आप सचमुच उस सीमा पर खड़े होकर आगे निकलना चाहते हैं तो अवश्य ही आप उस सीमा को पीछे छोड़ आगे निकल जाएँगे। शुरुआत में आप असुविधा होते ही पीछे लौट जाते थे किंतु अब आप उस जगह पर खड़े रहते हैं शांत शांत होकर अपने चारों और देखते हैं फिर उस जगह से आगे निकल जाते हैं। पार जाने के लिए बस आपको इतना ही करना है।

अब क्या आप अपनी सीमा को छोड़ आगे बढ़ना चाहेंगे? और क्या आप बिना सीमा के रहने का सुखद अनुभव लेना चाहते हैं? ऐसी आरामदायक स्थिति की कल्पना करके देखे जो इतनी विस्तृत हो कि चाहे जो हो जाए, आपका पूरा दिन उसमें समा जाए। पूरा दिन बीत जाने पर भी आपका मस्तिष्क कुछ न बोले। अब आप शांति के साथ अपना दिन व्यतीत करते हैं। अब आप ऐसी अवस्था में हैं जहाँ पहुँचकर यदि आप अपनी सीमाओं से टकराते भी हैं तो भी आपका मस्तिष्क आपसे कोई शिकायत नहीं करता। जो लोग महान होते हैं वह इसी तरह जीवन जीते हैं। अंत में आपको समझ में आ जाता है अब आप हमेशा ठीक रहेंगे। अब आपको सीमाएँ कभी परेशान नहीं करेंगी और आपको यह पता है कि उनसे टकराने पर आपको क्या करना है। अब स्थिति यह है कि आप अपनी सीमाओं को पसंद करने लगते हैं, क्योंकि वे आपको स्वतंत्रता का रास्ता दिखाती हैं। आपके जीवन में एक दिन ऐसा भी आएगा जब आप स्वतः ही अनंत में पहुँच जाएँगे। इसी अवस्था को पार जाना कहते हैं आपको सिर्फ़ शांत रहकर उनमें प्रवेश कर जाना है।

14

कृत्रिम दृढ़ता से स्वतंत्र होना

हमारी मनोदशा के भीतर जटिलता और कृत्रिमता के साथ-साथ परस्पर विरोधी शक्तियों भी होती है, जिनके कारण आंतरिक और बाहरी प्रेरक बदलते रहते हैं। इन्हीं की वजह से बहुत कम समय में ज़रूरतों, इच्छाओं और डर में परिवर्तन होता रहता हैं। इन्हीं भावों के कारण लोगों को यह पता ही नहीं चल पाता कि उनके भीतर क्या चल रहा है। एक साथ बहुत कुछ होता है, जो हमारे विभिन्न विचारों, भावों और ऊर्जा के स्तरों के बीच कारण और प्रभाव के संबंध स्थापित करता है। इसके परिणामस्वरूप हम इसे जोड़े रखने के लिए संघर्ष करते रहते हैं। लेकिन समय के साथ-साथ हर चीज़ में परिवर्तन होता रहता है - क्रोध, इच्छा, ईर्ष्या, पसंद, नापसंद,उत्साह, निराशा आदि। व्यवस्था और नियंत्रण का आभास पैदा करने के लिए आवश्यक है भीतर अनुशासन बनाए रखना जो पूर्णकालिक गतिविधि ही है।

वास्तव में आप उस समय पीड़ा में होते हैं, जब आप इन मनोवैज्ञानिक और ऊर्जा संबंधी बदलावों के साथ संघर्ष करते हैं और इनमें डूबते चले जाते हैं। हो सकता है, आपको ऐसा न लगे किंतु वास्तव में आप पीड़ा में होते हैं। सच्चाई तो यह है कि इन सब चीज़ों को सँभालकर रखना अपने आप में पीड़ादायक होता है। आपको इसका पता उस समय लगता है जब बाहर की चीज़ें आपके हाथ से निकलने लगती हैं जिस कारण आप बेचैन हो जाते हैं और आपको अपने भीतरी संसार को संभालने के लिए संघर्ष करना पड़ता है। परंतु आप किस चीज़ को सँभालना चाहते हैं? आपके भीतर विचार, भाव और ऊर्जा के संचालन के अतिरिक्त कुछ नहीं है और इनमें से कोई चीज़

ठोस रूप में नहीं होती। यह सब पानी के बुलबुले की भांति होता हैं जो विशाल भीतरी आकाश में आते-जाते रहते हैं। परंतु आप इन्हें पकड़े रखते हैं, मानो निरंतरता स्थिरता का एकमात्र विकल्प है। आखिर में मनोदशा और कुछ नहीं केवल चिपके रहना है इसके लिए बौद्ध धर्म में एक बहुत अच्छा शब्द है "बंधना।"

सबसे पहले 'बंधना शब्द' को समझने के लिए, हमें इस बात को समझना होगा कि आखिर कौन बचता है। आप जैसे-जैसे भीतर गहराई में उतरते जाते हैं, आपको स्वाभाविक रूप से पता लग जाएगा कि आपका एक अंश ऐसा भी होता है जो आपके भीतर निरंतर रहता ही है जो कभी भी परिवर्तित नहीं होता। यह है आपकी चेतना यही जागरूकता है जो आपके विचारों से अवगत रहती है, जो आपकी भावनाओं के प्रवाह को अनुभव करती रहती है और भौतिक संवेदनाओं को अपने भीतर ग्रहण करती जाती है। यही आत्मा का मूल है। आप स्वयं विचार नहीं है आप केवल विचारों के प्रति जागरूक हैं। न ही आप स्वयं कोई भाव है; आप केवल भावों को अनुभव करते हैं। आप स्वयं शरीर नहीं हैं। आप केवल शीशे में स्वयं को देखते हैं और आँखों व कानों से इस संसार को अनुभव करते हैं। आप सिर्फ़ चेतना है जो इस बात के प्रति सजग है कि आप इन सभी भीतरी व बाहरी चीज़ों के प्रति जागरूक हैं।आप जागरूक है कोई और नहीं।

यदि आप जागरूक होकर उस चेतना को जानने की कोशिश करेंगे, जो आपकी जागरूकता का ही विशुद्ध रूप है, तो आप समझ जाएँगे कि यह किसी विशिष्ट बिंदु पर मौजूद नहीं होती बल्कि यह जागरूकता का ऐसा क्षेत्र है जो किसी विशेष प्रकार की वस्तुओं पर केंद्रित होकर एक बिंदु पर ध्यान लगाती है। आप केवल अपनी एक अंगुली को अथवा एक साथ पूरे शरीर को महसूस कर सकते हैं। आप सिर्फ़ एक विचार में भी पूरी तरह डूब सकते हैं अथवा आप एक बार में अपने विचारों, भावों, शरीर और अपने आस-पास की चीज़ों के प्रति भी जागरूक हो सकते हैं। चेतना जागरुकता का ऐसा गतिशील क्षेत्र है जिसमें सुक्ष्म होने या फैलने की असीम क्षमता होती है। जब चेतना संकीर्णता के साथ केंद्रित होती है तो यह अपना विस्तार खो देती है। यह विशुद्ध चेतना के क्षेत्र में स्वयं को अनुभव नहीं कर पाती; यह उन वस्तुओं के साथ अधिक जुड़ जाती है जिन पर इसका ध्यान केंद्रित होता है। जैसा कि हम देख चुके हैं, जब हम किसी फ़िल्म में पूरी तरह खो जाते हैं तो हमें इस बात का भी ध्यान नहीं रहता कि हम ठंडे, अंधेरे सिनेमाघर में बैठे हैं। ऐसी स्थिति में, आप अपने शरीर व आस-पास के वातावरण पर ध्यान न देकर केवल फ़िल्म पर ध्यान देते हैं। वास्तव में आप उस अनुभव में डूब जाते हैं। आपका बोध इस बात पर निर्भर करता है कि आपकी चेतना किस बात पर केंद्रित है। इसे आपके जीवन के संपूर्ण अनुभव पर लागू किया जा सकता है।

किंतु अभी भी एक प्रश्न बाकी है की इस बात को कौन तय करता है कि आप अपनी चेतना को कहाँ पर केंद्रित करें? वास्तव में जो चीज़ आप का ध्यान आकर्षित करती है यह उसी बात से तय हो जाती है, क्योंकि वह बाकि चीज़ों से अलग है। चलिए इस इस बात को समझने के लिए एक उदाहरण की सहायता लेते हैं। आपकी चेतना एक विशाल खाली भीतरी स्थान को देख रही है। अब यह कल्पना करें कि इस खाली स्थान में से चीज़ों का बिखरा हुआ-सा मंद प्रवाह हो रहा है एक चिल्ली, एक घोड़ा, एक शब्द, एक रंग या एक विचार ये सब चीज़ें आपकी चेतना के बीच से होकर गुजर रही हैं। अब इनमें से किसी एक चीज़ को शेष चीज़ों से अलग रख लीजिए। यह आपको आकर्षित करती है और आपकी चेतना का ध्यान उस पर स्वतः ही चला जाता है। आपको समझ आता है कि आप उस चीज़ पर जितना ज़्यादा ध्यान देते हैं, वह उतना ही धीरे चलती है। यदि आप अपना पूरा ध्यान उस पर लगा देते हैं तो वह बिलकुल रुक सी जाती है। चेतना का बल, ध्यान लगाकर उस वस्तु को स्थिरता प्रदान करता है। मछली पानी में तो तैर सकती है किंतु बर्फ में नहीं, जो पानी का ही सघन रूप है। ठीक उसी प्रकार केंद्रित चेतना के सामने आते ही मानसिक और भावनात्मक ऊर्जा भी स्थिर हो जाती है। अन्य वस्तुओं से अलग किसी एक वस्तु पर चेतना को केंद्रित करना अपने आप में 'बंधने' की क्रिया को जन्म देता है। इस बंधने का परिणाम यह होता है कि कुछ एक विचार बहुत लंबे समय तक एक जगह स्थिर रहते हैं और मनोदशा की मूल इकाई का रूप धारण कर लेते हैं।

सबसे प्राचीन क्रियाओं में से एक है बांधना, क्योंकि कुछ वस्तुएँ चेतना में ही रह जाती हैं जबकि बाकी बाहर निकल जाती हैं। आपकी जागरूकता उनसे अधिक संबद्ध रहती है। आप लगातार होने वाले भीतरी बदलाव के बीच दिशा नियोजन, संबंध और सुरक्षा का भाव उत्पन्न करने के लिए इनका प्रयोग स्थिर बिंदुओं की भांति करते हैं। दिशा नियोजन की यह अवश्यकता बाहरी संसार में भी फैली हुई है। हालाँकि आप भीतरी चीज़ों से चिपके हुए हैं, आप अपने सामने बड़ी संख्या में आने वाली बाहरी वस्तुओं के साथ स्वयं को जोड़ने तथा नियोजन करने के लिए इनका प्रयोग करते हैं। इसके बाद आप ऐसे विचार उत्पन्न करते हैं, जो इन वस्तुओं को जोड़ते हैं और फिर आप इस पूरे ढाँचे के साथ बंधते जाते हैं। आप इस भीतरी ढाँचे के साथ इतना ज़्यादा जुड़ जाते हैं कि आप अपना सब कुछ इसके साथ जोड़ लेते हैं। चूंकि आप इसके साथ जुड़े रहते हैं, इसलिए यह ढाँचा स्थिर रहता है और चूंकि यह स्थिर रहता है, आप बाकी सब चीज़ों से अधिक इसके साथ जुड़े रहते हैं। इसी से मनोदशा का जन्म होता है। खाली मस्तिष्क के विस्तृत क्षेत्र के बीच बहती हुई वस्तुओं से बंधने के कारण ऊपरी दृढ़ता का एक द्वीप तैयार हो जाता है।यदि एक बार आपको कोई ऐसा विचार मस्तिष्क में आ गया जो स्थिर रहता है, तो आप उसके साथ अपना समय बिताते

हैं। आप उस समय ध्यान केंद्रित करने के लिए एक भीतरी ढांचा तैयार कर लेते हैं, जब आप अधिक विचारों से बंधते जाते हैं। चेतना जितनी ज़्यादा इस मानसिक ढाँचे पर केंद्रित होती है, उतना ही ज़्यादा इसका उपयोग आत्मा को परिभाषित करने में होता है। बंधने से उस ढांचे के निर्माण हेतु आपको निर्माण का समान प्राप्त होता है, जिससे हम अपनी अवधारणा का निर्माण करते हैं। विस्तृत भीतरी स्थान के बीच, विचारों की भाप को छोड़कर किसी भी दूसरी चीज़ को प्रयोग किए बिना, आपने सहारे के लिए सतही दृढ़ता का एक ढाँचा बना लिया।

आप खोए हुए से कौन हैं? जो दोबारा खोजे जाने के लिए अपने विषय में अवधारणा बनाने के प्रयास में लगे हुए हैं? यह वह प्रश्न है जो आध्यात्मिकता के सार को दर्शाता है। वास्तव में आपने स्वयं को परिभाषित करने के लिए जो कुछ बनाया है आप उसमें स्वयं को कभी प्राप्त नहीं कर पाएँगे, क्योंकि आप स्वयं ही तो उस ढाँचे का निर्माण कर रहे हैं। भले ही आप विचारों और भावों का सुंदर संग्रह बना सकते हैं, अविश्वसनीय, रोचक और गतिशील ढाँचा तैयार कर सकते हैं; फिर भी यह आप स्वयं नहीं हैं। आपने यह सब किया ज़रूर है। आप खोए हुए और दुविधा में थे, क्योंकि आपकी सजगता, आपकी आत्मा की सजगता से दूर कहीं और केंद्रित थी। ऐसी स्थिति में आप सामने से गुज़रते विचारों व भावनाओं के साथ बंध गए। आपने उनका उपयोग ऐसा व्यक्तित्व और ऐसी अवधारणा बनाने के लिए किया, जिससे आप स्वयं को परिभाषित कर सके। आपकी सजगता उन चीज़ों पर टिक गई जिनसे वह अवगत थी और जिन्हें वह अपना घर मानती थी। अब आपके पास एक ढांचा उपलब्ध है जिसके आधार पर आप कौन है अब यह जानना आसान है कि आपको आख़िर क्या करना है, किस प्रकार निर्णय लिए जाते हैं इतना ही नहीं बाहरी संसार के साथ किस प्रकार व्यवहार करना है। यदि आप इस बात पर ध्यान देंगे तो आप समझ जाएँगे कि आपका पूरा जीवन उसी ढांचे पर बना हुआ है जिस ढांचे को आपने स्वयं बनाया था।

चलिए इस विचार को और विस्तार के साथ अध्ययन करते हैं। आप अपने मस्तिष्क में विचारों और अवधारणाओं का एक जैसा सेट बना कर रखते हैं। उदाहरण के लिए, "मैं महिला हूँ।" यह भी आपके मस्तिष्क का एक विचार है। आप, जिसने यह विचार अपने मस्तिष्क में बना कर रखा है, न ही पुरुष हैं और न ही महिला। आप केवल वह चेतना हैं जो इस विचार को सुनती है और शीशे में अपना यानी महिला के शरीर को देखती है। वास्तव में आप इन विचारों को पकड़ कर रखते हैं। आप सोचते हैं, "मैं महिला हूँ। मेरी इतनी उम्र है और इस दर्शन के विरुद्ध मेरे ये विचार हैं।" सच्चाई तो यह है कि आप अपने मत के आधार पर स्वयं को परिभाषित करते हैं। "मैं ईश्वर में विश्वास करता हूँ, या मैं ईश्वर में विश्वास नहीं करता हूँ। शांति और अहिंसा में मेरा भरोसा है, अथवा में सर्वश्रेष्ठ की उत्तरजीविता में यकीन रखता हूँ। मैं

पूँजीवाद समर्थन करता हूँ, या फिर में नव-समाजवाद के साथ हूँ।" आप विचारों के एक समूह को पकड़कर, इसमें से बहुत जटिल संबंधपरक ढाँचा तैयार कर लेते हैं और फिर उस पैकेज को सामने रखते हैं और सोचते हैं की आप कौन हैं? किंतु यह एक विचार है। आप नहीं है आप केवल भीतर से खोए हुए हैं जिस कारण आपको लगता है कि आपने जो ढांचा बनाया है वह आपको परिभाषित करेगा।

वास्तव में आप केवल अपने भीतर मूल रूप से, स्थिरता का भाव उत्पन्न करना चाहते हैं। ऐसा करने से आपको कृत्रिम सुरक्षा का अनुभव होता है। आप दूसरों से भी यही अपेक्षा करते हैं कि वे भी ऐसा ही करें। आप चाहते हैं कि आप उनके व्यवहार का पता लगा सकें और ऐसा कभी संभव है जब है एक जैसे रहे। यदि वे ऐसा नहीं करते तो आप परेशान हो जाते हैं। ऐसा इसलिए होता है, क्योंकि उनके व्यवहार को लेकर आपका पूर्वानुमान आपके भीतरी ढांचे का हिस्सा बन चुका है। बाहरी जगत से संबंधित विश्वास और अवधारणाओं का रक्षात्मक कवच आपके और लोगों के बीच रोधक का काम करता है। दूसरे लोगों के व्यवहार के विषय में पूर्वाग्रह रखने से आप अधिक सुरक्षित और नियंत्रित महसूस करते हैं। मान लें कि आपको अपनी भीतरी दीवार गिर जाने के बाद कितना डर लगेगा। आपने बिना मानसिक प्रतिरोधक की सुरक्षा के आज तक अपने सच्चे मन के भीतर किसे आने दिया है? किसी को भी नहीं, यह तक की यह इजाज़त स्वयं को भी नहीं दी!

सभी लोग अपने जीवन काल में मुखौटो का प्रयोग करते हैं। वह इस बात को स्वीकार करते हैं कि उनका एक मुखौटा दूसरे से कुछ भिन्न है। जब आप काम पर जाते हैं, वहाँ आप अपने व्यावसायिक मुखौटे में खो जाते हैं, लेकिन जब आप कहते हैं, मैं अपने परिवार तथा रिश्तेदारों के पास जा रहा हूँ, जहाँ मैं अपने वास्तविक रूप में आ सकता हूँ।" तो आपका व्यावसायिक मुखौटा हट जाता है और शांत सामाजिक मुखौटा सबके सामने आ जाता है। किंतु आपका क्या हुआ, जिसने यह मुखौटा अपने हाथ में ले रखा था? इस मुखौटे के निकट कोई नहीं आ पाता, क्योंकि यह बेहद डरावना है और इतना पीछे छिपा हुआ है कि इसे संभालना व देखना दोनों ही मुश्किल है।

हम सब केवल ढांचा बनाते जा रहे हैं। ऐसे बहुत से लोग हैं जो हमसे अच्छा ढांचा बनाते हैं। कई समाज ऐसे भी है जो आप बंधने और मुखौटा बनाने में कितने अच्छे हैं, उसके अनुसार ही आपको पुरुस्कार दिया जाता है। यदि आप इस ढांचे को बिलकुल ठीक से तैयार कर ले और हर बार समान व्यवहार करें, तो आप वास्तव में एक व्यक्ति का "निर्माण" कर सकते हैं। यदि यह व्यक्ति दूसरों की ज़रूरत व आवश्यकता के अनुसार बन जाए तो आप बहुत सफल एवं लोकप्रिय हो सकते हैं। आप वही व्यक्ति हैं। इसके बीज आपके भीतर बचपन में ही बो दिए गए थे और आपने

इस मार्ग को फिर कभी नहीं छोड़ा। किसी व्यक्ति के निर्माण के इस खेल में आप निपुण हो सकते हैं। यदि उस व्यक्ति को, जो आपने निर्मित किया है, मन पसंद ख्याति व सफलता नहीं मिल पाई तो आप अपने विचारों को उसी अनुसार बदल सकते हैं। इसमें कुछ गलत नहीं है, क्योंकि ज़्यादातर लोग ऐसा ही करते हैं। किंतु यहाँ प्रश्न उठता है कि आप कौन हैं जो ऐसा कर रहे हैं?

आप किन विचारों से बंधते हैं या किस प्रकार के व्यक्ति तैयार करते हैं यहाँ इस बात को समझना आवश्यक है कि यह पूरी तरह आपके ऊपर निर्भर नहीं करता । इस विषय में समाज का भी अपना एक मत है क्योंकि समाज में लगभग हर चीज़ के लिए स्वीकार्य व अस्वीकार्य दोनों व्यवहार होता है। कैसे बैठना, कैसे चलना, कैसे बोलना, कपड़े कैसे पहनना और चीज़ों के विषय में कैसे महसूस करना है। इस सब के बाद अब हमारे सामने एक और नया प्रश्न उभर कर आता है कि आखिर समाज इन मानसिक व भावनात्मक ढाँचों को हमारे मन में किस प्रकार डालता है? जब आप अच्छा काम करते हैं तो आपको शाबाशी दी जाता है और जब आप अच्छा काम नहीं करते तो आपको शारीरिक, मानसिक या भावनात्मक रूप से सजा भी दी जाती है।

जब लोग आपके अनुसार कार्य करते हैं तो जरा सोचकर देखिए कि आप लोगों से कितने अच्छे ढंग से व्यवहार करते हैं और जब वह इसके विपरीत काम करते हैं तो आप किस प्रकार उनसे दूरी बना लेते हैं। इतना ही नहीं आपको गुस्सा तक आ आता हैं। इस समय आप क्या कर रहे हैं? आप किसी के मस्तिष्क में कोई छवि बनाकर उसके स्वभाव को बदलने की कोशिश कर रहे हैं। सच्चाई तो यह है कि ऐसा कोई भी दिन नहीं जाता जब हम एक दूसरे के साथ ऐसा नहीं करते। आप उनकी मान्यताओं, विचारों और भावों के संग्रह को परिवर्तित करने के प्रयास में लगे रहे हैं ताकि अगली बार वह आपकी इच्छा अनुसार ही कार्य करें।

आखिर हम अपने साथ ऐसा होने ही क्यों देते हैं? क्या कारण है जो हम हर समय इस बात की इतनी चिंता क्यों करते हैं कि लोग हमारे मुखौटे को स्वीकार करें? इन सभी प्रश्नों का सारांश यह है कि हम केवल अपनी अवधारणाओं के साथ बंधे हुए हैं। यदि आप इनसे बंधना बंद कर दें तो आपको बंधने का कारण भी समझ में आ जाएगा। यदि आप अपना मुखौटा उतार दें और फिर कोई नया मुखौटा न पहनें, तो आपके विचार व भाव स्वतंत्र होकर स्वतः ही बाहर निकलते जाएँगे। यह डराने वाला अनुभव होगा। आपको भीतर बेचैनी होगी जैसा आप सहन नहीं कर पाएँगे। जब कोई महत्त्वपूर्ण बाहरी चीज़ भीतरी ढांचा के अनुरूप नहीं हो पाती तो लोग इसी प्रकार का महसूस करते हैं। उस समय यह मुखौटा किसी काम नहीं करता और टूट के बिखरने लगता है। जब यह आपको बचा पाने में असमर्थ हो जाता है तो डर और बेचैनी बढ़

जाती है। यदि आप इस डर का सामना कर लेंगे तो आप पाएँगे की इससे छोड़कर, आगे बढ़ने का तरीका भी आपके पास है। आप थोड़ा आगे चेतना में लौट सकते हैं, जो उसे अनुभव कर रही है और फिर आपको डर लगना बिल्कुल बंद हो जाएगा। इसके बाद आपको एक ऐसी शांति मिलेगी जो इससे पहले कभी नहीं मिली थी।

यह अशांति, डर, परेशानी, आंतरिक ऊर्जाओं में निरंतर परिवर्तन - यह सब कुछ बंद हो सकता है, किंतु इस बात को बहुत कम लोग जान पाते हैं।

आप सोचते हैं कि आपको अपनी रक्षा करनी है, इसलिए आप अपनी ओर आने वाली चीज़ों को पकड़ देते हैं और छिपने के लिए उनका हमेशा प्रयोग करते हैं। आपको जो भी मिला आपने उसे पकड़ लिया और दृढ़ता कायम करने के लिए आप उससे बंधने लगे। किंतु आप इन सब चीज़ों को छोड़कर इस खेल को बंद कर सकते हैं। आपको केवल इन्हें छोड़ना है और अपने भय का सामना करना है।फिर आप इससे आगे बढ़ जाएँगे और यह सब खत्म हो जाएगा और चारों तरफ केवल शांति ही शांति होगी।

यह सफर चीज़ों को पकड़े रखने के संघर्ष से आगे बढ़ने का है। डर और बेचैनी की इस अवस्था से गुज़रते हुए, यह अच्छी बात है की आपकी चेतना आपके पास है। आपको केवल इतना ही पता लगेगा कि कुछ बड़े परिवर्तन हो रहे हैं। आप जान पाएँगे कि कोई दृढ़ता नहीं है और फिर आप इस बात के प्रति सहज हो जाएँगे। आप जागरूक हो जाएँगे कि प्रत्येक दिन का हर क्षण अपने आप सामने आ रहा है और उसके ऊपर आपका न कोई नियंत्रण है और न ही आप यह चाहते हैं। आपके पास कोई मान्यताएँ, आशाएँ, सपने, विश्वास और कोई सुरक्षा नहीं है। आपने होने वाली घटनाओं के मानसिक ढांचे को बनाना बंद कर दिया है किंतु जीवन पहले की भांति ही चल रहा है। आप इसके प्रति जागरूक रहते हुए भी पूरी तरह सहज हैं। एक पल आता है, फिर दूसरा पल और फिर उससे अगल। भले ही हमेशा से यही होता आया है की समय आपकी चेतना के सामने से निकलता जाता है। अंतर केवल इतना है कि अब आप उसे देख पा रहे हैं। आपके भाव और आपका मस्तिष्क इन पलों पर प्रतिक्रिया देते हैं और इसे रोकने के लिए आप कोई प्रयास नहीं करते। आप केवल जीवन जैसा चल रहा है उसे वैसे ही निरंतर चलने देते हैं।

जीवन के विकास से डर किस प्रकार उत्पन्न होता है यह आप इस यात्रा के दौरान जिस अवस्था पर पहुँचेंगे वहाँ पहुँचकर आप इस बात को भली-भांति समझ जाएँगे। यह स्पष्टता आने पर आप सुरक्षा की शक्तिशाली प्रवृत्ति को अनुभव कर सकेंगे। यह प्रवृत्ति इसलिए उपस्थित होती है, क्योंकि सचमुच आपके पास कोई नियंत्रण नहीं है और यह बात आपके लिए सहज नहीं है। यदि आप इससे स्वतंत्र होना चाहते हैं तो

आपको अपनी रक्षा किए बिना सिर्फ़ इस डर को देखते रहना है। आपकी केवल यह जानने की इच्छा होनी चाहिए अपनी रक्षा करने की अवश्यकता से ही आपका संपूर्ण व्यक्तित्व उत्पन्न होता है। भय से दूर भागने के लिए ही यह मानसिक और भावनात्मक ढाँचा तैयार हुआ है। आप और आपकी मनोदशा अब एक दूसरे के सामने हैं।

यदि आप अपनी मनोदशा का निर्माण होते हुए देखना चाहते हैं तो आपको अपने भीतर तक जाना होगा तभी आप समझ पाएँगे कि आप शून्य के मध्य में, खाली अनंत आकाश में हैं और ये सब भीतरी वस्तुएँ बीच में झूल रही है और धीरे-धीरे आपकी ओर आ रही हैं। विचार, भाव और सांसारिक अनुभवों की छवियों, ये सब आपकी चेतना में प्रवेश कर रहे हैं। आप स्पष्ट देख पाएँगे कि आपकी प्रवृत्ति इस प्रवाह से बचकर इसे नियंत्रित करने की है। लोगों, जगहों और चीज़ों की तैरती हुई छवियों को आगे बढ़कर पकड़ने की आपकी प्रवृत्ति बहुत प्रबल है। यदि आप इन मानसिक छवियों को ध्यान से देखेंगे तो आपको पता लगेगा कि यह एक ऐसे जटिल ढाँचे का हिस्सा बन जाती हैं जो वहाँ पहले कभी था ही नहीं। आपको ऐसी घटनाएँ दिखाई देंगी जो जब आप दस साल के थे तब घटित हुई थी और किंतु आप उनसे आज भी बंधे हुए हैं। आप पाएँगे कि आप अपनी सभी पुरानी स्मृतियों को व्यवस्थित रूप में जोड़ रहे हैं और यह कह रहे हैं कि 'यही मैं हूँ।' किंतु आप वह घटनाएँ नहीं हैं; आप वह है जिसने उन घटनाओं को केवल महसूस किया था। आप स्वयं को उन घटनाओं के नाम पर किस प्रकार परिभाषित कर सकते हैं, जो आपके साथ कभी हुई हैं? क्या उनके होने से पहले आपका अस्तित्व नहीं था। आप स्वयं ही यह सब कर रहे, देख रहे और अनुभव कर रहे हैं। अपने निर्माण के लिए आपको अनुभवों के साथ बंधे रहने की अवश्यकता नहीं है। आप एक ऐसी अवधारणा बना रहे हैं जिसके पीछे आप छिप सके। आप जो अपना रूप बना रहे हैं वह सच्चा नहीं हैं।

आप अंदर छुपे बैठे केवल इसी कार्य में लगे रहते हैं, जैसे ही आपके इस रक्षात्मक ढांचे में कुछ भी गड़बड़ होती है तो आप उसे फिर से ठीक करने के लिए तर्क देते हैं और उसकी रक्षा करते हैं। जब तक आप उस घटना का निपटारा नहीं कर देते या उसे अपने से दूर नहीं कर देते, तब तक आपका मस्तिष्क उससे संघर्ष करता रहता है। लोगों को लगता है कि उनका पूरा का पूरा अस्तित्व ही दाँव पर लगा हुआ है और ये उस पर एक बार फिर से अपना नियंत्रण स्थापित करने के लिए तर्क और बहस का सहारा लेते हैं। यह सब इसलिए होता है, क्योंकि जहाँ कुछ नहीं था। हमने ऐसी जगह दृढता से तैयार करने का प्रयास किया है। अब उसे बचाए रखने के लिए हमें लड़ना पड़ता है। समस्या यह है कि इस प्रकार कोई रास्ता कभी नहीं निकलता। इस लड़ाई में हमें न चैन मिलता है न विजय ही प्राप्त होती है। सच तो यह है कि आपको रेत पर बनाने के लिए मना किया गया था, क्योंकि यही असली रेत है। वास्तव में आपने खाली जगह

पर अपना घर बनाया था। आपने जो कुछ बनाया था, यदि आप उससे चिपके रहेंगे तो आपको लगातार और हमेशा अपनी रक्षा करनी पड़ेगी। आपको असलियत के साथ अपने मान्यतापरक ढांचे का समन्वय स्थापित करने के लिए हर व्यक्ति और हर चीज़ को ठीक करते रहना पड़ेगा और यह संघर्ष कभी ना समाप्त होने वाला संघर्ष होगा।

वास्तव में यदि आप आध्यात्मिक होकर जीवन व्यतीत कर रहे हैं तो इसका साफ़ अर्थ यह है कि आप इस संघर्ष में हिस्सा नहीं ले रहे। इसका मतलब है कि किसी क्षण में होने वाली कोई घटना उस क्षण की होती है। वह आपकी नहीं होती। उनका आपसे कोई संबंध नहीं होता। आपको उन्हें स्वयं से जोड़कर नहीं देखना चाहिए और उन्हें घटित हो जाने देना चाहिए उनके बीच में नहीं आना चाहिए। घटनाओं को अपने भीतर कोई भी छवि छोड़ने का अवसर नहीं देना चाहिए। यदि आपको बाद में उनका ध्यान आता है। तो उस विचार को छोड़ते चले जाए। यदि कोई ऐसी घटना होती है जो आपके ढांचे के अनुसार नहीं है और अगर आपको लगता है कि उसे अनुकूल बनाने के लिए आपको संघर्ष करना या तर्क देना पड़ रहा है तो देखिए कि इस समस्या को सुलझाने के लिए आप क्या कर रहे हैं। संसार में एक घटना आपके ढांचे के अनुसार नहीं हुई तो उसने आपको भीतर तक परेशान कर दिया है। आपको ध्यान से देखने पर पता लगेगा कि यह आपके ढांचे को तोड़ रहा है। आप ऐसी स्थिति में पहुँच जाएँगे जहाँ आपको यह अच्छा लगेगा, क्योंकि आप इस ढांचे को नहीं रखना चाहते। आप इसे पसंद करेंगे, क्योंकि अपने मुखौटे को बनाने और फिर उसे दृढ़ करने की आपकी कोई इच्छा नहीं है। वास्तव में, आप ऐसी चीज़े स्वतः ही होने देंगे, जिनसे आपका ढांचा खराब होकर टूट जाए ताकि आप स्वतंत्र हो सकें, क्योंकि यही है आध्यात्मिक जीवन।

आप उस क्षण वास्तव में आध्यात्मिक होते हैं, जिस क्षण आप दूसरों से पूरी तरह अलग हो जाते हैं। इस अवस्था में जो सब चाहते हैं, आप उसे नहीं पसंद करते और इसके विपरीत दूसरे लोग जिसका विरोध करते हैं, आप उसे सरलता के साथ स्वीकार कर लेते हैं। आप चाहते हैं कि आपका ढांचा टूट जाए और आप ऐसे किसी भी अनुभव का स्वागत करते हैं, जो आपको भीतर से परेशान कर सके। किसी दूसरे व्यक्ति की कही हुई बात या किए गए काम से आखिर आपको परेशानी क्यों होती है? आप खाली आकाश के बीच घूमते हुए एक ग्रह पर जीवन जी रहे हैं। आप यहाँ कुछ साल बिताने आए हैं और फिर आपको यहाँ से जाना है। हर बात के लिए चिंतित होकर आप कैसे अपना जीवन जी पाएँगे? ऐसा मत कीजिए। यदि आपको किसी बात से परेशानी होती है तो इसका मतलब यह है कि उसने आपके ढांचे को चोट पहुँचाई है। दूसरे शब्दों में कहें तो उसने आपके उस झूठे भाग पर चोट की है जो आपने सच्चाई की परिभाषा को नियंत्रित करने के लिए तैयार किया था। किंतु यदि वह ढांचा ही

सच्चाई है तो फिर वह अनुभव-जनित सच्चाई उससे भिन्न क्यों अनुभव हुई? आप अपने मस्तिष्क में ऐसा कुछ नहीं बना सकते जिसे वास्तव में सच माना जा सके।

यदि आपका मस्तिष्क बहुत ज़्यादा सक्रिय हो जाए तो उस समय केवल आप उसे देखते रहें, क्योंकि अंत में आपको मानसिक परेशानी के साथ सहज होना सीखना ही पड़ेगा। यदि आपको ह्रदय में किसी प्रकार की कोई हलचल महसूस हो तो उसे होने दें। इस समय आपको अपने उस अंश को खोजने का प्रयास करें जो यह देख पाने में सक्षम हो कि आपका मस्तिष्क ज़्यादा सक्रिय हो रहा है और ह्रदय में हलचल हो रही है। यही अंश असली उपाय है। अपने इस ढांचे को बनाना उपाय नहीं है। भीतरी स्वतंत्रता के लिए इससे मजबूत बनाना ही पड़ेगा।आत्मा का कार्य केवल यह देखना है कि मस्तिष्क और भाव खुले रहें और उन्हें बचाए रखने के लिए किसी तरह का संघर्ष नहीं हो रहा है।

हमारा मानसिक ढाँचा बनाने का मुख्य कारण पीड़ा से बचना है भले ही यह कितना ही पीड़ादायक क्यों न हो। यदि आप इस ढाँचे को गिर जाने देंगे तो आपको उस पीड़ा को भोगना पड़ेगा, जिससे बचने का आप लगातार प्रयास कर रहे थे। आपको इस दर्द का सामना करने के लिए तत्पर होना चाहिए। अगर आपको किसी किले में कैद होना पड़े, क्योंकि आपको बाहर आने में डर लगता है, ऐसे जब भी आपको अनुभव लेना होगा तो आपको इस डर का सामना करना ही पड़ेगा। आखिर वह किला कैसे आपकी रक्षा कर सकता है जिसने आपको बंदी बनाया हुआ हो। स्वतंत्र होने और जीवन का सही अनुभव करने के लिए आपको बाहर आना ही पड़ेगा। इस प्रक्रिया से होकर जब आप गुजरेंगे तभी आप अपनी मनोदशा से स्वतंत्र हो पाएँगे। अपनी मनोदशा को केवल देखते रहने से ही यह संभव हो पाएगा। आप जागरूकता के माध्यम से ही स्वतंत्र हो सकते हैं। अपने अशांत मस्तिष्क के नकारात्मक अनुभव मानना बंद कर दें ताकि वह शांत हो सके। जब आपका मस्तिष्क अशांत हो तो उस समय अपने मस्तिष्क से इस प्रकार के प्रश्न न पूछे की, "मैं इसका क्या करूँ?" बल्कि आपका प्रश्न होना चाहिए की, "मैं कौन हूँ जो यह सब देख रहा है?"

जैसे-जैसे समय बीतेगा वैसे-वैसे आपको यह सब बात का पता चल जाएगा कि जिस केंद्र से आप अशांति को देख पा रहे है, वह अशांत हो ही नहीं सकता। यदि वह आपको अशांत दिखाई दें तो ध्यान दीजिए कि इस अशांति को कौन देख रहा है। अंत में यह स्वतः ही रुक जाएगी। उसके बाद जिस बीच मस्तिष्क व ह्रदय अशांति के अपने आखिरी क्षणों में होंगे, आपको अपने भीतर शांति का एहसास होगा। जब आप इस अवस्था को प्राप्त कर लेंगे तो समझ में आ जाएगा कि आगे बढ़ने का क्या अर्थ होता है। जागरूकता, जिस बात के प्रति सजग होती है, उससे आगे बढ़ जाती है। जैसे रोशनी

उस चीज़ से अलग होती है जिस पर वह पड़ती है, उसी तरह यह भी अलग बात है। आप चेतना है और आप शांत रहकर स्वयं को इससे स्वतंत्र कर सकने में सक्षम हैं।

यदि आप इस समस्या से अपना पीछा हमेशा से छुड़ाना चाहते हैं और शाश वत शांति, ख़ुशी और आनंद पाना चाहते हैं तो आपको अपने भीतर की अशांति के पार जाना ही होगा इसके अतिरिक्त आपके पास और कोई विकल्प नहीं है। आप ऐसे जीवन का अनुभव कर सकते हैं, जहाँ आप किसी भी समय अपनी इच्छा से प्रेम की लहरों को अपने भीतर उमड़ता हुआ महसूस कर सकते हैं। वास्तव में यही आपकी आत्मा का स्वरूप है। आपको केवल अपनी मनोदशा के दूसरी और जाना होगा। ऐसा करने के लिए सबसे पहले आपको अपने मस्तिष्क को मुखौटा बनाने के काम से हटाना होगा और बंधने की अपनी प्रवृत्ति को छोड़ना होगा। इस सफर पर तभी निकले जब आप यह निर्णय ले,ले कि इस सफर पर आपको लगातार छोड़ते जाना है।

यहाँ से यह सफर तेजी पकड़ता है और आपको अपने उस अंश का सामना करना पड़ता है जो हमेशा डरता रहता है। ध्यान से देखने पर आप पाएँगे कि आपका वह अंश कुछ ठीक करने के लिए हमेशा संघर्ष करता रहा है। यदि आप उस अंश का पोषण न करें, अगर आप बातों को छोड़ते जाएँ और उसे बंधने न दें, तो आप अंत में उस झूठी दृढ़ता से बहुत दूर हो जाएँगे। इस काम को करने के लिए आपको कुछ नहीं करना, क्योंकि यह स्वतः ही होता चला जाता है।

आप साक्षी बनिए और इससे बाहर निकल जाइए है। केवल इस बात के प्रति जागरूक रहते हुए कि आप सजग हैं, चीज़ों को छोड़ते चलिए। यदि आपको अंधेरे या निराशा का सामना करना पड़े तो पूछिए, "अंधेरे के प्रति कौन जागरूक है?" इसी प्रकार आप भीतरी विकास की विभिन्न अवस्थाओं से होते हुए निकलते हैं। केवल छोड़ते जाइए और इस बात के प्रति सजग रहिए कि आप वहाँ उपस्थित हैं। जब आप बुरी और अच्छी दोनों मनोदशाओ को छोड़ देंगे और आप किसी बात से नहीं बंधेंगे, तो ऐसी अवस्था में पहुँच जाएँगे जहाँ आपके पीछे भी सब कुछ खुल जाएगा। अब तक आपने चीज़ों को केवल अपने सामने घटित होते देखा है किंतु अब आप अपनी चेतना के केंद्र के पीछे के जगत के प्रति भी सजग हो जाएँगे।

ऐसा नहीं लगता था कि पीछे भी कुछ है, क्योंकि आपका पूरा ध्यान अपने सामने से हो कर गुज़रते हुए विचारों व भावों का ढांचा बनाने पर केंद्रित होता था, इसलिए आपको अपने भीतर के विशाल स्थान का कोई अंदाजा नहीं था कि आपके पीछे भी पूरा का पूरा ब्रह्मांड उपस्थित है। आप केवल उस ओर नहीं देखते थे। यदि आप छोड़ने के लिए तैयार हो जाए तो यह ऊर्जा का सागर बनकर आपके सामने आ जाएगा और आप प्रकाश से भर उठेंगे। ऐसी रोशनी से भर जाएँगे, जिसमें कोई अंधेरा

नहीं है, ऐसी शांति जो हर किस्म की समझ से आगे है। इसके बाद आप इस भीतरी प्रवाह के साथ अपने प्रत्येक दिन के जीवन के हर क्षण से गुज़रेंगे और यह आपका पोषण करेगा, अंतरमन से आपका मार्गदर्शन करेगा। इसके बाद भी आपके भीतरी स्थान में विचार, भावनाएँ और अवधारणाएँ तैरती रहेंगी, किंतु यह आपके अनुभव का बहुत छोटा सा अंश हैं। अब आप अपनी आत्मा के भाव से बाहर किसी और चीज़ के साथ तालमेल नहीं बिठाएँगे।

एक बार इस अवस्था को पा लेने के बाद आपको, फिर कभी किसी चीज़ की चिंता करने की कोई आवश्यकता नहीं होगी, क्योंकि सृजन करने वाली शक्तियाँ आपके भीतर और बाहर दोनों ओर संसार की रचना करेंगी। आप इन सबसे आगे शांति और प्रेम में बहने लगेंगे और फिर भी इसका सम्मान करेंगे। जब आप अपने वास्तविक स्वरूप के शाश्वत विस्तार के साथ शांति अनुभव करने लगते हैं तो किसी प्रकार की कृत्रिम दृढ़ता की कोई आवश्यकता नहीं रह जाती।

भाग - 5

जीवन जीने का तरीका

Photo (previous page)
Apollo 11 Earthrise
Image credit: NASA JSC

15

बिना शर्त खुशी का मार्ग

अध्यात्म का सबसे श्रेष्ठ मार्ग स्वयं जीवन है। यदि आपको प्रत्येक दिन जीवन कैसे जीना है इसका तरीका पता चल जाए तो आपको अपने आप में स्वतंत्रता महसूस हो सकती है। किंतु सबसे पहले आपको जीवन को सही तरीके से देखना शुरू करना होगा यह आपको दुविधा में डाल सकता है। शुरुआत में, आपको यह समझना होगा कि आपके पास जीवन में एक ही विकल्प होता है और यह आपके व्यवसाय, या इस बात से संबंधित नहीं होता कि आप किससे विवाह करते हैं या आप ईश्वर को पाना चाहते हैं। लोग अपने ऊपर इतने सारे विकल्प लाद लेते हैं, किंतु अंत में आप यह सब छोड़कर केवल एक निर्णय ले सकते हैं क्या आप खुश रहना चाहते हैं या आप खुश रहना नहीं चाहते हैं? यह बहुत सीधी सरल बात है। जिस क्षण आप यह निर्णय ले लेते हैं, उसी क्षण से आपका जीवन स्पष्ट हो जाता है।

इस विकल्प को चुनने का साहस ज़्यादातर लोग नहीं जुटा पाते, क्योंकि उन्हें लगता है कि वह नहीं कर पाएँगे। इनमें से कोई कह सकता है, हाँ मैं निश्चित तौर पर खुश रहना चाहता हूँ, किंतु मेरी पत्नी मुझे छोड़कर चली गई है। यानी वह खुश रहना चाहते हैं, पर यदि उनकी पत्नी उन्हें छोड़कर चली जाएगी, तो वह खुश नहीं रह पाएँगे। लेकिन हमारा प्रश्न यह बिलकुल भी नहीं था। प्रश्न बेहद आसान था, "आप खुश रहना चाहते हैं या नहीं?" यदि आप इसे आसान ही रहने दें तो आप पाएँगे कि ऐसा करना वास्तव में आपके नियंत्रण में है। बात केवल इतनी सी है कि आपकी कुछ चीज़ें और बातें पसंद व नापसंद होती हैं जो आपके मन में भीतर तक बैठी हुई होती हैं वहीं आपके सामने बारबार आती हैं।

उदाहरण के लिए मान लेते हैं कि आप कहीं गए थे और वहाँ रास्ता भटक गए जिस कारण आपने कई दिन से खाना नहीं खाया है और आखिर में, आपको किसी घर का रास्ता मिल जाता है। आपके भीतर उस पर के दरवाजे तक जाने की बिलकुल भी हिम्मत नहीं है किंतु आप किसी तरह वहाँ पहुँचकर दरवाजा खटखटाते हैं। कोई दरवाजा खोलता है और आपकी ओर देखकर कहता है, "हे प्रभु!" आप तो बेहद खराब स्थिति में है! क्या आपको खाने के लिए कुछ चाहिए? आप क्या खाना पसंद करेंगें? अब वास्तव में आपको इस बात की कोई चिंता नहीं है कि वह आपको खाने को क्या देते हैं। आप इस विषय में सोचना भी नहीं चाहते। आप सिर्फ़ एक शब्द ही कह पाते हैं, "खाना" चूंकि यह बोलते समय आप सचमुच ही चाहते हैं, इसलिए इसका संबंध अब आपकी पसंद-नापसंद से नहीं है। यही बात ख़ुशी पर भी लागू होती है। सीधा-सा प्रश्न है, "क्या आप खुश रहना चाहते हैं यदि इस प्रश्न का उत्तर 'हाँ' है तो इसे बिना कुछ समझाते हुए स्पष्ट कहिए। आखिर इस प्रश्न का वास्तविक अर्थ यह है कि "चाहे कुछ भी हो जाए, पर क्या आप इस शान के बाद से अपने शेष जीवन में खुश रहना चाहते हैं?"

इस क्षण से लेकर जीवन के अंतिम क्षण तक आपके साथ यह सब घटनाएँ कभी भी घटित हो सकती है, जैसे आपकी पत्नी आपको छोड़कर चली जाए, या आपके पति आपसे दूर हो जाएँ, या शेयर बाज़ार नीचे गिर जाए और आप अपनी सारी संपत्ति से हाथ धो बैठे अथवा किसी दिन रात के समय आपकी गाड़ी किसी हाइवे पर खराब हो जाए। किंतु यदि आप अध्यात्म के सर्वश्रेष्ठ मार्ग पर बिना रूके चलना चाहते हैं तो फिर अगर उस आसान से प्रश्न का उत्तर "हाँ" है तो आपको उसके विषय में गंभीर होना चाहिए। इस विषय में कोई टालमटोल नहीं करनी चाहिए। उस प्रश्न का इस बात से कोई संबंध नहीं है कि आपकी खुशी पर आपका अधिकार है या नहीं। निश्चित तौर पर यह आपके अधिकार क्षेत्र में है। दरअसल, बात यह है कि जब आप यह कहते हैं कि आप खुश रहना चाहते हैं, तो आप वास्तव में यह नहीं कह रहे होते। सच्चाई तो यह है कि आप इसके साथ कोई न कोई शर्त अवश्य ही जोड़ना चाहते हैं। आप कहना चाहते हैं कि यदि ऐसा न हो, यदि वैसा न हो तो आप हमेशा खुश रह सकते हैं। इसी कारण आपको ऐसा लगता है कि यह आपके नियंत्रण से बाहर की बात है। आप चीज़ों को नियंत्रित करके अपने अनुकूल नहीं कर सकते इसलिए आपके द्वारा बनाई गई कोई भी स्थिति आपकी खुशी को बेहद सीमित कर सकती है।

आपको बिना किसी शर्त उत्तर देना है। यदि आप यह निर्णय करते हैं कि आप आज से अपना बचा हुआ जीवन खुश रहना चाहते हैं तो आप ज़रूर खुश रह पाएँगे, और ज्ञान भी प्राप्त कर पाएँगे। यदि आप जीवन में खुश रहना चाहते हैं तो इसके लिए सबसे अच्छी तकनीकी यह है कि आप खुश रहने के लिए किसी शर्त का सहारा न लें।

इसके लिए आपको संस्कृत सीखने या शास्त्रों का अध्ययन करने की कोई आवश्यकता नहीं है न ही आपको सन्यास लेने की ज़रूरत है। जब आप खुश रहने का निर्णय लेते हैं तो आपको ऐसा कहते हुए केवल गंभीर होना चाहिए फिर चाहे स्तिथियाँ कैसी भी क्यों न हों। यह मार्ग आध्यात्म को पाने का सीधा, सरल और निश्चित मार्ग है।

बिना किसी शर्त के खुश रहने का आपका यह निर्णय निश्चित तौर पर कुछ ऐसा करेगा जो आपको समय -समय पर चुनौती देगा। आपकी निष्ठा की यह परीक्षा ही आपके आध्यात्मिक विकास को प्रेरित करती है। आध्यात्मिक मार्ग का बिना शर्त वाला हिस्सा ही इसे सर्वश्रेष्ठ बनाता है। यह बात बहुत सरल है। आपको केवल यह निर्णय लेना है कि आप अपनी प्रतिज्ञा तोड़ेंगे या नहीं। जब सब कुछ अच्छा चलता है तो खुश रहना बहुत आसान होता है किंतु जैसे ही कोई समस्या सामने आती है तो, यह उतना आसान नहीं रह जाता। तब आपका मन कहता है, "मुझे नहीं पता था कि आगे ऐसा भी होने वाला है। मुझे नहीं लगा कि मेरा हवाई जहाज़ छूट जाएगा। मैंने नहीं सोचा था कि पार्टी में सैली भी वही पोशाक पहनेगी जो मैंने पहनी हुई थी। मैंने कल्पना भी नहीं की थी कि केवल एक घंटे पहले खरीदी मेरी नई गाड़ी में कोई टक्कर मार कर चला जाएगा" क्या यह सही है की आप केवल इन घटनाओं के कारण ही अपनी खुश रहने की प्रतिज्ञा को तोड़ देना चाहते हैं।

ऐसी बहुत सी बातें हैं जो आपके जीवन में हो सकती हैं जिन्हें आपने पहले कभी नहीं सोचा किंतु प्रश्न यह नहीं है कि क्या वह घटनाएँ वास्तव में घट जाएँगी। ये सब तो होता रहेगा। प्रश्न यह है कि इन सब बातों के अलावा क्या आप अपने जीवन में खुश रहना चाहते हैं। वास्तव में जीवन का उद्देश्य अपने अनुभवों से सीखना और उनका आनंद लेना है। आप इस पृथ्वी पर पीड़ा भोगने के लिए नहीं आए हैं। क्या आप दुखी रहकर किसी का भला कर सकते। अपने दार्शनिक विचारों के बावजूद, यह सच्चाई है कि आपका जन्म हुआ है और एक न एक दिन आपकी मृत्यु भी हो जाएगी। इस बीच के अंतराल में, आपके पास एक विकल्प है कि आप अपने अनुभवों का आनंद लेना चाहते हैं या नहीं। कोई भी घटना यह निर्धारित नहीं करती कि आप खुश रहेंगे या नहीं, क्योंकि वे तो केवल घटनाएँ है। यह आपको तय करना है कि आप खुश रहना चाहते हैं या नहीं। आप केवल ज़िंदा रहकर खुश रह सकते हैं। इन सब घटनाओं के बावजूद आप खुश रह सकते हैं और फिर अंत में खुशी-खुशी आराम से मर भी सकते हैं। यदि आप इस तरह जी सकते हैं तो आपका हृदय इतना उदार और आपकी आत्मा इतनी स्वतंत्र अनुभव करेगी कि आपको लगेगा कि आप कहीं खुले आकाश में विचरण कर रहे हैं।

एक मात्र यही वह मार्ग है जो आपको पूर्ण श्रेष्ठता कि ओर ले जाता है, क्योंकि आपके भीतर के उस अंश को भीतर से हटना पड़ेगा जो खुश रहने के आप के निर्णय

के बीच शर्त रखता रहता है। यदि आप वास्तव में खुश रहना चाहते हैं तो आपको भीतर के हिस्से से छुटकारा पाना ही होगा जो हमेशा आपको किसी ना किसी बात पर परेशान करता रहता है। आपका यही वह अंश है जो दुखी रहने के लिए कारण ढूंढता रहता है। आत्मा की इस श्रेष्ठ अवस्था को प्राप्त कर करने के लिए आपको अपने इस भाव से अपना पीछा छुड़ाना ही होगा।

आगे बढ़कर वास्तविकता को जानिए आप जीवन के अनुभवों का आनंद लेने ही इस धरती पर आए है। आप अनंत आकाश के मध्य में घूमते एक ग्रह पर बैठे हैं। आप खाली अंतरिक्ष में तैर रहे हैं और यह हमेशा ऐसे ही चलता रहेगा। यदि आपको यहाँ रहना ही है तो खुश रहकर अपने अनुभवों का आनंद ले, क्योंकि एक दिन आपको मरना है ही। इस संसार में ये सब घटनाएँ ऐसे ही घटती रहेगी। फिर आप खुश क्यों नहीं रह सकते? वास्तविकता तो यह है कि जीवन की घटनाओं से परेशान होकर कुछ भी हासिल नहीं होता न ही इन घटनाओं की वजह से इस संसार में कोई परिवर्तन आता है, केवल आपको परेशानी होता है। सच तो यह है कि आपको परेशान करने के लिए हमेशा कोई न कोई परेशानी आपके सामने खड़ी रहेगी।

यदि आप अपने जीवन में आनंद लेने का विकल्प चुनते हैं तो यह विकल्प आपकी आध्यत्मिक यात्रा में आपको बहुत आगे ले जाएगा। वास्तव में यह स्वयं आध्यात्मिक गुरु है। बिना शर्त खुशी के प्रति निष्ठा रखने से आपको वह सब कुछ सीखने को मिलेगा जो आपको अपने व दूसरों के विषय में और जीवन के विषय में जानना ज़रूरी है। आप अपने हृदय, मस्तिष्क और अपने स्वभाव के विषय में सब कुछ जान जाएँगे। परंतु जब आप कहते हैं कि आपको जीवन खुश रहना है तो आपको यह बात कहते हुए शांत व गंभीर होना चाहिए। जब भी आपके भीतर का कोई अंश नाखुश होता है तो उसे स्वतः ही बाहर निकल जाने दीजिए। उस स्थिति पर काम कीजिए। अपने हृदय को खुला रखने के लिए अभिकथन बोले या कुछ भी करें। यदि आप अपनी खुशियों के प्रति जागरूक है तो आपको कोई नहीं रोक सकता। कुछ भी होता रहे, लेकिन आप अनुभव का आनंद ले सकते हैं। सच मानिए यदि कोई आपसे सब कुछ ले, ले और आप को किस जगह एकांत में बंद कर दे, तो गाँधी की भांति आनंद से रहें। चाहे परिस्थितियाँ कैसी भी हो आप अपने जीवन का आनंद लें।

भले ही यह सब सुनने में मुश्किल लगता है, किंतु इसे न करने का क्या कोई लाभ है? यदि आपने कोई जुर्म नहीं किया है और आप पूरी तरह निर्दोष हैं तो कोई आपको एकांत में बंद कर भी दे तो भी आप बहुत आनंद में जी सकते हैं। यदि आप आनंदित नहीं होंगे तो क्या आपको कोई लाभ मिल सकता है? इससे कुछ भी बदलेगा नहीं। यदि आप वास्तव में खुश हैं तो अंत में जीत आपकी होगी। कुछ भी करके आपको इस खेल को अपने पक्ष में करना है।

वास्तव में हमेशा खुश रहने का तरीका बेहद सरल है। भीतर की ऊर्जाओं को लगातार समझने का प्रयास करते रहिए। यदि आप भीतर ध्यान से देखें तो आपको पता लग जाएगा कि जब आप खुश होते हैं तो आपका हृदय अपने आप खुला जाता है और ऊर्जा आपके भीतर से तेज़ी से प्रवाहित होती है। जब आप खुश नहीं होते तो आपका हृदय बंद होने लगता है और भीतर किसी ऊर्जा का आपको अनुभव भी नहीं होता। इसलिए खुश रहने के लिए, अपने हृदय को बंद मत होने दीजिए। चाहे आपके जीवन में कोई भी आपत्ति आए उदाहरण के लिए चाहे आपकी पत्नी आपको छोड़कर चली जाए या आपका फिर जीवन साथी की मृत्यु हो जाए, आपका हृदय किसी भी परिस्थिति में बंद नहीं होना चाहिए।

आपको स्वयं से कहना होगा कि आप स्वयं को बंद नहीं होने देंगे, क्योंकि इस दुनिया का कोई भी नियम यह नहीं कहता की हृदय बंद होना चाहिए। स्वयं को कहिए कि चाहे कैसी भी परिस्थितियाँ आए, आप स्वयं को बंद नहीं होने देना है। आपके पास सचमुच यह विकल्प मौजूद है। जिस क्षण भी आपको अपना हृदय बंद होता हुआ दिखाई दे तो उस समय आप केवल स्वयं से एक ही प्रश्न पूछे कि क्या आप वास्तव में खुश नहीं रहना चाहते। आपको यह देखना चाहिए कि आपके भीतर ऐसा क्या है जो यह समझता है कि बंद होने से कोई लाभ है। छोटी से छोटी बात पर आप अपनी इतनी कीमती खुशी का त्याग करने के लिए तत्पर हो जाते हैं। आपका दिन बढ़िया बीत रहा था कि किसी ने आपको रास्ते में किसी बात पर टोक दिया। इस बात ने आपको परेशान कर दिया और फिर आपका पूरा दिन खास नहीं बीता। क्यों? स्वयं से यह प्रश्न पूछने का साहरा करें। आखिर किसी बात से दिन खराब करने से क्या लाभ होगा? इससे कोई लाभ नहीं होता। यदि कोई आपको किसी बात पर टोक भी देता है तो उस बात को छोड़ दें और आगे बढ़ते हुए अपने हृदय को खुला रखें। सब कुछ आपके नियंत्रण में है। आप चाहे तो ऐसा कर सकते हैं।

यदि आप बिना किसी शर्त के खुशी के इस मार्ग पर चलते हैं तो आप योग की अवस्थाओं से गुज़रते जाएँगे। आपको केवल हर समय जागरूक, केंद्रित और प्रतिबंध रहना होगा। जीवन के प्रति ग्रहणशील और उदार रहने के लिए आपको अपने खुशी के प्रण पर स्थित रहना होगा। जितने भी महान संत और गुरु हुए है उन्होंने सबसे पहले उदार रहना सिखाया है। उन्होंने बताया कि ईश्वर परमानंद है और वहीं प्रेम भी है। यदि आप उदार रहेंगे तो प्रेरणाप्रद ऊर्जा की लहरें आपके हृदय को भर देगी। आध्यात्मिक क्रियाएँ अपने आप में अंतिम नहीं होती। इनका परिणाम आपको तब दिखाई देता है जब आप उदार होते हुए गहराई में उतरते जाते हैं। आपको केवल एक छोटा सा कार्य करना है की आपको अपने हृदय को किसी भी हाल में बंद नहीं होने देना यदि आप हर समय उदार बने रहना सीख जाएँगे तो आपके साथ भी महान घटनाएँ घटने लगेगी।

सबसे प्रमुख बात यह है कि आपको मस्तिष्क को इतना अनुशासित करना होगा कि वह ये बोलकर आपके साथ धोखा न करें कि इस बार हृदय बंद होना चल सकता है। यदि आप भूल से ऐसा कर भी दे तो दूसरे ही पल संभल जाए। जैसे ही आप भटके और बंद होकर अपना बचाव करने लगें, उसी समय तुरंत सँभल जाएँ। स्वयं को सँभालिए और भरोसा दिलाए कि कुछ भी हो जाए, आप कभी भी बंद नहीं होना चाहते। दृढता से खड़े रहें कि आपको शांति और अच्छे जीवन के अतिरिक्त और कुछ नहीं चाहिए। सच्चाई तो यह है कि आपको अपनी खुशी को दूसरे लोगों के व्यवहार पर निर्भर नहीं होने देना चाहते। किंतु इसके विपरीत यह भी बुरी बात है कि आपकी खुशी आपके अपने व्यवहार पर निर्भर करती है। जब आप इसे दूसरे लोगों के व्यवहार पर निर्भर बना देंगे तो आपके लिए यह एक गंभीर समस्या बन जाती है।

वास्तव में यह प्रक्रिया निरंतर चलती रहती है कि आपके साथ कोई घटना घटित हुई और आप ने भी तरसे बंद होने के अनुभव किया।किंतु आपके पास इसका समर्थन करने या न करने का विकल्प है। आपका मस्तिष्क आपको कहेगा कि जब इस तरह की घटनाएँ होती हैं तो हृदय को खुला और उदार रखना सही नहीं है। यह आपके बस की बात नहीं है किंतु सच यह नहीं है दरअसल, जब आपके पास सीमित समय रह जाए तो ऐसे सीमित समय में जीवन का आनंद न लेना सही बात नही है।

जिस क्षण आपको यह बात याद रखने में कोई भी दिक्कत हो तो केवल आपको ध्यान लगाना है। ध्यान आपकी चेतना के केंद्र को मज़बूत प्रदान करता है, जिससे आप हर समय इतने सचेत रहते हैं, जाते हैं कि आप अपने हृदय को बंद नहीं होने देते। बंद होने की इस प्रवृत्ति को छोड़कर तथा बातों को मन में न रख कर आप हृदय को खुला, स्वतंत्र व उदार रख सकते हैं। जैसे ही आपका हृदय संकुचित होने लगे तो इसे शांत करें। आपको यह दिखावा करने की कोई आवश्यकता नहीं है कि आप खुश हैं, क्योंकि आप भीतर से भी खुश रह सकते हैं। आपके सामने जो भी घटनाएँ घटित हो रही हैं उनकी शिकायत न करें बल्कि उन घटनाओं का आनंद उठाइए।

सभी समस्याओं का एक मात्र समाधान है बिना किसी शर्त के खुश रहना। यही सबसे अच्छी तकनीक है। आप ध्यान और मुद्रा जैसी योग प्रणालियाँ सीख सकते हैं, किंतु आप अपने बचे हुए जीवन के साथ क्या करेंगे? बिना शर्त खुश रहना आदर्श तकनीक है, क्योंकि आप जीवन में जो भी कर रहे हैं, वह पहले से निर्धारित है। आप केवल स्वयं को छोड़ रहे हैं ताकि आप आनंदित रह सकें। जहाँ तक आध्यात्मिकता का प्रश्न है, आप बहुत तेज़ी से आगे बढ़ेंगे। जो व्यक्ति हर रोज़ हर पल ऐसा करता है, वह अपने हृदय और मस्तिष्क दोनों को शुद्ध होता हुआ देख सकता है, क्योंकि वह अपने हृदय में उठने वाली बातों पर कोई प्रतिक्रिया नहीं देता और मस्तिष्क के किसी

भी प्रपंच का भाग नहीं बनता। भीतर की शक्ति के विषय में कुछ न जानते हुए भी, उनकी शक्ति स्वतः ही जागृत हो जाती है। उन्हें एक ऐसी खुशी का अनुभव होता है जो लोग को जल्दी समझ नहीं आ सकती। यह वह मार्ग है जो हमारे जीवन को सुलझा देता है। ईश्वर की रचना पर प्रसन्न होना ही उनके प्रति सच्चा आभार व्यक्त करना है यही उनका वास्तविक उपहार भी है।

ज़रा सोच कर देखिए की क्या ईश्वर को खुश रहने वाले लोगों का साथ अच्छा लगेगा या दुखी रहने वाले लोगों का? इस प्रश्न का उत्तर कठिन नहीं है। इस विषय में सोचने के लिए मान लीजिए कि आप ईश्वर हैं। आपने पृथ्वी और दूसरे ग्रह बनाए ताकि आप अनुभव कर सकें। अब आप मनुष्यों की जाँच करने के लिए नीचे जाते हैं। सबसे पहले मिलने वाले व्यक्ति से ईश्वर ने पूछा,

"तुम कैसे हो?"

वह व्यक्ति कहता है, "तुम कैसे हो से तुम्हारा क्या अर्थ है?"

"अर्थ, क्या तुम्हें यहाँ अच्छा लग रहा है?"

"नहीं, मुझे यहाँ बिलकुल भी अच्छा नहीं लग रहा।"

"क्यों अच्छा नहीं लग रहा? क्या हुआ?"

"सागने जो पेड़ खड़ा है वह पाँच जगह से टेढ़ा-मेढा है; मैं चाहता हूँ वह सीधा हो जाए। वह व्यक्ति किसी और के साथ घूमने चला गया लेकिन उसके फ़ोन का बिल सौ डॉलर आया है। इस व्यक्ति के पास मुझसे अच्छी, बड़ी गाड़ी है। वह आदमी अजीब से कपड़े पहनता है। यह सब बहुत खराब है। इसके अलावा, मेरी नाक लंबी है, मेरे कान बहुत छोटे हैं और मेरे पैरों की अंगुलियाँ अच्छी नहीं लगती। मैं इन सभी चीज़ों की वजह से बिलकुल भी खुश नहीं हूँ।"

इसके बाद भगवान कहते हैं, "अच्छा, पशु कैसे हैं?"

"पशु? चीटियाँ और मच्छर काटते हैं, इससे बहुत पीड़ा होती है। मैं कभी रात में बाहर नहीं जा सकता, क्योंकि ये सभी पशु उस समय बाहर घूमते रहते हैं, शोर मचाते तथा हर जगह गंदगी फैलाते हैं और मुझे यह सब अच्छा नहीं लगता।"

अब आप बताइए क्या ईश्वर आपकी बातें सुनकर खुश होंगे? वह सभी बातें सुन कर बोलते हैं, "तुम्हें क्या लगता है - मैं कोई शिकायत विभाग हूँ?"

इस व्यक्ति के बाद ईश्वर कहीं और किसी दूसरे व्यक्ति से जा कर अपना वहीं प्रश्न पूछते हैं,

"तुम कैसे हो?"

यह व्यक्ति कहता है, "मैं बहुत खुश हूँ।"

भगवान बोलते हैं, "वाह! अच्छा, तुम्हें यहाँ की चीज़ें कैसी लगती हैं?"

"यह सभी चीज़ें बहुत सुंदर हैं, क्योंकि मैं जिस चीज़ को देखता हूँ उसे देखकर आनंद से भर जाता हूँ। जब मैं उस टेढ़े-मेढ़े वृक्ष को देखता हूँ तो में कोतूहल से भर जाता हूँ। जब कोई चींटी या मच्छर मुझे काटते हैं तो मैं आश्चर्य से भर जाता हूँ यह सोच कर की इतनी छोटी-सी चींटी मुझ जैसे विशालकाय जीव को काटने का साहस कर सकती है!"

अब आप बताइए कि ईश्वर को इन दोनों व्यक्तियों में से किस व्यक्ति के साथ रहना पसंद आएगा। योग की परंपरा में ईश्वर का एक नाम सच्चिदानंद है यानी शाश्वत, आनंद।अब आप समझ सकते हैं की ईश्वर ही आनंद है वही सबसे श्रेष्ठ है और उनके पास आप केवल खुश रहकर ही जा सकते हैं। चाहे कैसी भी परिस्थितियाँ आपके सामने आ जाए किंतु यदि आप उनका सामना सहज भाव से खुश होकर करते हैं तो निश्चित तौर पर आप ईश्वर को पा लेंगे। तभी आपको वास्तविक खुशी मिल पाएगी।

यदि आपने एक बार यह निश्चय कर लिया की आपको इस अग्निपरीक्षा को पार करना है तो किसी भी परिस्थिति को छोड़कर आप आगे बढ़ जाएँगे। ऐसी स्थिति में हृदय और मस्तिष्क पर पड़े पर्दे अपने आप हट जाएँगे। जो चीज़ आपकी बहुत से बहुत दूर थी अब उसके साथ आपका आमना-सामना हो जाएगा, क्योंकि फिर आपकी कोई आवश्यकता नहीं रह जाएगी। जब अस्थायी और सीमित चीज़ों के साथ चल रही जद्दोजहद भी समाप्त हो जाएगी और आपको शाश्वत और अनंत के दर्शन होंगे। इसके बाद,"खुशी" शब्द आपकी इस अवस्था को समझा पाने के लिए बहुत छोटा प्रतीत होगा। यह वह स्थिति होती है जिसके लिए हम परमानंद, निर्वाण और मुक्ति जैसे शब्दों का प्रयोग करते हैं। यही वह समय होता है जब आपके आनंद का पारावार नहीं होता और आपका आनंद से भरा हुआ प्याला झलक उठता है।

खुश रहिए, क्योंकि यह मार्ग बेहद खूबसूरत मार्ग है।

16

बिना बाधा के आध्यात्मिक मार्ग

यदि आप आध्यात्मिक तौर पर अपना विकास चाहते हैं तो अपने जीवन का सर्वश्रेष्ठ उपयोग करें, क्योंकि आपको अपने आध्यात्मिक कार्य को तनाव, समस्या और डर के बिना जीवन को जीवन की भांति ही देखना चाहिए। आध्यात्म का यही सबसे अच्छा मार्ग है। जीवन में तनाव या समस्या का कोई कारण नहीं है। आपको तनाव तभी होगा जब आप जीवन की घटनाओं का विरोध करेंगें। यदि आप जीवन को स्वयं से दूर नहीं कर रहे और न ही उसे अपनी ओर खींच रहे हैं तो ऐसी अवस्था में आप किसी प्रकार की कोई बाधा उत्पन्न नहीं कर रहे। इस समय आप केवल अपनी मौजूदगी उपस्थित करा रहे हैं और केवल जीवन की घटनाओं को मात्र देख और अनुभव कार रहे हैं। यदि आप इस प्रकार जीवन व्यतीत कर रहे हैं तो आप पाएँगे कि आप जीवन को शांति और आनंद से जी पा रहे हैं।

जीवन की यह प्रक्रिया सचमुच अद्भुत है। समय और स्थान के मध्य से परमाणुओं का प्रवाह यह हर पल होने वाली शाश्वत घटनाओं की श्रृंखला है, जो अगले क्षण में घुल जाती है। सच तो यह है कि अगर आप जीवन की इस अद्भुत शक्ति में बाधा डालते हैं, तो अपने भीतर तनाव को जन्म देते हैं, जिस कारण आपका शरीर, मस्तिष्क और आध्यात्मिक हृदय सभी इससे प्रभावित होते हैं।

जीवन में तनाव और परेशानी का होना सामान्य सी बात है। यदि हम इसे समझना चाहते हैं, तो हमें पहले यह जानना होगा कि हम जीवन को केवल जीवन क्यों नहीं रहने देते। हमारे भीतर ऐसा क्या है जिसमें जीवन की वास्तविकता का विरोध करने

की क्षमता है? यदि आप ध्यान से अपने भीतर देखेंगे तो पाएँगे कि आप स्वयं ही भीतर रहने वाला जीव है जिसे आत्मा कहते हैं। जिसके पास इच्छाशक्ति हैं।

यही वह वास्तविक इच्छाशक्ति है जो आपके भीतर से निकलती है। यही आपके हाथ-पैरों को चलाती है किंतु यह अपने आप नहीं हिलते। ये अपने ढंग से इसलिए हिलते हैं, क्योंकि आप चाहते हैं कि ऐसा हो। आप अपनी इसी इच्छाशक्ति की सहायता से विचारों पर ध्यान केंद्रित कर पाते हैं। "इच्छा शक्ति" ही वह शक्ति है, जिससे आप अपनी चेतना को शारीरिक, मानसिक या भावनात्मक क्षेत्रों में केंद्रित कर पाते हैं। इस शक्ति का उपयोग आप उस समय करते हैं, जब आपको कोई काम करना या नहीं करना होता है।आपके पास चीज़ों को प्रभावित करने की क्षमता है आप लाचार नहीं हैं।

आप अपनी इच्छाशक्ति की सहायता से बहुत कुछ कर सकते हैं। किंतु हम इस शक्ति का प्रयोग जीवन के प्रवाह की विपरीत दिशा में करते हैं। यदि हमें कोई चीज़ पसंद नहीं आती तो हम उसका विरोध करते हैं। चूंकि हम जिस चीज़ का विरोध कर रहे हैं, वह तो पहले ही हो चुकी है, तो फिर उसका विरोध करने का हमें क्या लाभ मिलेगा? यदि आपका सबसे अच्छा दोस्त आपसे दूर हो जाए तो यह बात आपको बिलकुल पसंद नहीं आएगी। लेकिन वर्षों तक उस घटना का विरोध करने से यह तथ्य बदल नहीं जाता कि आपका दोस्त वास्तव में आपको छोड़कर दूर चला गया है। आप इस सच्चाई को बदल नहीं सकते।

सच्चाई तो यह है कि आप वास्तव में इस स्थिति का विरोध कर रहे हैं ऐसा कहना भी पूरी तरह सही नहीं हैं। उदाहरण के लिए, यदि कोई व्यक्ति ऐसी बात कहता है जो हमें नापसंद है, तो हम उस बात का विरोध करने से हम उस व्यक्ति के द्वारा कही जाने वाली बात को नहीं रोक सकते। दरअसल, हम उस घटना के अनुभव का विरोध करते हैं, क्योंकि हम नहीं चाहते कि वह घटना हमें भीतर से प्रभावित करे। हमें पता है कि इस बात से हम पर मानसिक और भावनात्मक प्रभाव पड़ेगा जो हमारे विपरीत होगा। इसलिए हम उस घटना के प्रभाव के विरुद्ध अपनी इस इच्छाशक्ति का प्रयोग करते हैं ताकि हम अपने हृदय और मस्तिष्क पर उसका प्रभाव होने से रोक सके यानी किसी घटना का अनुभव हमारे संवेदी विचार को नहीं रोकता। इस घटना को ऊर्जा के स्तर पर हमारी मनोदशा से भी होकर जाना पड़ता है। यह एक ऐसी प्रक्रिया है जिसका अनुभव हमें हर रोज होता है। प्रारंभिक संवेदी विचार हमारी मानसिक और भावनात्मक ऊर्जा स्रोतों को छूता है, जिससे ऊर्जा में हलचल होती है। यही हलचल हमारी मनोदशा में से उसी तरह निकालती है जिस तरह पानी में तरंगें उठती हैं। यह बात हैरत में डालने वाली है कि आपके भीतर इस हलचल को रोकने की पूरी क्षमता है। इच्छा-शक्ति के

उपयोग से ऊर्जा के स्थानांतरण को रोका जा सकता है और इसी से तनाव पैदा होता है। इस बात को आप बहुत अच्छे से जानते हैं कि एक विचार या भाव से संघर्ष करते हुए आपको थकान हो जाती है।

आखिर में आप समझ पाएँगे कि इस विरोध से ऊर्जा का नाश होता है। वास्तव में आप सामान्य तौर पर, अपनी इच्छाशक्ति को एक चीज़ के लिए ही प्रयोग कर सकते हैं। जो पहले ही हो चुका है या तो आप इसके लिए अपनी ऊर्जा का प्रयोग कर सकते हैं या फिर दूसरा, जो अभी तक नहीं हुआ। यह बहुत अजीब बात है कि आप लगातार भीतर बैठकर अतीत अथवा भविष्य के विचारों का विरोध करते रहते हैं। जरा सोच कर देखिए कि जो हो चुका है, उसका विरोध करके आप कितनी ऊर्जा खराब कर रहे हैं। चूंकि यह घटना पहले ही घट चुकी है, तो आप दरअसल, उस घटना का नहीं बल्कि अपना ही विरोध कर रहे हैं। इसके अलावा, मान लीजिए कि जो होने वाला है, उसके विषय में सोचकर आप कितनी ऊर्जा खर्च कर रहे हैं। जिन बातों के बारे में आप सोच कर अपनी ऊर्जा नष्ट कर रहे होते हैं, वास्तव में उनमें से ज़्यादातर बातें कभी होती ही नहीं है।

इस बात को सोच कर देखिए कि आप किस प्रकार अपनी ऊर्जा के प्रवाह को नियंत्रित करते हैं, इस बात का आपके जीवन पर गहरा प्रभाव पड़ता है। यदि आप अपनी महत्त्वपूर्ण ऊर्जा किसी ऐसी घटना के विरुद्ध लगाते हैं, जो पहले ही घटित हो चुकी है, तो वह शांत तालाब में पत्ता गिरने से उठी तरंगों को रोकने जैसा है। आपके किए गए कार्यों से काफी हद तक अशांति पैदा होती है। जिस क्षण आप विरोध करते हैं उस क्षण ऊर्जा के पास कहीं और प्रवाहित होने की जगह नहीं होती। यह आपके मन के भीतर कहीं अटक जाती है और लगातार गंभीर रूप से आपकी प्रभावित करती रहती है। यह आपके हृदय के ऊर्जा प्रवाह को रोक देती है जिसके कारण आपको चारों ओर निराशा लगने लगती है। ठीक ऐसा ही उस समय होता है जब कोई बात आपके मस्तिष्क पर हावी हो जाती है और आपके सोचने समझने की क्षमता को समाप्त कर देती है।

सबसे बुरी बात यह है कि लोग जो घटनाएँ हो चुकी हैं, हम उनकी ऊर्जा का विरोध करके उसे अपने भीतर रोक कर रख लेते हैं। जब आज की घटनाओं से हमारा सामना होता है तो हम न उन्हें ग्रहण करने के लिए तैयार होते हैं और न ही उन्हें सहन कर पाते हैं। ऐसा इसलिए होता है, क्योंकि हम अतीत की ऊर्जाओं से जूझ रहे होते हैं। जैसे-जैसे समय बीतता है ऊर्जाएँ इकट्ठी होती जाती हैं जिसके कारण अत्यधिक निराशा की स्थिति उत्पन्न हो जाती है। ऐसी स्थिति में ही हमें बहुत अधिक थकान महसूस होती है।

इस प्रकार थकने और निराश होने का कोई कारण नहीं है। यदि आप इस ऊर्जा को अपने भीतर इकट्ठा न होने दें और दिन के हर पल को गुज़र जाने दे तो आप हर क्षण इतने उत्साहित और तनाव मुक्त रहेंगे जैसे आप छुट्टियों के दौरान रहते हैं। हमें जीवन की घटनाओं के कारण तनाव या समस्या नहीं होती। चूंकि सारी समस्या जीवन की वास्तविक का विरोध करने के लिए इच्छा के उपयोग से पैदा होती है, इसका हल भी बहुत सीधा और सरल है - आपको केवल विरोध करना बंद करना है। यदि आप किसी बात का विरोध करते हैं, तो उस विरोध का कोई कारण अवश्य होना चाहिए, वर्ना आपकी मूल्यवान ऊर्जा नष्ट होती जाती है।

आपके भीतर इस विरोध की प्रक्रिया को जांचने की इच्छा ज़रूर होनी चाहिए। पूरे दिन में ऐसी बहुत सी घटनाएँ होती है जिनका आप विरोध करते हैं, किंतु इन सबसे पहले आपको इस बात का पता होना चाहिए कि ऐसी कौन सी चीज़ है, जिसका आप विरोध कर रहे हैं। आखिर आपने विरोध के लिए इसी घटना को क्यों चुना? आपके भीतर ऐसा कुछ होना चाहिए जिसके आधार पर आप यह निर्णय ले सके कि कब आपको किसी घटना को होने देना है और कब आपको इच्छाशक्ति के प्रयोग से उसे अपने से दूर करना है या उसके साथ बंध जाना है। बहुत सी चीज़ें ऐसी भी होती हैं जो आपको बिलकुल परेशान नहीं करती। उदाहरण के लिए आप रोजाना गाड़ी चलाकर काम पर जाते हैं पर रास्ते के पेड़ या इमारतों पर आपका कोई ध्यान नहीं जाता न ही सड़क पर बनी सफेद लाइनों से आपको कोई भी परेशानी होती। आप उन्हें रोज देखते ज़रूर हैं, किंतु आप इन्हें पीछे छोड़ आगे निकल जाते हैं। यद्यपि, यह लाइनें सबके लिए ऐसी ही होती हैं, किंतु कल्पना करके देखें यदि यह। लाइनें टेढ़ी हो जाएँ तो, जो व्यक्ति अपनी आजीविका के लिए सड़क पर उन लाइनों को पेंट करता है, उसके लिए यह बहुत परेशानी की बात हो जाएगी है। हो सकता है, वह इनसे इतना परेशान हो जाए कि उस सड़क से जाने के लिए भी मना कर दे। साफ़ है कि हम सब लोग अपने जीवन में एक-सी बातों का विरोध नहीं करते और न ही हमारी समस्याएँ एक-सी होती हैं, क्योंकि चीज़ों व उनके प्रभाव के संबंध में हम सबके विचार भिन्न होते।

तनाव को समझने के लिए सबसे पहले आपको इस बात को समझना होगा की चीज़ें कैसी होनी चाहिए, क्योंकि इस विषय में हमारे मस्तिष्क में कुछ पूर्वाग्रह होते हैं। इन्हीं पूर्वाग्रहों के आधार पर आप अपनी इच्छाशक्ति का प्रयोग करके जो हो चुका है, उसका विरोध करते हैं। अब देखिए की आपको ये पूर्वाग्रह कहाँ से प्राप्त हुए? मान लेते हैं कि अजेलिया को खिलते देखना आपको थका देता है। निश्चय तौर पर ज़्यादातर लोगों के साथ ऐसा नहीं होता। अब जरा आप इस बात को समझें कि आखिर क्यों आपको इससे परेशानी होती है? हमें केवल यह जानना है कि आपकी एक मित्र थी जिसके घर में अजेलिया के पौधे थे और जिस मौसम में अज़ेलिया खिलता है, उसी

समय उसने आपसे संबंध तोड़ लिया। अब जब कभी आप अजेलिया को खिलते देखते हैं तो आपको दुख होता है, क्योंकि इसका संबंध आपकी पीड़ा से है जिस कारण आप उनके नज़दीक भी नहीं जाना चाहते। आप इन्हें देख कर परेशान हो उठते हैं।

यही वह निजी घटनाएँ हैं, जो हमारे हृदय और मस्तिष्क पर अपनी निशान छोड़ जाती है। इन्हीं निशानों की वजह से हम इनके प्रति विरोध या लगाव रखते हैं। इससे ज़्यादा इसका प्रभाव नहीं होता। ये घटनाएँ आपके बचपन में विभिन्न मौकों पर घटी होगी। कभी भी घटी हो, किंतु ये आपके भीतर बहुत गहरा प्रभाव छोड़ देती है। आप अतीत के इन प्रभावों के चलते वर्तमान की घटनाओं का भी विरोध करने लगते हैं। इससे आपके भीतर तनाव, हलचल, संघर्ष और पीड़ा होती है। इस बात को न समझने के कारण आप अपने जीवन को अतीत की घटनाओं के द्वारा नियंत्रित होने देते हैं। जिस कारण आपका हृदय और आत्मा दोनों ही इस में फंस जाते हैं। वास्तव में इस प्रक्रिया का कोई अर्थ नहीं है किंतु यह आपका जीवन खराब करने के लिए काफी है।

आपको इन घटनाओं को भूल कर तनाव नहीं लेना चाहिए। और आप ऐसा तभी कर पाएँगे जब आप जागरूक होंगे। आपको मस्तिष्क की उस आवाज को ध्यान पूर्वक सुनना होगा जो आपको विरोध करने के लिए उत्तेजित करती है। वास्तव में यह आप पर नियंत्रण स्थापित कर लेती है और कहती है उस व्यक्ति ने जो कहा वह मुझे अच्छा नहीं लगा इसलिए इसे जल्दी ठीक करो। यह आपको बिना मांगे सलाह देती है और चीज़ों का विरोध करके आपको दुनिया से लड़ने के लिए उत्तेजित करती है। आप आखिर इसकी बात क्यों सुनते हैं? जो होता है, उसे होने दीजिए और अपने आध्यात्मिक मार्ग को इसके लिए तैयार कीजिए। इसका यह अर्थ बिलकुल नहीं है कि जो हो रहा है, उससे निपटना नहीं है। उसे आप ख़ुशी से संभालिए किंतु उससे पहले उस ऊर्जा को गुजर जाने दीजिए। यदि आप ऐसा नहीं करते, तो आप वर्तमान घटना से नहीं निपट रहे, बल्कि अतीत की ऊर्जा को संभालने के चक्कर में पड़े हुए हैं। ऐसी स्थिति में आप तनाव से भर जाएँगे, लेकिन कभी स्पष्टता नहीं ला पाएँगे।

इससे बचाओ का सबसे अच्छा तरीका यह है कि आप कितनी भी विपरीत परिस्थितियाँ हो उन्हें स्वीकार करते चलिए। स्वीकार करने का अर्थ यह है कि जो घटनाएँ घट रही हैं उन्हें बिना किसी विरोध के घट जाने दीजिए हैं। यदि कोई घटना होती है और वह आपके मन से होकर गुजर जाती है, तो वास्तविक स्थिति आपके सामने स्पष्ट हो जाएगी। चूंकि आप किसी घटना से प्रेरित ऊर्जा के अलावा, वास्तविक घटना से निपट रहे हैं, इसलिए आप इस काम में अपने अतीत की प्रतिक्रियाशील ऊर्जा का प्रयोग नहीं करेंगे। आप देखेंगे कि आप रोज़मर्रा की परिस्थितियों से अधिक बेहतर ढंग से निपट पा रहे हैं। ऐसा भी संभव है कि आपको बाकी जीवन किसी नई समस्या

का कभी सामना ही न करना पड़े, क्योंकि कोई भी घटना केवल घटना होती है समस्या नहीं किंतु विरोध करने से वह समस्या का रूप धारण कर लेती है किंतु आप ऐसा मत सोचिए। चूंकि आप सच्चाई को स्वीकार कर लेते हैं, इसलिए आप बातों को ठीक से नहीं संभाल पाते। आप उन्हें ठीक से निपटाते हैं। आप उन्हें अपनी निजी समस्या न मानकर, पृथ्वी पर घटित घटना मात्र मानते हैं।

इस बात को जानकर आपको आश्चर्य चकित रह जाएँगे की ज़्यादातर परिस्थितियों में भय और इच्छाओं से निपटने के आलावा कुछ भी नहीं होता। भय और इच्छा हर चीज़ को हमारे लिए जटिल बना देती हैं। यदि आप को किसी घटना के संदर्भ में कोई भय या इच्छा नहीं होगी तो उससे अपना पीछा छुड़ाने के लिए कुछ नहीं होगा। आप जीवन को सहज और उचित ढंग से सामने आने दे सकते हैं। जब अगली घटना होती है तो आप वर्तमान क्षण में पूरी तरह उपस्थित होते हैं और जीवन के अनुभव का आनंद ले सकते हैं। यह पूरी बात समस्या, तनाव, दबाव और थकान रहित जीवन के विषय में है। जब इस दुनिया की घटनाएँ आप से होकर गुजर जाती हैं, तो आप उच्च आध्यात्मिक अवस्था को प्राप्त कर सकते हैं। इसके बाद जो कुछ होता है, आप बिना ऊर्जा का विरोध किए, उसके प्रति जागरूक रहते हैं। जब आप इस अवस्था को प्राप्त कर लेते हैं, तो आपके सामने सब कुछ शीशे की तरह साफ़ हो जाता है। इसके विपरीत, हर कोई अपनी प्रतिक्रिया और अपनी निजी पसंद-नापसंद के अनुसार संसार से व्यवहार कर रहा है। जिस समय आप अपने निजी भय, चिंताओं और इच्छाओं से दो-चार हो रहे होते हैं, तो उस समय आपके पास अपनी असली घटनाओं को निपटाने के लिए ऊर्जा नहीं बजती।

जरा थोड़ा रुक कर इस विषय में सोचिए कि आप क्या करने में सक्षम है। अब तक आपकी क्षमताएँ अपने भीतर संघर्ष द्वारा सीमित थी। कल्पना करके देखें कि क्या होगा यदि आपकी जागरूकता स्वतंत्र होकर वास्तव में होने वाली घटनाओं पर अपना ध्यान केंद्रित कर लें और भीतर की आवाज़ बिलकुल शांत हो जाए। यदि आप इस प्रकार अपना जीवन जिएँगे, तो आप कुछ भी कर सकने में सक्षम होंगे। आपकी क्षमताए बड़ेगी साथ ही साथ आप हर काम में जागरूकता रखने के कारण उसमे स्पष्टता भी ला पाए। जिस वजह से आपका पूरा का पूरा जीवन ही बदल जाएगा।

इस प्रकार आप जीवन का उपयोग विरोधों को स्वयं से दूर करने के लिए कर सकेंगे। अपने ऊपर काम करने में संबंध बहुत काम आते हैं। कल्पना करके देखिए की, यदि आप अपने भीतर के विरोधों को शांत करने के बजाय संबंधों के माध्यम से लोगों को समझे रहते तो कैसा होता। यदि आप लोगों को अपनी पसंद और नापसंद के पूर्वाग्रहों के अनुसार डालने की कोशिश न करें तो आप देखेंगे कि संबंधों को निभाना

मुश्किल काम नहीं है। अपने निजी विरोधों के आधार पर यदि आप लोगों को आँकना और उनका विरोध करना छोड़ दें तो आप पाएँगे कि उनके और अपने साथ चलना बहुत आसान हो जाएगा। वास्तव में आप दूसरों के नजदीक जानना चाहते हैं तो स्वयं पर अपनी पकड़ ढीली कर दें।

आपके रोजमर्रा के कामों के साथ भी ठीक ऐसा ही होता है। आपको उन कामों को करने में आनंद आता है, क्योंकि यह बहुत आसान होते हैं। आपको यह देखना है कि आप इस अनंत खाली स्थान में घूमते हुए ग्रह पर आखिर क्या कर रहे हैं। यदि आप संतुष्ट रहना और अपने काम का आनंद लेना चाहते हैं तो स्वयं पर अपनी पकड़ को ढीला छोड़ना होगा और घटनाओं को घटित होने देना होगा। इसके बाद आपका वास्तविक कार्य शुरू होता है।

जब निजी ऊर्जाएँ आप से गुजर जाती हैं तब आपको यह दुनिया बदली हुई लगती है। लोग और घटनाएँ भी आपको भिन्न दिखाई देते हैं। आपको पता लगेगा कि आपके भीतर ऐसी और क्षमता है जो आपने आज से पहले कभी नहीं देखी थी। जीवन के प्रति आपका पूरा का पूरा नजरिया ही बदल जाएगा। संसार की हर वस्तु आपको बदली हुई दिखाई पडेगी। ऐसा इसलिए होता है, क्योंकि जब आप किसी परिस्थिति पर अपनी पकड़ ढीली छोड़ देते हैं तो अन्य परिस्थितियों के लिए सोच सुस्पष्ट हो जाती है। उदाहरण के लिए, मान लेते हैं कि आपको कुत्तों से डर लगता है। वहीं दूसरी ओर आप दूसरे लोगों को देखते हैं कि उन्हें तो कुत्तों से डर नहीं लगता और वह उनके साथ आराम से रहते हैं। चूंकि आप पूरा जीवन डरते रहें हैं, इसलिए जिस समय आप यह कष्ट सह रहे थे, दूसरे लोगों के साथ ऐसा नहीं हो रहा था। उस कष्ट का कोई मतलब नहीं था, इसलिए अब आप डर और चिंता पर काम करने लगते हैं और आगे से कुत्ता देखने पर शांत रहते हैं। यहाँ ध्यान देने योग्य बात यह है कि शांत रहकर ही विरोध से निपटा जा सकता है। अपने निजी विरोध के बीच शांत रहकर आप न केवल कुत्तों के साथ अपने संबंध को बदल लेते हैं, बल्कि सभी चीज़ों के साथ आपका संबंध पूरी तरह से परिवर्तित हो जाता है, क्योंकि आपकी आत्मा ने परेशान करने वाली ऊर्जाओं से छुटकारा पाना सीख लिया है। अगली बार कोई कुछ ऐसा कहे या करे जो आपको पसंद नहीं है, तो आप उसके साथ वही कीजिए जो आपने कुत्तों से डर के विषय में किया था। विरोध के बीच शांत रहना जीवन के हर काम और हर क्षेत्र में लाभदायक सिद्ध होता है, क्योंकि वह इस समस्या पर सीधा ध्यान देता है कि बंद होते समय हृदय को कैसे खोलना है।

भीतर से स्वयं को खाली कर देना भी आध्यात्मिक मार्ग है। यह एक ऐसा मार्ग है जिस पर कोई विरोध नहीं है यह केवल स्वीकृति का मार्ग है, समर्पण का मार्ग है। यह

ऊर्जा को बिना किसी विरोध के स्वतः ही निकल जाने देने की बात है। यदि आपको यह करने में कोई कठिनाई होती है तो इसे अपने ऊपर लागू न करें। आप आराम से काम करें हृदय खुलने, आध्यात्मिक पूर्णता प्राप्त करने और संपूर्ण होने में संपूर्ण जीवन लग जाता है।

शांत रहकर आपके सामने जो घटित हो रहा है उसे समझना ही इसका एकमात्र तरीका है। बाकी किसी चीज़ की चिंता करने की कोई आवश्यकता नहीं है। यदि आप शांत रहते हुए स्वतंत्र हो जाएँ तो आप पाएँगे कि आपका बहुत तेजी से आध्यात्मिक विकास होने लगा है। आप अपने भीतर एक अलग ऊर्जा को जागृत होता हुआ अनुभव करेंगे। इसके बाद आपको कोई भी समस्या बैचेन नहीं कर पाएगी, क्योंकि इससे पहले आपने इतना प्रेम कभी अनुभव नहीं किया होगा। अब आप पहले की तुलना में कही ज़्यादा संतुलित, शांति और संतोषजनक महसूस करेंगे।

वास्तव में आप एक ऐसी अवस्था प्राप्त कर सकते हैं जहाँ कोई तनाव, चिंता या परेशानी बाकी नहीं रह जाती। केवल आपको इतना सा समझने कि अवश्यकता है की ज़िंदगी आपको एक उपहार दे रही है और ये उपहार वही घटनाएँ हैं जो आपके जन्म और मृत्यु के बीच घटती हैं। ये घटनाएँ बहुत ही उत्तेजक, चुनौतीपूर्ण और ज़बरदस्त विकास करने वाली होती हैं। जीवन के इस प्रवाह को सहजता से सँभालने के लिए आपका हृदय और मस्तिष्क खुला रहना चाहिए ताकि आप सच्चाई को स्पष्टता के साथ देख सके। विरोध के कारण ही आप ऐसा नहीं कर पाते। वास्तविकता का विरोध न करें और आप देखेंगे कि आपके अध्यात्मिक सफर की सीढ़ी यही तनाव देने वाली चीज़ें अपने आप बन जाएँगी।

17

मृत्यु के विषय में सोचना

यह बहुत अजीब-सी बात है कि जीवन की सबसे महत्त्वपूर्ण शिक्षा हमें मृत्यु से मिलती है। आप मृत्यु से जितना सीख सकते हैं उतना जीवन में किसी भी व्यक्ति या परिस्थिति से नहीं सीख सकते। कोई व्यक्ति आपको केवल इतना बता सकता है कि आप स्वयं शरीर नहीं हैं, किंतु केवल मृत्यु यही बात आपको दिखा सकती है। ऐसे ही कोई व्यक्ति आपको जीवन और चीज़ों की निरर्थकता के विषय में बता सकता है जिनसे आपको आसक्ति हो जाती है, किंतु वहीं मृत्यु आपको गहरी नींद से उठा कर एक क्षण में आपसे सभी चीज़ें छीन लेती है। आपसे कोई यह कहता है कि सभी जाति के स्त्री और पुरुष बराबर हैं और यह कि अमीर एवं गरीब में कोई अंतर नहीं है, लेकिन एक मृत्यु ही है, जो तुरंत सभी को एक समान कर देती है।

अभी यहाँ यह प्रश्न उठता है कि क्या आप मृत्यु को अपना गुरु बनाने के लिए उस अंतिम क्षण का इंतजार करेंगे? वास्तव में मृत्यु की संभावना मात्र से ही, हम किसी भी क्षण यह पाठ सिख सकते हैं और यह बात बुद्धिमान व्यक्ति बहुत अच्छे से जानता है कि न जाने कौन सा पल उसका आखिरी पल हो जब उसकी छोड़ी हुई साँस दोबारा वापस न आए। वास्तव में यह कोई नहीं जानता कि आपकी आखरी सांसे कौन सी होंगी। आपको इसी से सीखना होगा। समझदार व्यक्ति इस बात को पूरी तरह आत्मसात कर लेता है की मृत्यु का समय निश्चित नहीं है वह कभी भी आ सकती है।

व्यक्ति के जीवन में कभी न कभी ऐसा समय ज़रूर आता है जब उसे किसी न किसी बात से परेशानी होती ही है उस समय आप केवल मृत्यु के बारे में सोचे।

उदाहरण के लिए मान लेते हैं की आपका स्वभाव ईर्ष्यालु हैं और आप अपनी प्रेमिका से किसी और को बात करते हुए नहीं देख सकते। जरा सोच कर देखें की जब आप इस संसार में नहीं रहेंगे तो क्या होगा। क्या यह अच्छी बात है कि आपके मरने के बाद आपकी प्रेमिका अकेली ही रहे और उसकी देखभाल करने वाला उसके साथ कोई न हो? यदि आप अपने निजी मामलों से ऊपर उठ सके तो आपको समझ आ जाएगा कि आप यही चाहते हैं कि आपकी प्रेमिका खुश रहें तथा पूर्ण एवं सुंदर जीवन व्यतीत कर सके। यदि आप उनके लिए ऐसा सोचते हैं तो फिर इस समय किसी और से बात करने पर आप उन्हें तंग क्यों कर रहे हैं?

समझने की बात यहाँ यह है कि आपको अपने जीवन को श्रेष्ठ तरीके से जीने के लिए मृत्यु से दो-चार होने की आवश्यकता नहीं है। अपने भीतर झांककर देखने और उस उच्चतम अवस्था को प्राप्त करने से पहले अपना सब कुछ मृत्यु के हाथों दे देने का इंतजार आखिर हम क्यों करते हैं। समझदार व्यक्ति कहता है, "यदि एक सांस में यह सब बदल सकता है तो मैं जीवित रहते हुए अपने उच्चतम स्तर पर जीना चाहता हूँ। मैं जिन लोगों से प्यार करता हूँ, अब उन्हें बिलकुल भी परेशान नहीं करूंगा और अपनी आत्मा की गहराई से जीवन को जीना चाहूँगा।" गहरे और सार्थक संबंधों के लिए इस स्तर की जागरूकता की आवश्यकता है।

जरा ध्यान से देखिए हम किस प्रकार अपने नज़दीकी लोगों के साथ से पेश आते हैं। हम यह मानकर चलते हैं कि वे लोग हमारे लिए उपस्थित हैं और ऐसा हमेशा रहेगा। सोच कर देखें अगर वे या आप दोनों में से कोई भी मर जाएँ तो क्या होगा? यदि आपको किसी तरह यह पता चल जाए कि आज शाम के बाद आप उन्हें नहीं देख सकेंगे तो क्या होगा? कल्पना करके देखिए कि यदि कोई कि कोई फरिश्ता आपके पास आए और आपसे कहे, "अपने ज़रूरी काम कर लो, क्योंकि आज के बाद तुम कभी नींद से नहीं जागोगे। तुम्हारा समय समाप्त हो गया है इसलिए अब तुम मेरे पास आने वाले हो।" यही वह क्षण होगा जब आपको इस बात का अंदाजा होगा कि आज के बाद आप उन सभी लोगों को दोबारा नहीं मिल पाएँगे जिनसे आप मिल रहें हैं। ऐसी स्थिति में आपको कैसा लगेगा? आप उनके साथ किस तरह बात करेंगे? क्या आपको छोटी-छोटी शिकायतों या द्वेषपूर्ण बातों का जरा भी ध्यान आएगा। जिनका बोझ आप आज तक अपने कंधों पर लिए घूम रहे थे? यह जानते हुए भी कि आपकी उनसे यह अंतिम मुलाकात होगी, आप अपने चाहने वालों से कितना प्रेम कर सकेंगे? सोचकर देखिए कि यदि आप अपने प्रत्येक क्षण को इसी प्रकार जिए तो क्या होगा? वास्तव में आपका जीवन सचमुच बदल जाएगा, क्योंकि मृत्यु ही वह पाठ पढ़ाती है जो कोई ओर नहीं पढ़ा सकता इसीलिए यह कोई बुरा विचार कैसे हो सकता है।

एक क्षण के लिए आप उन चीज़ों के विषय में सोच कर देखें जो आपको आवश्यक लगती हैं। देखिए आप कितनी ऊर्जा और समय विभिन्न कार्यों में लगाते हैं। उदाहरण के लिए कल्पना करें कि आप एक सप्ताह या एक महीने में मरने वाले हैं। इससे आपके जीवन में कितना परिवर्तन आएगा? और आपकी प्राथमिकताएँ कितनी बदलेंगी? आपके विचार किस प्रकार परिवर्तित हो जाएँगे? पूरी ईमानदारी के साथ सोच कर देखें कि आप अपने जीवन के अंतिम सप्ताह में क्या करेंगे। यह कितना शानदार विचार है। इसके तुरंत बाद यह सोचिए यदि आप अपने जीवन के अंतिम सप्ताह में यदि यह सब करेंगे तो बाकी के बचे हुए समय में क्या कर रहे हैं? सच तो यह है कि आप उस बचे हुए समय को लगातार खराब कर रहे हैं? गवां कर रहे हैं? इसे बेकार समझ रहे हैं? मृत्यु का सबसे पहला सवाल आपसे यही होता है कि आप अपने जीवन के साथ क्या कर रहे हैं?

उदाहरण के तौर पर मान लेते हैं कि आप बिना मृत्यु के विषय में विचार किए अपना जीवन यूँ ही जीए जा रहे हैं और आखरी समय पर मृत्यु-दूत आपके पास आकर कहता है, “चलिए जाने का समय हो गया है।” और तब आप उस दूत से कहते हैं, “नहीं, मैं अभी नहीं जा सकता। तुम्हें मुझे एक सप्ताह पहले बताना चाहिए था, जिससे मैं यह तय कर सकूँ कि मुझे अपने आखरी सप्ताह में क्या-क्या करना है। मुझे एक सप्ताह ज़रूर मिलना चाहिए।” आप जानते हैं कि मृत्यु-दूत आपसे क्या कहेगा? वह कहेगा, “हे भगवान! मैंने तुम्हें इसी साल बावन सप्ताह दिए थे और इससे पहले के सप्ताहो को जरा देखो जो मैंने तुम्हें दिए थे। तुम्हें अब एक और सप्ताह आखिर क्यों चाहिए? तुम उस एक सप्ताह का क्या करोगे?” यदि यह प्रश्न आपसे पूछा जाए तो आप क्या उत्तर दोगे? “मैंने ध्यान नहीं दिया... मुझे लगा इस बात से कोई फ़र्क़ नहीं पड़ता।” अपने जीवन के विषय में ऐसा कहना और करना बहुत आश्चर्यजनक है।

भले ही मृत्यु एक महान गुरु है, किंतु इस चेतना के साथ कौन अपना जीवन जीता है? इस बात से कोई फ़र्क़ नहीं पड़ता कि आपकी उम्र कम है या ज़्यादा, क्योंकि किसी भी क्षण आप सांस लेना बंद कर सकते हैं। ऐसा किसी भी उम्र के लोगों के साथ हो सकता है जहाँ आपको सांस नहीं आई वही सारी बात समाप्त हो जाती है। कोई नहीं जानता कि किसका समय कब आएगा।

अपना जीवन अंतिम सप्ताह में किस प्रकार बिताएँगे इस बात को हर रोज सोचने का साहस करें। यदि किसी जागरूक व्यक्ति से इस प्रश्न को पूछा जाए तो उस व्यक्ति को इसका उत्तर देने में जरा भी परेशानी नहीं होगी और न ही उसके भीतर कोई भी परिवर्तन आएगा। उसे मृत्यु एक घंटे में आ जाए, या एक सप्ताह में, अथवा एक साल में आए, वह उस तरह जीता रहेगा जैसे अभी इस समय जागरूक अवस्था में जी

रहा है। वह अपने दिलो-दिमाग में कुछ नहीं रखता। यानी वह अपना जीवन पूर्ण रूप से जीते हुए है अपने साथ कोई समझौता नहीं करता है और न ही स्वयं को किसी धोखे में रखता है।

यदि आपके सामने मृत्यु-दूत आकर खड़ा भी हो जाए तो इसके लिए आपको हमेशा तैयार रहना चाहिए। ऐसी स्थिति में आपको कैसा लगेगा? ऐसे में आपको शांत और स्थिर होना होगा ताकि आपको उसके होने या न होने से कोई फ़र्क़ ही न पड़े। एक महान योगी की कथा आती है जिसने यह कहा था उसे हर दिन, हर क्षण ऐसा लगता था कि जैसे उसके सिर पर मकड़ी के जाले में फँसी एक तलवार लटक रही है। वह जीवनभर इसी सजगता के साथ जीवन जीता रहा कि मृत्यु उसके पीछे ही खड़ी है। वास्तव में आप मृत्यु के इतना ही करीब रहते हैं। जब भी आप गाड़ी में बैठें, जब भी आप सड़क पर चलें और जब भी आप कुछ खाएँ तो अपने यह सभी काम इस प्रकार करें जैसे यह काम आपके जीवन के अंतिम काम हो। क्या आपने सोचा है कि आप इस पल जो कर रहे हैं, कोई और भी वह काम कर रहा था जब उसकी मृत्यु हुई? वह खाना खाते समय मर गया... वह अपने घर से दो मील की दूरी पर सड़क दुर्घटना में मर गया... वह न्यूयॉर्क जाते समय जहाज़ के दुर्घटनाग्रस्त होने के कारण मर गया... वह रात को सही सोया था, किंतु फिर उठा ही नहीं... सच्चाई तो यह है कि यह सब कभी ना कभी, किसी न किसी के साथ हुआ है। इस बात को आप मानकर चलें की इस समय आप जो भी काम कर रहे हैं उस काम को करते समय किसी न किसी की मृत्यु ज़रूर हुई होगी।

मृत्यु के विषय में बात करते समय भय से तनाव न लें। बल्कि इस ज्ञान के माध्यम से जीवन को पूरी तरह जीए, क्योंकि हर क्षण महत्त्वपूर्ण है। जिस क्षण किसी व्यक्ति को पता लगता है कि उसके पास एक ही सप्ताह शेष है तो ऐसा ही होता है। यह निश्चित है कि वह कहेगा कि उनके जीवन का सबसे ज़रूरी सप्ताह वही अंतिम सप्ताह था। उस अंतिम सप्ताह में हर चीज़ लाख गुना अधिक सार्थक लगती है। यदि आपको हर सप्ताह ऐसे ही जीना पड़े तो आपको कैसा लगेगा?

यही वह सही समय है जब आपको स्वयं से यह पूछना चाहिए कि आप हर दिन इस तरह क्यों नहीं जीते कि वह आप का आखरी दिन हो सकता है। आपको यह पता है कि आप मरने वाले हैं बस कब यह नहीं पता। उस समय आपसे हर चीज़ छीन ली जाएगी। आपको अपनी सारी संपत्ति, संबंधी, आशाएँ और यहाँ तक की सभी सपने भी यहीं छोड़कर जाने होंगे। एक क्षण का भी समय और नहीं दिया जाएगा आप जहाँ है आपको, वहीं से ले जाया जाएगा। आप जिन रिश्तो को अब तक निभा रहे थे, उन्हें पूरा तक नहीं करने दिया जाएगा। मृत्यु किसी भी क्षण सब कुछ बदल देगी। यही

अंतिम सच्चाई है। अगर इन सब चीज़ों को एक पल में बदला जा सकता है, तो शायद ये सब सच्ची नहीं हैं। हो सकता है आपको स्वयं की जाँच करनी चाहिए कि आखिर आप कौन हैं? शायद आपको भीतर से देखने की अवश्यकता है।

वास्तविकता को स्वीकार करने का सबसे बड़ा लाभ यह है कि आपको अपने जीवन को परिवर्तित करना नहीं पड़ता, सिर्फ़ जीवन जीने का तरीका परिवर्तित करने की आवश्यकता है। यह बात महत्त्वपूर्ण नहीं है कि आप किस काम को कर रहे हैं किंतु जिस भी काम को आप कर रहे हैं उसे कितनी शिद्दत से कर रहे हैं यह महत्त्वपूर्ण है। एक बेहद आसान उदाहरण लेते हैं। आप न जाने कितनी बार बाहर घूमने जा चुके हैं लेकिन ऐसा कितनी बार हुआ है जो आपने घूमने का वास्तव में आनंद उठाया हो? एक ऐसे व्यक्ति के विषय में सोच कर देखिए, जो अस्पताल में बिस्तर पर अपने आखरी दिन गिन रहा है और उसके पास अब सिर्फ़ एक सप्ताह बचा है। वह डॉक्टर से पूछता है, “क्या मैं एक बाहर जा सकता हूँ? क्या मैं सिर्फ़ एक बार और आकाश की ओर देख सकता हूँ?” यदि बाहर बारिश हो रही हो तो वह एक बार बारिश को फिर से महसूस करना चाहता है। उस व्यक्ति के लिए, यह सबसे कीमती चीज़ होगी। लेकिन इसके विपरीत आप बारिश मे भीग कर उसे महसूस नहीं करना चाहते।

अब यह प्रश्न करना है कि आखिर वह क्या है जो हमें जीवन को आनंदपूर्वक जीने नहीं देता? हमारे भीतर ऐसा क्या है जो हमें जीवन का पूरा आनंद नहीं लेने देता? हमारे भीतर एक अंश ऐसा है, जो हर चीज़ को ठीक करने का लगातार प्रयास करता है जिस कारण हम वर्तमान में जी नहीं पाते। दूसरी ओर पूरा समय, मृत्यु हमारी चाल को देखती रहती है। मृत्यु आने से पहले क्या आप जीना नहीं चाहते? आपको कोई चेतावनी तो छोड़ दीजिए कोई संकेत भी नहीं मिलेगी। ऐसे बहुत कम लोग हुए है जिन्हे को यह पता होता है कि वह कब इस दुनिया से जाने वाले हैं। अधिकतर लोग़ सिर्फ़ एक साँस लेते हैं और फिर उन्हें यह पता ही नहीं चल पाता कि उन्होंने दूसरी साँस कभी नहीं ली।

आपके इस डरे हुए अंश को स्वयं से बाहर निकालने के लिए अपने प्रत्येक दिन का प्रयोग करें, क्योंकि यही मैं है अंश है, जो आपको चैन से जीने नहीं देता। इसलिए जब आपको पता है कि आपका भी एक ना एक दिन समय ज़रूर आएगा तो जो कहना चाहते हैं, कह दीजिए और जो करना चाहते हैं, कर लीजिए। अगले क्षण क्या होगा, इस बात की चिंता किए बिना वर्तमान क्षण का आनंद उठाइए। जब लोगों का मृत्यु से सामना होता है तो वह इसी तरह जीते हैं। आपको भी यह करने का मौका मिलता है, क्योंकि मृत्यु से आपका सामना हर दिन, हर क्षण होता है।

मृत्यु आपके सामने खड़ी है यह जानकर आप अपने जीवन का भरपूर आनंद उठाइए। ऐसा करने से आप अधिक उदार और निडर बन जाएँगे। यदि आप जीवन का पूरा आनंद लेंगे तो अंतिम समय में आपकी कोई अंतिम इच्छा नहीं रहेगी, क्योंकि आप हर क्षण को जी चुके होंगे। ऐसा करने से ही जीवन पूर्ण होता है और भीतर का भय निकल जाता है। जीने से डरने का कोई कारण ही नहीं है। एक बार यह बात समझ में आ गई कि जीवन को पूरी तरह अनुभव करने से व्यक्ति का विकास होता है तो भीतर का भय हमेशा के लिए खत्म हो जाता है। जीवन स्वयं आपका व्यवसाय है और जीवन के साथ आपका संबंध ही सबसे महत्त्वपूर्ण संबंध है। इसे छोड़कर आप जो कुछ कर रहे हैं, वह जीवन को सार्थक बनाने के आपके प्रयास में एक कंकर मात्र साबित होगा। सच तो यह है कि जीने की इच्छा ही जीवन को सार्थक बनाती है। यह कोई खास घटना नहीं है, बल्कि जीवन की घटनाओं को घटित होता देखने की इच्छा है।

यदि किसी तरह आपको यह ज्ञात हो जाएगी की आप जिस व्यक्ति से मिलने वाले हैं, वह व्यक्ति आपके जीवन का अंतिम व्यक्ति होगा तो आप क्या करेंगे? आप उसे अनुभव करते हुए उसमें पूरी तरह डूब जाएँगे। तब आपको इस बात से कोई फ़र्क़ नहीं पड़ेगा कि वह व्यक्ति आपको क्या कह रहा है। आपको तो बस उस व्यक्ति को सुनना ही अच्छा लगेगा, क्योंकि आप जानते हैं कि वह बातचीत आपके जीवन की अंतिम बातचीत होगी। यदि आप इस प्रकार की चेतन अपने हर संवाद में ले आएँ तो कैसा हो? जब आपको किसी के द्वारा पाता चलता है कि मृत्यु आपके निकट है, उस समय आप बदल जाते हैं, जीवन जैसा था वैसा ही रहता है। समझदार व्यक्ति हर क्षण को इसी तरह जीता है और कोई चीज़ उसे ऐसा करने से रोक नहीं पाती। आपको भी आखिर कोई चीज़ ऐसा करने से क्यों रोके? एक दिन तो आपको भी मरना ही है।

यदि आप स्वयं को खुलकर जीने के लिए कहे, क्योंकि आपको पता है यह आपके जीवन का अंतिम सकता है तो हो सकता है आपके मस्तिष्क में सभी प्रकार की दबी हुई इच्छाएँ बाहर निकल कर आने लगे। आपका मस्तिष्क उन सब चीज़ों के विषय में बोलने लगेगा जो आप अब तक अपने जीवन में करना चाहते थे और फिर आप उन सब इच्छाओं को पूरा करने के विषय में सोचने लगेंगे। आपको बहुत जल्द ही यह पता लग जाएगा कि यह हल नहीं है। आपको यह समझना होगा कि जीवन के विशेष अनुभव प्राप्त करने की आपकी कोशिश ही जीवन के वास्तविक अनुभवों से वंचित रखती है। आपको जीवन मिलता नहीं है, इसे अनुभव करना होता है। सच्चाई तो यह है कि आप इस पृथ्वी पर रहे या ना रहे, जीवन ऐसे ही चलता रहता है। यह वर्षों से ऐसे ही चलता आ रहा है। आप भाग्यशाली हैं, जो आपको इसका छोटा-सा अंश देखने को मिला है। यदि आप कुछ पाने की कोशिश करने में व्यस्त हो जाएँगे तो आपको जो अभी अनुभव हो रहा है, आप उससे वंचित रह जाएँगे। भले ही सबके

जीवन के अनुभव भिन्न होते हैं, किंतु सभी के अनुभव शानदार होते हैं। जीवन बहुत मूल्यवान है। यह बर्बाद करने के लिए नहीं है। यही कारण है कि मृत्यु को सबसे ऊँचा दर्जा यानी महान गुरु माना गया है। यही मृत्यु है, जिसके कारण हमारा जीवन बेहद कीमती है। जिस क्षण आपको यह ज्ञात होता है कि जीने के लिए आपके पास केवल एक सप्ताह बचा है तो उस समय आपका जीवन आपके लिए कितना मूल्यवान हो जाता है। यदि मृत्यु नहीं होती तो क्या जीवन इतना मूल्यवान होता? आप इसका प्रत्येक क्षण नष्ट कर देते, क्योंकि आपको पता होता कि यह कभी समाप्त नहीं होगा। अभाव के कारण ही कोई भी वस्तु अपने आप ही अनमोल बन जाती है। इसी कारण साधारण सा पत्थर भी कीमती रत्न बन जाता है।

मृत्यु ही आपको जीवन से स्वतंत्रता दिलाती है इसीलिए यह आपकी दोस्त है यही जीवन को अर्थवान और मूल्यवान बनाती है। ईश्वर के लिए, मृत्यु से बिल्कुल भी भयभीत न होए। आपको यह जानने का प्रयास करना चाहिए कि यह आपसे क्या कह रही है। सीखने का सबसे अच्छा तरीका यह है कि आप जीवन के हर क्षण को देखें और समझें कि असली महत्त्व उसे पूरी तरह जाने और अनुभव करने का है। यदि आप जीवन को भरपूर जाएँगे तो अंतिम समय आने पर आपको मृत्यु से भयभीत होने की कोई आवश्यकता नहीं होगी।

जीवन में आसक्ति ही एकमात्र कारण है मृत्यु से डरने का। आप मृत्यु से इसलिए डरते हैं, क्योंकि आप कुछ ऐसा पाने की सोचते हैं, जो आपने अभी तक नहीं पाया। अधिकांश लोगों का मानना है कि मृत्यु उनसे कुछ ले लेगी किंतु समझदार लोग यह जानते है कि मृत्यु उन्हें हर पल कुछ न कुछ देती है। मृत्यु सही मायने में आपके जीवन को अर्थ देती है। वह आप ही है जो हर दिन, हर क्षण को अपने हाथों से नष्ट करते हैं। आप अपनी गाड़ी में बैठते हैं, इधर से उधर जाते हैं और रास्ते में कुछ नहीं देखते।, क्योंकि आप मानसिक रूप से वहाँ उपस्थित ही नहीं होते। सच तो यह है कि आप हमेशा वर्तमान की छोड़ भविष्य कि सोचते रहते हैं यानी अब इसके बाद आगे क्या करना है यही आपके मस्तिष्क में चलता रहता है। आप खुद से एक महीना या शायद एक साल आगे चल रहे हैं। आप जीवन नहीं जी रहे आप अपने मस्तिष्क को सुन रहे हैं। इसी वजह से मृत्यु आपको नहीं आप स्वयं को नष्ट कर रहे हैं। वास्तव में एकमात्र मृत्यु का भय ही आपको क्षण भर में वर्तमान में खींच कर जीवन लौटा देता है। इसके कारण आप कहते हैं, "हे ईश्वर, मैं इसे खोने वाला हूँ। मैं अपने बच्चों को खोने वाला हूँ। हो सकता है मैं उन्हें आखिरी बार देख रहा हूँ। आज से मैं अपने बच्चों, अपनी पत्नी, अपने मित्रों और अपने सभी चाहने वालों का ज़्यादा ध्यान रखूँगा। मुझे अभी अपने जीवन से बहुत कुछ चाहिए!"

यदि आप जीवन का हर अनुभव पूरी तरह जी लेंगे तो मृत्यु आपसे कुछ नहीं ले पाएगी। छीनने को कुछ रहेगा ही नहीं, क्योंकि आप अपने जीवन से पूरी तरह संतुष्ट हैं। यही कारण है कि विवेकशील लोग मरने के लिए सदा तैयार रहते हैं। इस बात से उन्हें कोई फ़र्क़ नहीं पड़ता, क्योंकि उनके द्वारा किए जाने वाले अनुभव पूरे हो चुके होते हैं। मान लीजिए आपको संगीत सबसे ज़्यादा पसंद है। आपकी इच्छा थी कि आप अपने मनपसंद शास्त्रीय गान को मनपसंद साज़ पर सुनें। यह आपके जीवन का सपना था। आखिर यह पूरा हो गया। आप वहाँ मौजूद हैं और उसे सुन रहे हैं। यह संगीत आपको पूरी तरह संतुष्ट कर देता है और इसके आरंभिक स्वर आपको आपकी मंजिल तक पहुँचा देते हैं। इससे पता लगता है कि अलौकिक शांति में डूबने के लिए केवल एक क्षण ही काफी होता है। आपको जितना भी समय मिला है उसी समय में आपको इस गहराई से अनुभव करने की आवश्यकता होती है।

जीवन को सही तरीके से जीने का अर्थ यही है कि आप उस पल में पूरी तरह खो जाए और उसे अपनी गहराई तक उतर जाने दें। ऐसा कोई क्षण नही जिसमें यह संभव नहीं है। यदि कोई बहुत भयंकर घटना हो जाती है तो उसे भी जीवन का अनुभव मानें, क्योंकि मृत्यु ने आपसे एक बहुत बड़ा वादा किया है जिसमें आप गहरी शांति का अनुभव कर सकते हैं। वह वादा यह है कि संसार की हर चीज़ क्षणिक है, सब चीज़ें समय और स्थान के बीच से होकर निकल रही है। यदि आप में धैर्य है तो यह समय भी निकल जाएगा।

सच तो यह है कि मृत्यु मकान मालिक है और आप उसके किराएदार। समझदार लोग जानते हैं कि आखिर में, जीवन को मृत्यु के पास ही जा कर शांति मिलेगी। मृत्यु अपने समय पर आकर जीवन को अपने साथ ले जाएगी। आपने लोगो को कहते सुना होगा, "वह उधार के समय पर जी रहा है," या, "उसे नया जीवन मिला है।" प्रश्न यह है कि आखिर उसने किससे समय उधार मांगा है? साफ़ है, मृत्यु से और मृत्यु आकर अपनी संपत्ति वापस ले जाती है, क्योंकि वह वास्तव में, उसी की चीज़ है।आपको मृत्यु का आभार व्यक्त करना चाहिए कि उसने आपको एक और दिन, एक और अनुभव दिया है और एक ऐसा अभाव पैदा किया है जिसने जीवन को आपके लिए बहुमूल्य बना दिया है। यदि आप जीवन को ऐसा बना पाए तो वास्तव में आप जीवन को बर्बाद नहीं आबाद करेंगे।

मृत्यु ही जीवन की अंतिम सच्चाई है। योगी और संतजन मृत्यु को अपने गले लगाते हैं। संत पॉल कहते हैं, "हे मृत्यु तुम्हारा दंश कहाँ पर है? हे कब्र, तुम्हारी विजय कहाँ है?" (1 कौर. 15:55)। जितने भी महान लोग हुए है वह कभी भी मृत्यु के विषय में बात करने से झिझकते नहीं है। कई संत कब्रिस्तान और श्मशान घाट पर जाकर

ध्यान लगाते हैं। वे लोग वहाँ बैठकर शरीर की नश्वरता और मृत्यु एक न एक दिन अवश्य आएगी इस सच्चाई से स्वयं का साक्षात्कार करवाते रहते हैं। बौद्ध धर्म में भी नश्वर चीज़ों के विषय में सोचना - विचारना सिखाया जाता है। सब कुछ नश्वर है, मृत्यु भी तो आपसे यही वास्तविकता कहती है।

आखिरकार सामान्य मानसिक परेशानियों में डूबने की जगह क्यों न जीवन की नश्वरता के विषय में सोचा जाए? क्यों न किसी सार्थक चीज़ के बारे में जाना जाए? मृत्यु से डरने की कोई आवश्यकता नहीं है। इसकी सहायता से स्वयं को मुक्त कर लें। केवल इतना याद रखिए कि यह जीवन आपका नहीं है इसे अपने अनुसार न चलाए, बल्कि सहज रूप में इसका अनुभव करें। जीवन का आनंद उठाइए बजाय इसके की कुछ करने के प्रयास में कुछ भी न करके अपना समय बर्बाद करें।आपको यह बात समझनी चाहिए की बीतते हर क्षण के साथ आप मृत्यु के निकट आते जा रहे हैं। जीवन को आनंद पूर्वक सही तरीके से जीना चाहते हैं इस बात को स्वीकार कर लें कि आप मृत्यु के दरवाजे पर खड़े हैं, क्योंकि वास्तव में आप वहीं खड़े हैं।

18

मध्य मार्ग का रहस्य

आध्यात्मिक मार्ग के रूप में जीवन में कोई बात तब तक पूरी नहीं होती, जब तक सबसे गहरी आध्यात्मिक शिक्षा पर बात नहीं हो जाती - *दाओ ते चिंग।* इस पर चर्चा के लिए सबसे कठिन विषय पर बात करता है, जिसे लाओ-जू "दाओ" के नाम से जाना जाता हैं। इसका शाब्दिक अर्थ "मार्ग" है। दाओ इतना सूक्ष्म है कि इसके छोर पर रहकर ही बात की जा सकती है, किंतु इसे वास्तव में छू पाना संभव नहीं है। उस पुस्तक में, जीवन के समस्त सिद्धांतों का आधार बताया गया है। यह पुस्तक यिन और योग तत्त्व, स्त्री व पुरुष, प्रकाश व अंधकार के संतुलन को समझाती है। ही सकता है कि आप चीन के दार्शनिक लाओ-जू द्वारा रचित *दाओ ते चिंग* नाम की इस पुस्तक को पूरा पढ़ लें, किंतु आपको उसका एक भी अक्षर समझ में न आए, अथवा यह भी हो सकता है कि आप उसे पढ़ें और हर अक्षर को पढ़कर आपकी आँखों से आँसू बहने लगे। प्रश्न यह है कि उसे पढ़ते समय क्या आप ज्ञान और विवेक द्वारा यह समझने की कोशिश करते हैं कि पुस्तक क्या कहना चाहती है?

दुर्भाग्यवश, आध्यात्मिक शिक्षा में प्रायः सत्य का सार तत्व गूढ़ शब्दों के पीछे छिप हुआ होता है। किंतु यह संतुलन या दाओ, बेहद सरल है। जिन लोगों ने जीवन के रहस्यों को ठीक से जान लिया है, उन्हें बिना कुछ पढ़े भी इस सत्य का आभास हो जाता है। यदि वास्तव में आप दाओ को समझना चाहते हैं तो आपको इसे धीरे-धीरे जानना चाहिए और बहुत सरल रखना चाहिए, वर्णन यह आपके सामने होगा किंतु आप इसे समझ नहीं पाएँगे।

दाओ को जानना है तो इसे सरलता के साथ और आडंबर के बिना प्रश्न पूछना है। जैसे क्या मनुष्य के लिए कभी-कभी खाना अच्छा होता है? हाँ, बिलकुल। क्या मनुष्य के लिए हर समय खाना अच्छा है? नहीं बिलकुल नहीं। इस बीच आपने कहीं दाओ का अनुभव कर लिया। क्या समय-समय पर व्रत रखना चाहिए? हाँ। क्या कभी भी न खाना अच्छा है? नहीं। वास्तव में खा-खाकर मर जाने से लेकर भूखा मर जाने के मध्य यह लोलक झूलता ही रह सकता है और लोलक की ये दो चरम सीमाएँ हैं : यिन और विस्तार और सिकुड़न, अकर्म और कर्म। सच्चाई तो यह है कि हर चीज़ की दो चरम सीमाएँ होती हैं। हर चीज़ में इस दोलन की श्रेणियाँ होती हैं। यदि आप चरम सीमा तक पहुँच जाते हैं तो जीना मुश्किल हो जाता है। चरम सीमाएँ इतनी ज़्यादा चरम होती हैं! उदाहरण के लिए, क्या आपको गर्मी पसंद है? तो आपके लिए 6000 डिग्री तापमान कैसा रहेगा? आप एक क्षण में भाप बन कर उड़ जाएँगे। क्या आपको ठंड पसंद है? आपके लिए ज़ीरो डिग्री का तापमान कैसा रहेगा? आपके शरीर के अणु तक हिल नहीं पाएँगे।

चलिए अब एक ऐसा उदाहरण देखते हैं, जो अपने चरम पर नहीं है। क्या आपको किसी व्यक्ति के साथ रहना पसंद है? यदि हाँ तो आप उसके इतना नजदीक हो जाएँ कि कभी अलग ही न हो पाओ तो कैसा रहैगा? आप खाना साथ खाएँगे, घूमने साथ जाएँगे और हर काम साथ में करेंगे। जब आप किसी से फ़ोन पर बात करते हैं तो आपको फ़ोन स्पीकर पर रखना पड़ता हैं ताकि आप दोनों बातचीत में हिस्सा ले सकें। क्या आप इतना नज़दीक रहना चाहते हैं कि आप एक ही हो जाएँ। क्या आपको लगता है कि इस तरह आप ज़्यादा समय साथ रह पाएँगे?

यह सीमा मानवीय संबंधों की चरम सीमा है। दूसरी सीमा यह है कि आपको अपने लिए थोड़ा एकांत चाहिए। आप अपना काम अलग करते हैं, क्योंकि आप आत्मनिर्भर हैं। आपको अलग रहना अच्छा लगता है ताकि जब भी आप मिलें आपके पास दूसरे व्यक्ति को बताने के लिए कुछ नया हो। चलिए जरा देखते है कि आप कितने आत्मनिर्भर हैं? आप अलग घूमते, खाते, रहते हैं। किस जगह पहुँचकर आप इतने अलग हो जाते हैं कि किसी को यह भी पता नहीं लगता कि आपका उस व्यक्ति से कोई संबंध है? आपने कई वर्षों से एक-दूसरे को देखा नहीं है। यह दोनों की दोनों चरम स्थितियाँ समान हैं। बहुत ज़्यादा पास और बहुत ज़्यादा दूर दोनों ही मामलों में आप ज़्यादा दिन एक-दूसरे से बातचीत नहीं कर सकेंगे। यही यिन और यांग है, क्योंकि हर चीज़ की चरम सीमाएँ होती हैं।

चलिए, अब थोड़ी और गूढ़ बात करते हैं। आपको 6000 डिग्री का तापमान और शून्य तापमान दोनों ही अच्छे नहीं लगते हैं। इसी प्रकार भूखा रहना और ज़्यादा खाना भी गलत है। किंतु किसी के इतने पास रहना कि हमेशा साथ रहें, सुनने में बहुत

अच्छा लगता है। कम से कम आप प्रयास तो अवश्य ही करेंगे। यदि हाँ, तो ऐसा इसलिए है, क्योंकि आपका लोलक बहुत लंबे समय से विपरीत दिशा में झूल रहा था। आपने बहुत समय एकांत में बिताया है अकेले खाना, अकेले फ़िल्म देखना और अकेले घूमना यानी आपका लोलक केंद्र से हटा हुआ था।

विज्ञान की वजह से हमें पता चलता है कि यदि आप लोलक को दाई ओर से तीस डिग्री पर खींचते हैं तो यह तीस डिग्री बाई और आने तक अपने आप उलटा झूलने लगेगा। आपको यह जानने के लिए लाओ- जू की कोई आवश्यकता नहीं है। सभी नियम चाहे आप बाहर हो या भीतर समान रूप से कार्य करते हैं। इन्हीं नियमों के आधार पर संसार में सभी कार्य होते हैं। यदि आप लोलक को एक दिशा में खींचेंगे तो वह उतना ही विपरीत दिशा में जाएगा यह बात निश्चित है। यदि आप बहुत दिन से भूखे हैं और कोई आपके सामने भोजन ला कर रख दे तो आप उस भोजन को सभ्य ढंग से नहीं खा पाएँगे। आप कैसे भी करके उस भोजन को पशु की भांति अपने मुंह में भर ना चाहेंगे। देखिए सीधी सी बात है कि आप जिस सीमा तक भूखे रह चुके हैं, ठीक उसी सीमा तक आपके भीतर की पशु-वृत्ति बाहर निकल आएगी।

फिर दाओ कहाँ पर है? दाओ दोनों के मध्य है। यह वहाँ होता है जहाँ उसे किसी भी दिशा में धकेलने वाला कोई बल नहीं होता यह वहीं स्थिर होता है। इस लोलक को सभी चीज़ों में आने की अनुमति मिल चुकी है। फिर उसको संबंध चाहे भोजन, सेक्स, पैसा, कर्म, अकर्म इत्यादि किसी से भी क्यों न हो। हर चीज़ के अपने यिन और यांग होते हैं। जिस स्थान पर ये शक्तियों शांति से संतुलित हो जाती हैं, वहीं से यह मार्ग निकलना शुरू हो जाता है। निश्चयतौर पर यदि आप आगे बढ़कर उस रास्ते को नहीं छोड़ेंगे तो सब चीज़ें शांतिपूर्ण समन्वय के साथ रहेंगी। यदि आप दाओ को समझना चाहते हैं तो आपको यह देखना होगा कि दोनों चरम स्थितियों के बीच में क्या है, क्योंकि दोनों में से कोई भी स्थिति हमेशा के लिए रहने वाली नहीं है। कोई भी लोलक, कितनी देर तक एक चरम बिंदु पर रह सकता है? वह केवल एक क्षण के लिए वहाँ रुका रह सकता है। लोलक कितनी देर स्थिर रह सकता है? वह असीमित समय तक स्थिर रह सकता है, क्योंकि उसे अस्थिर करने वाला कोई बल नहीं है। यही दाओ है जो मध्य में है। लेकिन इसका मतलब यह नहीं कि वह लोलक हमेशा स्थिर ही रहता है आगे हम देखेंगे कि यह लोलक बहुत ज़्यादा चंचल और गतिशील होता है।

हर चीज़ के यिन और यांग होते हैं, इसलिए सबसे पहले आपको इस बात को समझना होगा, कि इनका एक संतुलन बिंदु भी ज़रूर होगा। इन्हीं संतुलन बिंदुओं के एक साथ तालमेल से दाओ बनता है। समय व स्थान से गुज़रते हुए, यह संतुलन अपना साम्य बनाए रखता है। इसमें अद्भुत शक्ति होती है। यदि आप दाओ की शक्ति को और अधिक समझना व जानना चाहते हैं तो जरा सोच कर देखिए कि इधर से उधर

झूलने में लोकल की कितनी ऊर्जा बर्बाद होती है। मान लें की आप बिंदु 'क' से बिंदु 'ख' तक जाना चाहते हैं, किंतु वहाँ सीधे जाने के बजाय आप किनारे-किनारे चलते हैं। इसमें आपका बहुत समय नष्ट हो जाएगा और बहुत ऊर्जा भी खराब होगी। यानी किसी मार्ग के किनारे पर घूमना प्रभावकारी नहीं होता। सफल होने के लिए आपको अपनी समस्त ऊर्जा मार्ग पर केंद्रित करनी चाहिए। जब आप ऐसा करते हैं तो आपकी किनारे पर घूमने के कारण जो ऊर्जा खराब हो रही थी अब वह ऊर्जा केंद्र में लग जाएगी। ऊर्जा को इस तरह केंद्रित करने से किसी भी कार्य को कम ऊर्जा और समय मैं समाप्त किया जा सकता है। यही है दाओ की शक्ति। जब आप चरम बिंदुओं के बीच झूलना बंद कर देते हैं तो आप पाएँगे कि आपके भीतर कल्पना से अधिक ऊर्जा उपस्थित है। जिस काम को दूसरे लोग कई घंटों में कर पाते हैं, आप उसे मिनटों में कर सकते हैं। जिस काम से दूसरों लोगों को थकान महसूस होती है, उसे करने में आपकी बहुत कम ऊर्जा जायेगी। किसी कार्य को करने के लिए विपरीत दिशाओं में संघर्ष करने और अपनी ऊर्जा को केंद्रित करने में यही अंतर होता है।

जीवन के हर क्षेत्र में यह नियम लागू होता है। यदि आप संतुलित भोजन करते हैं तो आपको समय से भूख लगेगी और इससे आपका शरीर भी स्वस्थ रहता है। इसके अतिरिक्त कम खाना, ज़्यादा खाना या गलत खाना करने के प्रभाव से निपटने के लिए आपकी ऊर्जा लगातार नष्ट होती रहेगी। वास्तव में यदि संतुलित भोजन किया जाए और शरीर की देखभाल कि जाए तो इसके दुष्प्रभावों से दूर हुआ जा सकता है।

इन सब बातों का सार यह है कि आप चरम बिंदु पर रहकर अपनी बहुत सारी ऊर्जा को नष्ट कर लेते हैं। स्थिति जितनी चरम होगी, उसे ठीक होने में भी उतना ही ज़्यादा समय लगता है। उदाहरण के लिए, हर समय किसी के साथ रहने वाली स्थिति एक पूर्णकालिक कार्य है। कुछ और काम करने का एकमात्र तरीका यह है कि आप दोनों एक ही मेज़ पर बैठकर एक ही काम करें। दूसरी ओर, अगर आपका किसी से संबंध नहीं है और आप हर समय अकेले व निराश रहते हैं तो आप एक सीमा तक ही किसी काम को कर सकेंगे। इस प्रकार चरम स्थिति पर रहने से आपकी सारी की सारी ऊर्जा खराब हो जाती है। आपके कार्यों की निष्फलता इस बात से पता लगती है कि आप अपने केंद्र से कितनी दूर हैं। आप जीवन में उतनी ही कम ऊर्जा का उपयोग कर पाएँगे, क्योंकि आपकी बाकी की बची हुई ऊर्जा तो लोलक को नियंत्रित करने में खर्च हो जायेगी है। चरम बिंदु अच्छे शिक्षक की तरह होते हैं। जब आप इन बिंदुओं की जाँच करते हैं तो असंतुलित व्यवहार को देख पहले से ज़्यादा सरल हो जाता है।

चलिए एक और उदाहरण से इस बात को समझते हैं। एक व्यक्ति ऐसा है जो लगातार सिगरेट पीता रहता हैं। आप जब उसे देखते हैं उसके मुंह में एक सिगरेट लगी ही रहती है और वह दूसरी जलाने को तैयार रहा है। उसके जीवन का एक बहुत बड़ा

हिस्सा सिगरेट पीने में खराब हो जाता है। वह सिगरेट खरीदता है, उन्हें जलाता है और फिर उन्हें पीता है। इसके अलावा वह सिगरेट पीने के लिए सही जगह की तलाश करने में भी लगा रहता है। चूंकि वह बाहर जाकर सिगरेट नहीं पीना चाहता, इसलिए सार्वजनिक स्थलों पर धूम्रपान को अनुमति देने के समर्थन में बनी समितियों से जुड़ने लगता है। जरा सोचकर देखें कि उसकी कितनी ज़्यादा ऊर्जा सिगरेट पीने में खराब हो रही है। अब आप मान लीजिए कि मैं व्यक्ति सिगरेट छोड़ना चाहता है। और स्वयं से कहता है "आज से एक भी सिगरेट और नहीं!" अब यदि एक साल बाद आप उस व्यक्ति से पूछेंगे कि उसने पिछले साल क्या किया तो वह कहेगा कि उसने पिछले साल सिगरेट पीनी छोड़ी। उसने एक साल अपने जीवन में बस, यही काम किया। पहले उसने च्यूइंग गम की सहायता से ऐसा करने का प्रयास किया था किंतु उसे ऐसा कोई लाभ नहीं हुआ। फिर उसने पैच लगाया किंतु जब उससे भी बात नहीं बनी तो उसने सम्मोहन उपचार करवाया। सिगरेट पीने से उसका लोलक चरम बिंदु पर पहुँच गया था, जिस वजह से सिगरेट को छोड़ने के लिए भी लोलक को विपरीत दिशा में उतनी ही दूर जाना था। इस कारण दोनों सिरों पर जाने में बहुत समय, ऊर्जा और कोशिश तीनों ही बेकार हो गए जबकि इन तीनों का प्रयोग जीवन को बेहतर बनाने के लिए बहुत आराम से किया जा सकता था।

जीवन में जब केवल आप चरम स्थितियों को बनाए रखने की कोशिश में लगे रहते तो स्थितियाँ वैसी की वैसी ही रहती है। आप केवल उत्तेजना में फँस कर रह जाते हैं। आप जितना चरम बिंदु की ओर जाएँगे, वहाँ से आगे जाना उतना ही कठिन होता जाएगा। वास्तव में आप एक खाँचा बना लेते हैं और फिर उसमें फंसे रह जाते हैं। इसके बाद आप में उतनी ऊर्जा नहीं रहती कि आप दाओ तक जा सकें, क्योंकि आपकी सारी ऊर्जा तो चरम स्थितियों को सही करने में ही खर्च हो जाती है।

सच तो यह है कि सही मार्ग तो मध्य से निकलता है, क्योंकि यही वो स्थान है जहाँ सभी ऊर्जाएँ संतुलित होती हैं। अब प्रश्न यह उठता है कि आप किस प्रकार लोलक को चरम बिंदु तक जाने से रोकेंगे?

अजीब बात यह है कि इसके लिए आप इसे अकेला छोड़ दें। यदि आप इन चरम स्थितियों को ऊर्जा प्रदान नहीं करेंगे तो लोलक भी वहाँ तक नहीं जा पाएगा। इन स्थितियों के भागीदार न बने और उन्हें छोड़ दें, इसके बाद लोलक अपने आप ही मध्य में स्थिर होकर रुक जाएगा। जब यह बीच में आ जाएगा तो आप वास्तव में ऊर्जा से भर उठेंगे, क्योंकि जो ऊर्जा अब तक आप नष्ट कर रहे थे वह अब आपके साथ होगी।

यदि आप सच में स्वयं को केंद्रित कर लें और चरम गतिविधियों में भाग न लें तो आपको दाओ समझ में आ जाएगा। फिर न आप इसके ऊपर झपटेंगे और न ही

इसे छुएँगे। ऊर्जा उस कार्य को करती है जो वह चरम बिंदुओं तक न जाने के समय करती है। यह जीवन की प्रत्येक घटना के केंद्र तक जाने का मार्ग खोज लेती है और फिर शांतिपूर्वक मध्य में ही रहती है। दाओ खोखला और खाली है। तूफान के केंद्र की भांति इसकी शक्ति भी इसके खालीपन में ही छिपी हुई है। सब चीज़ें इसके आस-पास घूमती हैं किंतु यह खुद नहीं हिलता जीवन चक्र अपनी ऊर्जा उसके केंद्र से लेता है और केंद्र अपनी ऊर्जा जीवन चक्र से लेता है। ये सभी नियम जीवन के प्रत्येक क्षेत्र में एक समान होते हैं।

जिस क्षण आप चरम पर न जाकर केंद्रित हो जाते हैं उसी क्षण आपकी ऊर्जाएँ भी खुद-ब-खुद संतुलित हो जाती हैं। आपके भीतर स्पष्टता आती जाएगी, क्योंकि बहुत-सी ऊर्जा आपके भीतर ही उठ रही है। वर्तमान क्षण में उपाथित रहने का अनुभव आपकी स्वाभाविक अवस्था बन जाएगा। आप किसी विशिष्ट चीज़ पर केंद्रित नहीं होंगे और विपरीत बातों में नहीं फसेंगे। जैसे-जैसे आपकी दृष्टि स्पष्ट होती जाएगी, वैसे-वैसे जीवन की घटनाएँ सामने आने लगेंगी। जब आप ऐसी अवस्था में पहुँच जाते हैं तो घटाएँ किसी भी प्रकार की हो आपको कभी भी न तो दुविधा में डालेंगे और न ही कभी तीव्र लगेंगी।

ज़्यादातर लोग जिस प्रकार से रहते हैं, यह उससे अलग है। यदि गाड़ी चलाते समय कोई किसी का रास्ता काट ले तो वह व्यक्ति आने वाले एक घंटे तक या हो सकता है, पूरा दिन उस बात को लेकर परेशान रहेगा। किंतु दाओ में केंद्रित व्यक्ति के लिए घटनाओं का प्रभाव बस उतनी ही देर के लिए रहता है, जितनी देर वह घटना सामने घटित होती है। यदि गाड़ी चलाते समय कोई आपके सामने आ जाता है तो आपकी ऊर्जा अपने केंद्र से हटने लगती है। वास्तव में आप इसे अपने हृदय में अनुभव करते हैं। लेकिन जब आप इस बात को छोड़ देते हैं तो यह वापस अपने केंद्र में पुनः लौट आती है। चूंकि आप चरम स्तर तक नहीं जाते, इसलिए यह केंद्र में वापस आ जाती है। जब अगली घटना होती है तो आप सँभल जाते हैं। आप हर बार सँभल जाते हैं और यही चीज़ आपको उस व्यक्ति से अलग करती है, जो अतीत की स्थिति को लेकर परेशान होता है। अधिकतर लोग ऐसी स्थिति का सामना करते हैं, जहाँ वह अपना संतुलन खो बैठते हैं। एक बार संतुलन खो गया किस बात की चिंता करता है? जब आप असंतुलित हो जाते हैं तो कौन उन ऊर्जाओं का ध्यान रखता है? इस बात का ध्यान रखें कि जो भी व्यक्ति अपने उद्देश्य की दृढ़ता को लेकर जागरूक रहता है, वह अंत में सबसे आगे निकल जाता है।

दाओ एक ऐसी स्थिति है जिसमें आप हमेशा सजग रहते हैं और आपका जीवन बिलकुल सरल हो जाता है। दाओ की स्थिति में यह देखना आसान होता है कि जीवन

में क्या हो रहा है - सब कुछ आपके सामने होता है। किंतु चरम स्थितियों में जीने के कारण यदि भीतर कई तरह की प्रतिक्रियाएँ चल रही हैं तो जीवन में परेशानियाँ और दुविधा पैदा हो जाएँगी। वास्तव में ऐसा इसलिए होता है, क्योंकि आप कशमकश में होते हैं न कि आपका जीवन।

जिस क्षण आप इस कशमकश को सुलझा लेते हैं उस क्षण आपके लिए सब कुछ ठीक हो जाता है। यदि आपकी कोई विशेष पसंद नहीं है, यदि आप जीवन में केवल केंद्रित रहने के इच्छुक हैं तो जीवन अपने आप प्रकट होता है और आप केंद्र में रहकर उसे भली-भांति देख सकते हैं। यह एक ऐसा सूत्र है जो हर चीज़ से होकर निकलता ही है और सारी चीज़ें शांति से उस केंद्र में से निकल जाती हैं। यही दाओ है और यह सचमुच मौजूद है। यह आपके संबंधों में, भोजन में और आपकी व्यावसायिक गतिविधियों में भी होता है। यह हर चीज़ और हर जगह होता है। एक ओर तो यह तूफान का केंद्र बिंदु है और दूसरी ओर यह पूरी तरह शांत रहता है।

चलिए इस बात को गहराई से समझने के लिए कि उस केंद्र में उपस्थित होने से कैसा अनुभव होता है एक नौचालन का उदाहरण लेते हैं। पहले हम उस समय नौका चलाने की बात करेंगे जब हवा नहीं चल रही हो। यह एक चरम स्थिति है और हम कहीं भी नहीं जा रहे हैं। अब हम उस स्थिति में नौचालन की बात करते हैं, जब हवा बहुत तेज़ है, किंतु हमारे पास पाल नहीं है। यह बिलकुल विपरीत दिशा की चरम स्थिति है इस स्थिति में भी हम कहीं नहीं जा पा रहे। नौचालन बहुत अच्छा उदाहरण है, क्योंकि इसमें बहुत-से कारण एक साथ काम करते हैं। इनमें हवा, पाल, पतवार और पाल की रस्सियों का तनाव शामिल होता है जिस कारण इसमें एक साथ बहुत सी शक्तियाँ काम कर रहीं होती हैं। कल्पना कीजिए की यदि हवा चल रही हो और आप पाल को ढीला पकड़ें हैं तो क्या होगा? यह काम नहीं करता। क्या होगा यदि आप इसे बहुत कसकर पकड़ेंगे? साफ़ है आप गिर सकते हैं। ठीक तरह से नाव चलाने के लिए आपको इसे सही ढंग से पकड़ना होगा। किंतु यह आखिर यह सही ढंग क्या होता है? यह हवा की विपरीत दिशा में पाल की कसावट का मध्य बिंदु होता है न बहुत ज़्यादा। न बहुत कम। जरा उस भाव की कल्पना कीजिए जब हवा पाल के साथ सही गति से टकराती है और आपने भी रस्सियों को सही ढंग से पकड़ा हुआ है। तभी आपको सही संतुलन का पता चलता है। जैसे ही हवा अपना रास्ता बदलती है वैसे ही आप भी उसके साथ अपना तालमेल बिठा लेते हैं। यह है वह क्षण होता है जब आप, हवा, पाल, पतवार व पानी सब एक हो जाते हैं। सभी का आपस में तालमेल बैठ जाता है। जब इनमें से एक भी अपनी जगह परिवर्तित करता है तो बाकी भी उसके साथ-साथ अपनी जगह परिवर्तित कर लेते हैं। वास्तव में "मार्ग पर चलने का मतलब यही होता है।"

नौचालन के दाओ में, संतुलन बिंदु स्थिर नहीं होता। यह हमेशा चलते रहने वाली स्थिरता है। आप अपने संतुलन बिंदु से संतुलन बिंदु तक और केंद्र से केंद्र तक चलते हैं। आपकी कोई अवधारणा या पसंद-नापसंद नहीं हो सकती। आपको इन शक्तियों के साथ- साथ चलना पड़ता है। इस मार्ग पर कुछ भी व्यक्तिगत नहीं होता। आप इन शक्तियों के हाथ में केवल एक उपकरण की भांति हैं जो संतुलन के समन्वय का साथी है। आपको ऐसी स्थिति में पहुँचना होगा जहाँ आपकी रुचि निजी पसंद-नापसंद में न होकर, हमेशा संतुलन में होगी। पूरा जीवन इसी तरह रहना चाहिए। आप जितना अधिक इस संतुलन को बनाए रखेंगे, उतनी ही सरलता से जीवन के बीच से गुज़र जाएँगे। दाओ में आने के बाद आपको बिना किसी कोशिश के कार्य करना स्वतः ही आ जाता है। जीवन ऐसे ही चलता है, आप वहाँ उपस्थित हैं, किंतु आप इसे चला नहीं सकते। आप पर कोई बोझ या तनाव नहीं होता, क्योंकि यह सभी बल अपना-अपना काम करते हैं और केंद्र में बैठे रहते हैं। यहीं जीवन का सबसे सुंदर स्थान है। भले ही आप इसे छू नहीं सकते, किंतु आप इसके साथ एकाकार हो सकने में सक्षम होते हैं। यही दाओ है।

अंत में आप समझ पाएँगे कि दाओ के मार्ग पर आप ऐसा नहीं करेंगे कि आप उठें, देखें कि आपको क्या करना है और फिर उसे करने के लिए चले जाएँ। वास्तव में दाओ में, आप अंधे हो जाते हैं और आपको अंधा बनना सीखना ही होता है। आप इस बात को कभी भी नहीं जान पाते कि दाओ किस दिशा में जा रहा है। आप केवल उसके साथ -साथ चल सकते हैं उदाहरण के लिए एक अंधा व्यक्ति अपनी छड़ी के सहारे ही पूरे शहर में घूमता है। इस छड़ी को हम एक नाम देते हैं; यह चरम स्थितियों का अन्वेषक है; किनारों को महसूस करने वाल है। यह यिन और यांग को छूता है। जो लोग उस छड़ी की सहायता लेते हैं, वह छड़ी से खटखटाते हुए आगे चलते हैं। वास्तव में वह यह नहीं खोजते कि उन्हें कहाँ पर चलना है, बल्कि वह यह खोजते हैं कि उन्हें कहाँ नहीं चलना है। वह चरम स्थिति को ढूँढते हैं। यदि आप अपना रास्ता नहीं देख सकते तो आपको किनारों को महसूस करते हुए ही जाना पड़ेगा। पर यदि आप किनारों को महसूस करके उनके सहारे वहाँ नहीं जाते तो आप रास्ते पर चल पाने में सक्षम होंगे। दाओ में जीवन को जीने का यही तरीका है।

सच तो यह है कि महान शिक्षा हमें केंद्र और संतुलन का मार्ग दिखती हैं। आपको केवल इस बात को समझना है कि क्या आप केंद्र में जी रहे हैं या किनारों को महसूस करने में खोए हुए हैं। चरम स्थितियाँ विपरीत दिशा को भी बताती हैं किंतु समझदार लोग उनसे बचते हैं। आपको इन दोनों स्थितियों के बीच में संतुलन को खोजना है तभी आप शांति से अपना जीवन जी पाएँगे।

19

ईश्वर की प्रेम से भरी आँखें

ईश्वर के विषय में कोई भी व्यक्ति कैसे जान सकता है? जब हमारे सामने ईश्वर के बारे में इतनी सारी शिक्षाएँ, अवधारणाएँ और विचार हो। किंतु इन सबके ऊपर लोगों ने कुछ न कुछ कह रखा है। यह बात हैरान कर देने वाली है कि जहाँ से ईश वर का उद्गम हुआ है इस बार में हमारे विचार विभिन्न संस्कृतियों से काफी मिलते जुलते हैं।

हमारे भीतर सौभाग्य से एक अंश ऐसा है जो निजी व्यक्तित्व से परे है और जिसका सीधा संबंध भीतर की गहराई में कहीं, ईश्वर से है। आप सचेत रहते हुए मस्तिष्क या मनोदशा के अतिरिक्त, उस अंश के साथ जुड़ सकते हैं। ऐसा करने पर आपके भीतर स्वाभाविक रूप से परिवर्तन आने लगता है। समय के साथ, इस परिवर्तन के चलते आप इसे देखें पाएँगे कि ईश्वर के निकट आना किसे कहते हैं। आप वास्तव में इस बात को समझने लगते हैं कि आत्मा की दिशा में आगे बढ़ना कैसा लगता है। भीतर आ रहे परिवर्तन उन शक्तियों को दर्शाते हैं मुझे प्रोग्राम पढ़ रहे हैं। जिस प्रकार आप बारिश में गीले हो जाते हैं और आग से गरमाहट महसूस करते हैं, उसी प्रकार आप अपने बदले हुए स्वरूप को देखकर ईश्वर के स्वभाव को जान सकते हैं। वास्तव में आप दूसरी चीज़ों की भांति आध्यात्मिक विकास को भी अनुभव कर सकते हैं। यह किसी दर्शन का सिद्धांत नहीं है बल्कि स्वतः प्रत्यक्ष अनुभव है।

सभी के जीवन में ऐसा समय ज़रूर आता है जब आप नकारात्मकता, गुस्सा और अप्रसन्नता महसूस करते हैं। आपको पता है कि इस समय कैसा लगता है और

आपको यह भी पता है कि ऐसी स्थिति में दूसरों के लिए क्या महसूस होता है। आपको पता है कि दिल में किस प्रकार के भाव उठते हैं और आपको यह भी पता है कि आपके विचार और कार्य किस प्रकार के हैं। आपको यह सब पता है, किंतु यह दर्शन का सिद्धांत नहीं है बल्कि यह प्रत्यक्ष अनुभव है।

यदि आप वास्तव में इस रूप से आगे बढ़ जाएँ, तो समय के साथ आप सचमुच तनाव और चिंता से दूर हो जाएँगे। अपने भीतर बैठकर आप देख पाएँगे कि निम्न तरंगों के काले बादल धीरे-धीरे आपसे दूर होते जा रहे हैं। हो ऐसा भी संभव है कि, यह बादल मौजूद रहें, किंतु यदि आप इनसे नहीं जुड़ेंगे तो यह भी आपके साथ नहीं जुड़ेंगे। निम्न तरंगों को बाहर निकालते हुए, आप स्वाभाविक रूप से यह सोचना बंद कर देते हैं कि वह आपसे संबंधित हैं या आपका उनसे कोई लेना-देना है। जैसे-जैसे आप इनका साथ छोड़ते जाते हैं, वैसे-वैसे आप ऊपर उठते चले जाते हैं।

अब आगे यह प्रश्न उठता है आपको कैसे पता लगता है कि आत्मा ऊपर ओर उठती है? यह ठीक उसी प्रकार पता लगता है, जिस प्रकार आपको यह पता है कि आप साँस ले रहे हैं, आपका दिल धड़क रहा है और मस्तिष्क में विचार आ रहे हैं। सच तो यह है कि इस समय आप वास्तव में सजग हैं और इसे प्रत्यक्ष रूप से अनुभव कर रहे हैं।

अभी हमारे सामने यह प्रश्न शेष है कि ऊपर उठने का क्या अर्थ होता है? यह अपने भीतर जाने का अनुभव है। अब आप भौतिक स्वरूप से बँधे हुए नहीं हैं, इसलिए अब आपको अपने भीतर पहले से अधिक खुलापन महसूस होता है। आपको लगता है कि अब आपके तथा विचारों व भावों के बीच अच्छी- खासी दूरी बन गई है। अब आप पीछे हटकर, भीतर चले जाते हैं और फिर ऊपर उठ जाते हैं।

जिस समय आप ऊपर की ओर उठते हैं उस समय आपको कैसा महसूस होता है? आपको पहले जैसा गुस्सा। या। भय महसूस नहीं होता। आप लोगों से अप्रसन्न नहीं होते। आपका दिल जल्दी-जल्दी बंद नहीं होता या तनाव में नहीं आता। वह सब चीज़ें अब भी होती हैं जिन्हें आप पसंद नहीं करते थे, किंतु अब यह आपको पहले की तरह प्रभावित नहीं करतीं। अब यह आप तक नहीं पहुँच पातीं, क्योंकि आप अपने स्वरूप के उस अंश के पीछे जा चुके हैं जो इन सब बातों से बहुत जल्दी परेशान हो जाता था। यह वास्तविक अनुभव हैं, न कि ऐसी बातें जो आपको केवल बताई जाती थीं। जब आप अपनी निम्न तरंगों को ढीला छोड़ देते हैं तो यह सब आपके साथ भी होने लगता है। अब आप आगे बढ़ते हुए ज़्यादा गहरी तरंगों की ओर जाने लगते हैं।

आप कहाँ जा रहे हैं? यदि आपको यह समझ नहीं आ रहा कि आपके साथ क्या हो रहा है तो भी आपको कहीं जाने का अनुभव तो अवश्य होगा जिसे आप बिल्कुल

भी नकार नहीं सकते। इस समय वास्तव में आपको महसूस होगा कि आप अपने आध्यात्मिक स्वरूप में लौट रहे हैं। जब आपका संबंध शारीरिक व मानसिक अंश के साथ कम होने लगता है तब आपका जुड़ाव विशुद्ध ऊर्जा के साथ और भी गहरा हो जाता है।

शरीर के स्थान पर आत्मा के साथ जुड़ना कैसा लगता है? पहले आपको तनाव, परेशानी और चिंता बनी रहती थीं पर अब आप प्रेम को महसूस कर पाने में सक्षम हैं। आपको बिना किसी कारण के भी प्रेम महसूस होता है। प्रेम आपका आधार बन जाता है और इस आधार में खुलापन, सुंदरता और प्रशंसा है। आत्मा को स्वयं ऐसा महसूस होता है। यदि आपसे पूछा जाए कि शरीर को सामान्य तौर पर कैसा लगता है? तो आप कहेंगे कि यह ज़्यादातर किसी न किसी बात को लेकर असहज ही रहता है। इसके बाद आपसे पूछा जाए मनोदशा की क्या स्थिति है? तो आप यदि पूरी ईमानदारी से बताएँगे तो शायद आप का उत्तर यह होगा कि यह ज़्यादातर शिकायत और भय से भरी रहती है। फिर, आत्मा को कैसा लगता है? सच तो यह है कि आत्मा को हमेशा अच्छा महसूस होता है। वह हमेशा सर्वश्रेष्ठ अवस्था में रहती है। इसे सदा ही स्वतंत्र व हलका महसूस होता है।

इसी वजह से आप स्वाभाविक रूप से आध्यात्मिक भाग पर केंद्रित रहते हैं। इसके लिए आप आत्मा को पकड़ने का प्रयास भी नहीं करते, इसके विपरीत आप चीज़ों पर अपनी पकड़ ढीली कर देते हैं। इसके अतिरिक्त कोई दूसरा मार्ग भी शेष नहीं है। आपका निजी स्वरूप आत्मा को छू भी नहीं सकता। अपने इस रूप को आपको छोड़ना होगा। जैसे-जैसे आप इसे छोड़ते जाएँगे, वैसे-वैसे आप पीछे हटते जाएँगे और जितना पीछे हटेंगे उतना ही ऊपर उठते जाएँगे। आपको उच्च तरंगों तथा अधिक प्रेम और हलकापन अनुभव होने लगेगा। वास्तव में आप एक प्रकार से उड़ने लगते हैं और ऐसा होता ही जाता है।

आत्मा ही आपकी अवस्था उस क्षण बन जाती है जिस क्षण आप अपने स्वरूप के शारीरिक, मानसिक और भावनात्मक पहलुओं से स्वतंत्र हो जाते हैं। वास्तव में आप निश्चित तौर पर यह नहीं कह सकते कि आपके साथ जो हो रहा है वह सब कुछ आप समझ पा रहे है, किंतु हाँ आपको इतना ज़रूर समझ आता है जैसे-जैसे आप पीछे हटते जाएँगे, यह अनुभव और भी ज़्यादा सुंदर होता जाएगा। आपको स्वाभाविक तौर पर उन तरंगों का अनुभव होता है जिनका उल्लेख विभिन्न परंपराओं के महात्माओं और संतों ने समय-समय पर किया है। अब आपको समझ में आने लगता है कि आपको भी गहरे आध्यात्मिक अनुभव हो सकते हैं और आप भी, "ईश्वर की पूजा के दिन आत्मा-स्वरूप बन सकते हैं" (श्रु- 1:10)।

चलिए देखते हैं कि आप आखिर ईश्वर के विषय में कोई भी बात कैसे जान पाते हैं? आप किसी भी ऐसी चीज़ के विषय में किस प्रकार पता लगा सकते हैं, जो आपके परे है? आपको यह पता है, क्योंकि जो लोग पार गए हैं उन्होंने लौटकर बताया कि आपको अनुभव होने वाली आत्मा ही ईश्वर को पाने का प्रमुख द्वार है। जब उन्होंने अपने स्वरूप की निम्न अवस्थाओं का त्याग कर दिया तो उन्हें वही अनुभव हुआ जो अभी आपको हो रहा है। उन्हें बहुत-सा प्रेम, आत्मा और अपने अंदर प्रकाश का अनुभव हुआ। उन्हें लगा कि अब उनकी इंद्रियाँ ऐसा कुछ ग्रहण नहीं कर सकतीं जो उनके भीतर चल रही क्रिया से ज़्यादा अच्छा हो। वह दूर होते गए और साथ ही ऊँचे उठते गए। फिर एक दिन यकायक, उनका स्वरूप कहीं गायब हो गया। उनके भीतर "मैं" नाम की कोई चीज़ नहीं बची। प्रेम और प्रकाश के अनुभव में अंतर करने का बोध नहीं था। जैसे सागर में पानी की एक बूँद होती है वैसे है अब उनके भीतर केवल प्रेम, प्रकाश और अपनी आत्मा के मिलने का बोध मौजूद था।

वास्तव में केवल इतनी-सी बात है कि चेतना की बूँद जो स्वयं को एक व्यक्ति की तरह मानती है, पीछे हट जाती है तो वह उस बूँद की तरह हो जाती है जो सागर में गिरने को हमेशा तैयार है। आत्मा का परमात्मा से मिलन हो जाता है और अब व्यक्तिगत चेतना ब्रह्मांडीय चेतना में समा जाती है।

जब ऐसा होता है तो लोग बहुत मज़ेदार बातें बोलते हैं, "मैं और मेरे परम पिता एक ही है (जॉन 10:30) तथा, "जो शब्द में तुम्हें कहता हूँ, वह मैं अपने बारे में नहीं कहता बल्कि उस परम पिता के लिए कहता हूँ, जो मेरे भीतर उपस्थित है, क्योंकि सभी कार्य वही करते हैं, मैं नहीं।" (जॉन 14:10)।

परमात्मा में मिले होने के बाद सभी लोग इसी प्रकार की बातें करते थे। वह कहते थे की ईश्वर के ब्रह्मांडीय एकाकार के अंतर्गत कोई भेद नहीं होता। चेतना की बूँद, जो व्यक्तिगत आत्मा का स्वरूप हैं, सूर्य से निकलने वाली किरण के जैसी है। जब यह चेतना स्वयं को किरण के साथ जोड़ना बंद कर देती है, तो यह स्वयं को सूर्य मानने लग जाती है। अब आत्मा का उस उच्च अवस्था में विलय हो गया है।

जॉन के आध्यात्मिक ईसा चरित में यीशु कहते हैं, "ये सब एक होकर जाएँ; जिस तरह मेरे परम पिता और मैं एक हो गए और वह एक होकर पूर्ण हो जाएँ..." (जॉन 17:21. 23) ठीक यही बात हिंदू वेदों में भी कही गई है; यही चीज़ यहूदियों के दासता में है; यही बात सूफ़ी आध्यात्मिक कवियों ने लिखी थी और यह विश्व की सभी महान परंपराओं में सिखाया जाता है। यही वह उच्च अवस्था है जिसमे व्यक्ति ब्रह्मांडीय पूर्णता में विलीन होकर ईश्वर में मिल जाता है।

आप ईश्वर के साथ एकाकार हो जाते हैं इसी प्रकार आप ईश्वर को थोड़ा बहुत जान सकते हैं। आखिरकार, ईश्वर में विलीन होकर यह देखना कि आपके साथ फिर क्या होता है, उसको जानने का रास्ता है। इसे ही ब्रह्मांडीय चेतना कहते हैं। और उन लोगों के गुण जो इस गहन अवस्था को प्राप्त कर लेते हैं, सभी धर्मों में एक जैसे हैं।

चलिए आगे देखते हैं कि ईश्वर की ओर जा रहे इस मार्ग पर चलने वाले का क्या होता है? और इस मार्ग पर चलते हुए उनमें क्या परिवर्तन आता हैं? इसे समझने के लिए, कल्पना करें कि यदि सभी जीवों, प्रत्येक पौधे, प्रत्येक पशु और प्रकृति की सभी सुंदर चीज़ों से आपको बहुत गहरा प्रेम हो जाए तो क्या होगा। जरा सोच कर देखें कि यदि हर बच्चा आपको अपना लगे, हर व्यक्ति आपको अपने अलग रंग, अलग भाव, आकार और आवाज़ लिए एक सुंदर फूल जैसा दिखाई दे। वास्तव में जैसे-जैसे आप और गहरे उतरते जाएँगे, आपका ध्यान एक शानदार चीज़ पर जाएगा और वह है कि आपने लोगों को परखना छोड़ दिया। भेदभाव करने को ही परखना कहते हैं। आपके लिए परखने की प्रक्रिया ही खत्म हो गई है केवल लोगों की प्रशंसा और उनका आदर करना ही शेष रह गया है। जीवन को हमेशा परखते रहने की बजाय उसे देखना, अनुभव करना और आदर करना ही जीवन में हिस्सा लेने का वास्तविक तरीका है।

ध्यान से देखिए जब कभी आप किसी सुंदर बगीचे से गुज़रते हैं, तो आपको खुलापन और हलका अनुभव होता है, क्योंकि आपको प्रेम का आभास होता है और यह आभास आपको सौंदर्य को देखने के कारण होता हैं। क्या आप हर पत्ते के स्थान और आकार को परखते हैं? सभी पत्ते अलग-अलग आकार के होते हैं और उनकी दिशा इधर-उधर, सब जगह होती है। जरा सोच कर देखिए क्या यही उनका वास्तविक सौंदर्य नहीं है? यदि आप लोगों के विषय में भी ऐसा ही सोचने लगे तो क्या होगा? यदि उन सभी को एक-सी पोशाक न पहननी पड़े, एक-सी बात न माननी पड़े या एक-सा व्यवहार न करना पड़े तो क्या होगा? यदि वे भी फूलों जैसे हो और आपको सुंदर लगे तो ऐसी स्थिति में क्या होगा?

यदि वास्तव में ऐसा हो पाए तो आपको ज़रूर ईश्वर के दर्शन हो सकते हैं। ईश्वर को जानने का सबसे अच्छा यही तरीका है। उसके पास जाने से देखिए कि आपके साथ क्या-कया होता है। ईश्वर के विषय में कुछ भी जानने का यही एकमात्र तरीका है। यदि आप ईश्वर पर कोई किताब पढ़ेंगे तो आपको ऐसी पाँच और किताबें मिल जाएँगी जो उससे विपरीत बात कहेंगी। इससे अच्छा यही होगा कि आपको उसी किताब के पाँच अन्य भावार्थ मिल जाएँ। कोई व्यक्ति कुछ लिखता है और किसी अन्य व्यकित को उसके विरुद्ध कुछ लिखने पर पीएच.डी. की उपाधि मिल जाती है। यदि आप ईश्वर की खोज पर अपने शोध को मानसिक स्तर तक ले जाएँ तो कोई अन्य व्यक्ति उसे चुनौती दे देगा, क्योंकि यह सभी मस्तिष्क के खेल हैं।

इस प्रकार आप ईश्वर को कभी भी जान नहीं पाएँगे। यह केवल वास्तविक अनुभव के माध्यम से ही संभव हो सकता है। ऐसा आपके साथ ध्यान की अवस्था में होता है। जब आप अपनी तुच्छ इच्छाओं का त्याग कर देते हैं तब ऐसा होता है। आप आत्मा में विलीन होने लगते हैं और तब आपके भीतर ये परिवर्तन होते हैं। आपको केवल उन्हें ध्यान से देखना है और ऐसा करने पर आपको दिव्य गुणों का आभास होने लगेगा। आप जितना आगे जाएँगे, आपको अपने भीतर ये स्वाभविक गुण उतने ही ज़्यादा नज़र आयेंगे। आगे बढ़ते प्रत्येक कदम के साथ, आपको यह स्पष्ट दिखने लगता है कि उस दिव्य सर्वश्रेष्ठ अवस्था में रहना आपको कैसा लगता होगा।

अनेकों लोग ऐसे भी हैं जो इस दिव्य शक्ति के अस्तित्व को भली- भांति जानते हैं। उन्हें ऐसे कई अनुभव हो चुके होते हैं, जिनसे उन्हें यह पता लग जाता है कि दिव्य चेतना एक सच्चाई है। उन्होंने उस सर्वज्ञ, सर्वव्यापी और सर्वशक्तिशाली की झलक देखी है। एक शक्ति ऐसी भी है, जिसे सभी चीज़ों की, हर समय पूरी जानकारी होती है।

उस दिव्य अवस्था में पहुँच कर इस संसार की रचना कैसी दिखाई देती है? जिन लोगों ने इसके पार जाकर ईश्वर की आँखों से यह सब देखा है, उन्होंने आखिर क्या देखा है? उन्होंने देखा है कि परखने से कोई लाभ नहीं होता। ईश्वर को वह तभी प्राप्त कर पाए जब उनकी परखने की क्रिया बंद हो गई थी। जिस वजह से उन्हें चारों ओर केवल सौंदर्य दिखाई देता है। ऐसा व्यक्ति सोचता है, "अब मैं एक साथ सारे फूल देख सकता हूँ। अब मैं यह अनुभव कर सकता हूँ कि मेरे बच्चे क्या कर रहे हैं और संसार की समस्त विविधता क्या कर रही है। अब में अपनी रचना के कार्यों और अभिव्यक्तियों के लिए पहले से ज़्यादा प्रेम, करुणा, समझ और प्रशंसा अनुभव कर सकता हूँ।" संत बनकर के बाद आपको ऐसा ही लगता है सच्चे संत केवल ईश्वर के साथ रहते हैं।

इस बात को सभी लोग जानते हैं कि सच्चा प्यार कभी परखता नहीं है। यदि सचमुच ईश्वर हमें न परखता हो तो क्या हो? यदि ईश्वर प्रेम करता हो तो? वास्तव में प्रेम अपने प्रियतम में सौंदर्य के अतिरिक्त और कुछ नहीं देखता। इसमें कुछ गलत नहीं है और गलत होने की कोई संभावना भी नहीं है। सच्चा प्रेम इसी प्रकार देखता है। यदि ईश्वर प्रेम है तो उन आँखों से देखने से कैसा लगता होगा- वे आँखें जो असीमित प्रेम और करुणा से भरी हुई है?

सच्चा प्रेम किसे कहते हैं यदि आपने कभी किसी से प्रेम किया है तो आप इस भावना को भली- भांति समझ पाएँगे । इसका सीधा सा अर्थ यह है कि आप उन्हें स्वयं से ज़्यादा प्रेम करते हैं। यदि आप सचमुच किसी से प्रेम करते हैं, तो यह सच्चाई है की आपका प्रेम उनकी मानवीयता के पार देखता है। वह कमियों और गलतियों सहित

उनको स्वीकार करता है। यह ठीक वैसा है जैसे माँ बिना शर्त अपने बच्चे को प्रेम करती है। एक माँ अपने शारीरिक अथवा मानसिक रूप से विकलांग बच्चे के लिए अपने जीवन का हर पल न्योछावर कर देती है। उसे लगता है कि उसका बच्चा दुनिया में सबसे सुंदर है। वह उसकी कमियों पर ध्यान नहीं देती, यहाँ तक कि वह अपने बच्चे की कमियों को कमियाँ भी नहीं मानती।

जरा सोच कर देखिए की यदि ईश्वर अपनी सभी रचनाओं को इसी प्रकार देखता हो तो कैसा हो? यदि आपसे इसके अलावा कुछ और कहा गया है तो आप यह जान लें की आप रास्ता भटक गए हैं। आपको यह कहने के अतिरिक्त कि दिव्य शक्ति द्वारा आपको पूरी तरह सुरक्षा, प्रेम, आदर और सम्मान दिया जा रहा है, आपको यह सिखाया गया है कि आपको परखा जा रहा है। इसमें आपकी कोई गलती नहीं है, क्योंकि आपको यही सिखाया जाता है, इसलिए आपको घुटन और डर महसूस होता है। किंतु इस घुटन और डर के कारण उस दिव्य शक्ति के साथ आपका संबंध नहीं जुड़ पाता, इनसे केवल आपका हृदय ज़्यादा संकीर्ण हो जाता है। सच्चाई यह है कि प्रेम ही ईश्वर का तरीका है और आप स्वयं यह देख और अनुभव कर सकते हैं। यदि, केवल एक पल के लिए ही सही, आप सच्चे प्रेम से किसी को देख लें तो आपको समझ में आ जाएगा कि वह आपकी आँखें नहीं हैं। आपकी आँखें इतने प्रेम से किसी को देख ही नहीं सकती। आपकी दृष्टि बिना शर्त नहीं देख पाती। यह ईश्वर की आँखें हैं, जो आपके माध्यम से देख रही है वरना लाखों सालों में भी आपकी आँखें अपने प्रियतम को पूर्णता के साथ नहीं देख सकतीं।

आपके द्वारा जब ईश्वर का हाथ कुछ देता है, तो ऐसा कुछ नहीं है जो आप किसी को दें न पाएँ। आप बिना विचारे, अपनी अंतिम साँसें तक दे देंगे। आप देने से पहले एक पल के लिए भी कुछ नहीं सोचेंगे। आप अपने प्रियजन को कुछ दे सकते हैं। जब आपको इतना गहरा प्रेम हो जाता है तो आपको लगता है कि यह आपसे कहीं अधिक श्रेष्ठ जगह से आ रहा है। इसे ही अतींद्रिय प्रेम कहते हैं। यह दिव्य, बिना शर्त और निस्वार्थ प्रेम होता है। गुरुओं और संतों ने इसी प्रेम के बारे में बताया है। जो लोग पार गए हैं वो बताते हैं कि यह अवस्था उस क्षण प्राप्त होती है जिस क्षण आप ईश्वर की ओर आगे बढ़ते हैं। आपको इस बात को ज़रूर जानना चाहिए कि वास्तव में ईश्वर अपनी सभी रचनाओं को इसी प्रकार देखता है। ईश्वर आपको हमेशा प्रेम करेंगे चाहे आप कैसे भी हों या आपने अपने जीवन में कुछ भी किया हों।

यीशु ने जब ज़्यादा खर्च करने वाले लड़के की कहानी अपने अनुयायियों को सुनाई तो उन्होंने केवल संतान का उल्लेख किया था, जिसने अपनी सारी संपत्ति लूटा कर खत्म कर दी थी। किंतु फिर भी जब वह अपने पिता से सहायता माँगने घर गया

तो उसके पिता ने उससे अपने दूसरे पुत्र की तुलना में कही ज़्यादा अच्छा व्यवहार और प्यार किया जो घर पर ही रहकर कार्य किया करता था। यीशु ने अपने अनुयायियों को समझाया कि ऐसा इसलिए हुआ, क्योंकि एक पुत्र तो हमेशा ही घर पर ही पिता के पास रहता था, किंतु दूसरा वाला भटक गया था जिस वजह से पिता को उसकी बहुत याद आती थी। वह कोई परखना नहीं था केवल प्रेम था (ल्यूक 15:11-32)।

यीशु ने कहा था, "पहला पत्थर वह फेंके, जिसने कभी पाप न किया हो..." (जॉन 87)। उन्होंने क्या संदेश दिया? वह इस जगत को किस प्रकार देखते थे? वह निस्वार्थ और दया और प्रेम की शिक्षा देते थे। वह चोर और डाकुओं के बीच क्रॉस (सूली) पर लटके हुए थे और जब किसी चोर ने यीशु से याद रखने लायक बात पूछी तो उस समय यीशु ने कहा कि वह स्वर्ग में इसी दिन को उसके साथ साझा करेंगे (ल्यूक 23:39-43)। आखिर क्रॉस पर लटके हुए यीशु के पहले शब्द क्या थे? "हे परमपिता, इन्हें क्षमा करना, क्योंकि यह नहीं जानते कि यह क्या कर रहे हैं" (ल्यूक 23:34)। यह एक माँ का सच्चा प्यार है जो अपने बच्चे के बारे में इसी प्रकार बात करती है। क्योंकि उसका प्रेम और उसकी ममता अपने बच्चे के प्रति इतनी गहरी होती है कि उसकी नज़र में उसका बच्चा कुछ भी गलत कर ही नहीं सकता। अगर एक माँ निस्वार्थ प्रेम की अवस्था को पा सकती है तो उस प्रेम के रचयिता ईश्वर के लिए क्या यह करना कठिन है ?

ईश्वर इस संसार को किस प्रकार देखते हैं क्या यह आप जानना चाहते हैं? और ईश्वर अपने बनाए विभिन्न लोगों के विषय में क्या सोचते हैं? जरा सूरज को देखें। क्या यह किसी महान संत के ऊपर ज़्यादा तेज़ चमकता है? क्या किसी संत को दूसरो से ज़्यादा वायु मिलती है? क्या बारिश का पानी किसी पड़ोसी के पेड़ों पर जा कर ज़्यादा बरसता है?

आप कई वर्षों तक अंधेरे कमरे में रह सकते हैं सूर्य से अपनी आँखें हटा सकते। इसके बाद, यदि आप प्रकाश की ओर जाते हैं तो देखते हैं कि प्रकाश तो पहले से ही मौजूद था। यह आपको भी उसी प्रकार उपलब्ध है जिस प्रकार किसी व्यक्ति ने अनेकों सालों तक इसकी चमक का मज़ा लिया हो। सारी प्रकृति इसी प्रकार की है। पेड़ का फल अपनी खुशी से सभी के सामने स्वयं को अर्पित कर देता है। क्या आपको लगता की प्रकृति की कोई भी शक्ति भेदभाव करती है? मनुष्य के मस्तिष्क को यदि छोड़ दिया जाए तो क्या ईश्वर की रचना में कोई भी रचना ऐसी है जो जाँच परख करती हो? आप जो भी लेना चाहते हैं, उसे प्रकृति देती जाती है। यदि आप कुछ नहीं लेना चाहते तो यह आपको इसके लिए कोई सजा नहीं देती, बल्कि इसके विपरीत प्रकृति से कुछ न लेकर आप स्वयं को सज़ा देते हैं। अगर आप प्रकाश से कहें कि, "मैं तुम्हारी ओर

नहीं देखूँगा। मैं अंधेरे में रहने जा रहा हूँ" तो भी प्रकाश ऐसे ही सदा चमकता रहता है। यदि आप ईश्वर को कहें, "मैं तुम्हारे ऊपर विश्वास नहीं करता इसलिए तुमसे कुछ नहीं चाहता," फिर भी ईश्वर का यह संसार आपको जीवित रखता है।

आपका ईश्वर के साथ ठीक वैसा ही संबंध है जैसा सूर्य के साथ होता है। यदि आप कई वर्षों लिए सूर्य से दूर अंधेरे में चले जाएें और फिर अचानक अंधेरे से बाहर आने का मन बनाएँ तो भी सूर्य ऐसे ही चमकता रहेगा मानो आप कहीं गए ही नहीं थे। आपको इसके लिए सूर्य से माफी माँगने की अवश्यकता नहीं है। आपको केवल अपना सिर उठाकर सूर्य की ओर देखना है। वास्तव में जब आप ईश्वर के मार्ग पर आगे बढ़ते जाते हैं तो ऐसा ही होता है। आपको केवल शुरुआत करनी होती है। और यदि इसके विपरीत आप कुंठा और शर्म को महत्त्व देंगे तो इससे आपका अहम् उस दिव्य शक्ति का मार्ग रोक देगा। आप उस दिव्य शक्ति को कभी भी नाराज नहीं करते, क्योंकि प्रकाश, प्रेम, करुणा, दया और दान इसका मूल स्वभाव है। आप इसे प्रेम करने से नहीं रोक सकते। यह बिलकुल सूर्य की भांति आपके साथ है। आप सूर्य को अपने ऊपर चमकने से नहीं रोक सकते, आप सिर्फ़ इतना कर सकते हैं कि उसकी ओर न देखें किंतु जिस पल आप उसे दुबारा देखेंगे यह वही अपनी जगह मौजूद होगा।

धीरे-धीरे जैसे आप आत्मा की ओर वापस लौटते हैं, वैसे आप पाएँगे कि यह वही आँखे हैं जो इस संसार को देखती हैं। यही वह हृदय है, जो हर चीज़ और व्यक्ति के प्रति उदारता रखता है। वास्तविकता तो यह है कि सबसे भयावह जीव भी इन आँखों से सुंदर और प्रिय दिखाई देता है। किंतु इस बात को कोई नहीं समझता। लोगों का कहना हैं कि ईश्वर जब इस पृथ्वी की ओर देखता है तो वह रोता है। इसके विपरीत संत महात्मा मानते हैं कि ईश्वर जब कभी किसी भी परिस्थिति में पृथ्वी को देखता है तो वह आनंदित हो उठता है। ईश्वर केवल आनंद को जानते हैं। ईश्वर का स्वभाव शाश्वत है और वह हमेशा आनंद में रहते हैं। आपने कुछ भी किया हो, किंतु आप अकेले इसे खत्म नहीं कर सकते।

सबसे अच्छी बात यह है कि आप इस आनंद को अनुभव करने में सक्षम हैं। इसके बाद ही आप ईश्वर के विषय में कुछ जान सकते हैं। तभी आपको कोई परेशान नहीं करेगा और न ही कोई समस्या आपके सामने खड़ी करेगा। यह आपको संसार के सुंदर नृत्य के एक अंश जैसा लगेगा। आपकी स्वाभाविक अवस्था बेहतर होती जाएगी और शर्म के स्थान पर आपको प्रेम का आभास होगा। अबतक आपने जो कुछ किया या कहा है, उसके चलते ईश्वर के सामने आँख उठाकर देखने की जो आपकी अनिच्छा थी उसे छोड़ कर आप ईश्वर को बिना शर्त आश्रय देने वाले के रूप में देखने लगेंगे।

इस विषय में ज़रूर सोचें और परखने वाले ईश्वर के बारे में अपने विचारों को छोड़ दें। सच तो यह है की आपके पास बिना शर्त प्रेम करने वाला ईश्वर है। वास्तव में, प्रेम ही ईश्वर का रूप है। प्रेम के बिना प्रेम नहीं चल सकता। आपका ईश्वर हमेशा आनंद में डूबा हुआ रहता है और आप इस बारे में कुछ नहीं कर सकते, क्योंकि आपके बस में कुछ नहीं है। यदि ईश्वर आनंद में डूबा हुआ है तो मुझे नहीं पता कि वह जब आपकी ओर देखेगा तो वह क्या देखेगा?

लेखक के बारे में

माइकल ए. सिंगर; द *अनएथर्ड सोल (The Untethered Soul)* और द सरेंडर *एक्सपेरिमेंट (The Surrender Experiment)* के लेखक हैं। यह पुस्तकें न्यूयॉर्क टाइम्स बेस्टसेलर लिस्ट में नंबर-1 रही हैं। इनका प्रकाशन दुनिया भर की अनेक भाषाओं में हो चुका है।

1971 में जब वह अर्थशास्त्र में अपनी डॉक्टरेट की डिग्री पर काम कर रहे थे। इस दौरान उन्हें एक गहरी आंतरिक जागृति मिली, और वह योग तथा ध्यान पर ध्यान केंद्रित करने के लिए एकांत में चले गए।

आंतरिक शांति का अनुभव कराने के उद्देश्य से उन्होंने 1975 में उन्होंने टेम्पल ऑफ़ द यूनिवर्स की स्थापना की। अब यह एक लंबे समय से स्थापित योग और ध्यान का केंद्र है, जिसका किसी भी धर्म या विश्वास के लोग लाभ ले सकते हैं।

अपने लगभग पाँच दशकों के सेवा काल में सिंगर ने आध्यात्मिक शिक्षण के साथ व्यवसाय, शिक्षा, स्वास्थ्य देखभाल और पर्यावरण संरक्षण के क्षेत्रों में प्रमुख योगदान दिया है।

अनुवादक के बारे में

साक्षी पटेल; हिन्दी साहित्य में एमए, पत्रकारिता एवं अनुवाद में स्नातकोत्तर डिप्लोमा प्राप्त हैं। लंबे समय से दिल्ली विश्वविद्यालय से प्रकाशित होने वाली साहित्यिक पत्रिका समसामयिक सृजन की सह-संपादिका रहीं। वर्तमान में 'भिन्नसार' पत्रिका में संपादिका की ज़िम्मेदारियों का निर्वहन कर रही हैं।

इनका हिन्दी एवं अंग्रेजी, दोनों भाषाओं पर समान रूप से अधिकार है। विश्व प्रसिद्ध पुस्तकों *'हाउ टू विन फ्रेंड्स एंड इन्फ्लुएंस पीपल'*, *'द पावर ऑफ़ योर सबकॉन्शियस माइंड'*, *'एज मैन थिंकथ'*, *'थंक एंड ग्रो रिच'*, *'द प्रोफेट'*, *'बैबीलॉन का सबसे अमीर आदमी'* तथा *'एमपीपीएससी सांवैधानिक'* पुस्तक का सफल अनुवाद कर चुकी हैं।

ज़िम्मेदार और संवेदनशील पाठन व लेखन के साथ काम के प्रति प्रतिबद्धता उनका अमूल्य गुण है।

वर्तमान में भोपाल में निवासरत हैं।

LIST OF TITLES WITH ISBN NO.

ISBN	TITLE
9788194914129	1984
9789390575220	1984 & Animal Farm (2In1)
9789390575572	1984 & Animal Farm (2In1): The International Best-Selling Classics
9789390575848	35 Sonnets
9789390575329	A Clergyman's Daughter
9789390575923	A Study In Scarlet
9789390896097	A Tale Of Two Cities
9789390896837	Abide in Christ
9789390896202	Abraham Lincoln
9789390896912	Absolute Surrender
9789390896608	African American Classic Collection
9789390575305	Aldous Huxley: The Collected Works
9789390896141	An Autobiography of M. K. Gandhi
9789390575886	Animal Farm
9789390575619	Animal Farm & The Great Gatsby (2In1)
9789390575626	Animal Farm & We
9789390896158	Anna Karenina
9789390575534	Antic Hay
9789390896165	Antony & Cleopatra
9789390896172	As I Lay Dying
9789390896226	As You like it
9789390575671	At Your Command
9789390575350	Awakened Imagination
9789390575114	Be What You Wish
9789390896233	Believe In yourself
9789390896998	Best of Charles Darwin: The Origin of Species & Autobiography
9789390896684	Best Of Horror : Dracula And Frankenstein
9789390575503	Best Of Mark Twain (The Adventures of Tom Sawyer AND The Adventures of Huckleberry Finn)
9789390896769	Black History Collection
9789390575756	Brave New World, Animal Farm & 1984 (3in1)

9789390896240	Brother Karamzov
9789390575053	Bulleh Shah Poetry
9789390575725	Burmese Days
9789390896257	Bushido
9789390896066	Can't Hurt Me
9788194914112	Chanakya Neeti: With The Complete Sutras
9789390896042	Crime and Punishment
9789390575527	Crome Yellow
9789390575046	Down and Out in Paris and London
9789390896844	Dracula
9789390575442	Emersons Essays: The Complete First & Second Series (Self-Reliance & Other Essays)
9789390575749	Emma
9789390575817	Essential Tozer Collection - The Pursuit of God & The Purpose of Man
9789390896578	Fascism What It Is and How to Fight It
9789390575688	Feeling is the Secret
9789390575190	Five Lessons
9789390575954	Frankenstein
9789390575237	Franz Kafka: Collected Works
9789390575282	Franz Kafka: Short Stories
9789390575060	George Orwell Collected Works
9789390575077	George Orwell Essays
9789390575213	George Orwell Poems
9788194914150	Greatest Poetry Ever Written Vol 1
9788194914143	Greatest Poetry Ever Written Vol 1
9789390896301	Gulliver's Travel
9789390575961	Gunaho Ka Devta
9789390575893	H. P. Lovecraft Selected Stories Vol 1
9789390575978	H. P. Lovecraft Selected Stories Vol 2
9789390896059	Hamlet
9789390575022	His Last Bow: Some Reminiscences of Sherlock Holmes
9789390896134	History of Western Philosophy
9789390575121	Homage To Catalonia

9789390896219	How to develop self-confidence and Improve public Speaking
9789390896295	How to enjoy your life and your Job
9789390575633	How to own your own mind
9789390896318	How to read Human Nature
9789390896325	How to sell your way through the life
9789390896370	How to use the laws of mind
9789390896387	How to use the power of prayer
9789390896028	How to win friends & Influence People
9788194824176	How To Win Friends and Influence People
9789390896103	Humility The Beauty of Holiness
9789390896653	Imperialism the Highest Stage of Capitalism
9789390575084	In Our Time
9789390575169	In Our Time & Three Stories and Ten poems
9789390575145	James Allen: The Collected Works
9789390896189	Jesus Himself
9789390575480	Jo's Boys
9789390896394	Julius Caesar
9789390575404	Keep the Aspidistra Flying
9789390896400	Kidnapped
9789390896424	King Lear
9789390575824	Lady Susan
9789390896455	Law of Success
9789390896264	Lincoln The Unknown
9789390575565	Little Men
9789390575640	Little Women
9788194914174	Lost Horizon
9789390896462	Macbeth
9789390896929	Man Eaters of Kumaon
9789390896523	Man The Dwelling Place of God
9789390896349	Man The Dwelling Place of God
9789390575909	Mansfield Park
9788194914136	Manto Ki 25 Sarvshreshth Kahaniya
9789390896509	Marxism, Anarchism, Communism
9789390575664	Mathematical Principles of Natural Philosophy

9788194914198	Meditations
9789390575800	Mein Kampf
9789390575794	Memory How To Develop, Train, And Use It
9789390896486	Mind Power
9789390896585	Money
9789390575039	Mortal Coils
9789390575770	My Life and Work
9789390896035	Narrative of the Life of Frederick Douglass
9789390575152	Neville Goddard: The Collected Works
9789390575985	Northanger Abbey
9789390896530	Notes From Underground
9789390896547	Oliver Twist
9789390575459	On War
9789390575541	One, None and a Hundred Thousand
9789390896554	Othelo
9789390575435	Out Of This World
9789390575015	Persuasion
9789390575510	Prayer The Art Of Believing
9789390575091	Pride and Prejudice
9789390896561	Psychic Perception
9789390575381	Rabindranath Tagore - 5 Best Short Stories Vol 2
9789390575367	Rabindranath Tagore - Short Stories (Masters Collections Including The Childs Return)
9789390575374	Rabindranath Tagore 5 Best Short Stories Vol 1 (Including The Childs Return
9789390896622	Romeo & Juliet
9789390896127	Sanatana Dharma
9789390575596	Seedtime & Harvest
9789390896639	Selected Stories of Guy De Maupassant
9789390575206	Self-Reliance & Other Essays
9789390575176	Sense and Sensibility
9789390575299	Shyamchi Aai
9789390896738	Socialism Utopian and Scientific
9789390896646	Success Through a Positive Mental Attitude
9789390575428	The Adventures of Huckleberry Finn

9789390575183	The Adventures of Sherlock Holmes
9789390575343	The Adventures of Tom Sawyer
9789390896691	The Alchemy Of Happiness
9789390575862	The Art Of Public Speaking
9789390896288	The Autobiography Of Charles Darwin
9788194914181	The Best of Franz Kafka: The Metamorphosis & The Trial
9789390575008	The Call Of Cthulhu and Other Weird Tales
9789390575107	The Case-Book of Sherlock Holmes
9789390896110	The Castle Of Otranto
9789390896745	The Communist Manifesto
9789390575589	The Complete Fiction of H. P. Lovecraft
9789390575497	The Complete Works of Florence Scovel Shinn
9789390896820	The Conquest of Breard
9789390896813	The Diary of a Young Girl
9789390896332	The Diary of a Young Girl The Definitive Edition of the Worlds Most Famous Diary
9789390575701	The Great Gatsby, Animal Farm & 1984 (3In1)
9789390575312	The Greatest Works Of George Orwell (5 Books) Including 1984 & Non-Fiction
9789390575992	The Hound of Baskervilles
9789390896707	The Idiot
9789390896714	The Invisible Man
9789390575657	The Knowledge of the holy
9789390575558	The Law & the Promise
9789390896721	The Law Of Attraction
9789390896776	The Leader in you
9789390896363	The Life of Christ
9789390896196	The Man-Eating Leopard of Rudraprayag
9789390896783	The Master Key to Riches
9789390575268	The Memoirs Of Sherlock Holmes
9789390896479	The Midsummer Night's Dream
9789390575466	The Mill On The Floss
9789390896790	The Miracles of your mind
9789390896660	The Mutual Aid A Factor in Evolution
9789390896448	The Origin of Species

9789390896905	The Peter Kropotkin Anthology The Conquest of Bread & Mutual Aid A Factor of Evolution
9789390896806	The Picture of Dorian Gray
9789390896271	The Picture of Dorian Gray
9789390575275	The Power Of Awareness
9789390896356	The Power of Concentration
9788194824169	The Power of Positive Thinking
9789390575411	The Power of the Spoken Word
9788194914105	The Power Of Your Subconscious Mind
9789390896899	The Power of Your Subconscious Mind
9789390896417	The Principles of Communism
9789390575787	The Psychology Of Mans Possible Evolution
9789390896615	The Psychology of Salesmanship
9789390575732	The Pursuit of God
9789390575398	The Pursuit of Happiness
9789390896851	The Quick and Easy Way to effective Speaking
9789390575947	The Return Of Sherlock Holmes
9789390575138	The Road To Wigan Pier
9789390896981	The Root of the Righteous
9789390575855	The Science Of Being Well
9788194914167	The Science Of Getting Rich, The Science Of Being Great & The Science Of Being Well (3In1)
9789390896011	The Screwtape Letters
9789390896073	The Screwtape Letters
9789390575336	The Secret Door to Success
9789390575695	The Secret Of Imagining
9789390896868	The Secret Of Success
9789390896431	The Seven Last Words
9789390575930	The Sign of the Four
9789390896004	The Sonnets
9789390896516	The Souls of Black Folk
9789390896875	The Sound and The Fury
9789390575244	The State and Revolution
9789390896882	The Story of My Life
9789390896936	The Story Of Oriental Philosophy

9789390896752	The Strange Case of Dr. Jekyll and Mr. Hyde
9789390896943	The Tempest
9789390575916	The Valley Of Fear
9789390575879	The Wind in the willows
9789390896080	The Wind in the willows
9789390575763	Their eyes were watching gofd
9789390575831	Three Stories
9789390896950	Twelfth Night
9789390896592	Twelve Years a Slave
9789390896677	Up from Slavery
9789390896974	Value Price and Profit
9789390896967	Wake Up and Live
9789390896493	With Christ in the School of Prayer
9789390575602	Your Faith is Your Fortune
9789390575473	Your Infinite Power To Be Rich
9789390575251	Your Word is Your Wand
9789390575718	Youth
9789391316099	A Christmas Carol
9789391316105	A Doll's House
9789391316501	A Passage to India
9789391316709	A Portrait of the Artist as a Young Man
9789391316112	A Tale of Two Cities
9789391316747	A Tear and a Smile
9789391316167	Agnes Gray
9789391316174	Alice's Adventures in Wonderland
9789391316136	Anandamath
9789391316181	Anne Of Green Gables
9789391316754	Anthem
9789391316198	Around The World in 80 Days
9789391316013	As A Man Thinketh
9789391316242	Autobiography of a Yogi
9789391316266	Beyond Good and Evil
9789391316761	Bleak House
9789391316778	Chitra, a Play in One Act
9789391316310	David Copperfield

9789391316075	Demian
9789391316785	Dubliners
9789391316051	Favourite Tales from the Arabian Nights
9789391316235	Gitanjali
9789391316068	Gravity
9789391316150	Great Speeches of Abraham Lincoln
9789391316662	Guerilla Warfare
9789391316839	Kim
9789391316822	Mother
9789391316211	My Childhood
9789391316846	Nationalism
9789391316327	Oliver Twist
9789391316853	Pygmalion
9789391316334	Relativity: The Special and the General Theory
9789391316389	Scientific Healing Affirmation
9789391316341	Sons and Lovers
9789391316587	Tales from India
9789391316372	Tess of The D'Urbervilles
9789391316396	The Awakening and Selected Stories
9789391316402	The Bhagvad Gita
9789391316303	The Book of Enoch
9789391316228	The Canterville Ghost
9789391316907	The Dynamic Laws of Prosperity
9789391316006	The Great Gatsby
9789391316860	The Hungry Stones and Other Stories
9789391316433	The Idiot
9789391316440	The Importance of Being Earnest
9789391316297	The Light of Asia
9789391316914	The Madman His Parables and Poems
9789391316457	The Odyssey
9789391316921	The Picture of Dorian Gray
9789391316464	The Prince
9789391316938	The Prophet
9789391316945	The Republic
9789391316518	The Scarlet Letter

9789391316143	The Seven Laws of Teaching
9789391316525	The Story of My Experiments with Truth
9789391316532	The Tales of the Mother Goose
9789391316549	The Thirty Nine Steps
9789391316594	The Time Machine
9789391316600	The Turn of the Screw
9789391316983	The Upanishads
9789391316617	The Yellow Wallpaper
9789391316426	The Yoga Sutras of Patanjali
9789391316990	Ulysses
9789391316624	Utopia
9789391316679	Vanity Fair
9789391316020	What Is To Be Done
9789391316686	Within A Budding Grove
9789391316693	Women in Love